KiWi

KiWi 41 Heinrich Böll
Die schwarzen Schafe

Heinrich Böll

Die schwarzen Schafe

Erzählungen 1950–1952

Kiepenheuer & Witsch

Umschlag Hannes Jähn, Köln
Gesamtherstellung May & Co, Darmstadt
ISBN 3 462 01599 0

Inhalt

Kerzen für Maria 9
Über die Brücke 21
Steh auf, steh doch auf 26
Damals in Odessa 29
Wanderer, kommst du nach Spa 34
Trunk in Petöcki 43
Unsere gute, alte Renée 47
So ein Rummel 54
Abschied 58
Aufenthalt in X 61
Wiedersehen mit Drüng 70
Die Essenholer 80
Lohengrins Tod 85
Geschäft ist Geschäft 95
An der Angel 101
Mein trauriges Gesicht 109
Abenteuer eines Brotbeutels 116
Aschermittwoch 125
Wiedersehen mit dem Dorf 131
Das Abenteuer 133
Die schwarzen Schafe 139
Besichtigung 148
Der Zwerg und die Puppe 150
Mein Onkel Fred 156
Nicht nur zur Weihnachtszeit 160
Krippenfeier 184
Der Engel 189
Der Lacher 191
Die Waage der Baleks 194
Husten im Konzert 202
Die Decke von damals 204
Schicksal einer henkellosen Tasse 206

Kerzen für Maria

Mein Aufenthalt in dieser Stadt war nur vorübergehend; zu einer bestimmten Stunde gegen Abend hatte ich den Vertreter einer Firma zu besuchen, die sich mit dem Plan trug, möglicherweise einen Artikel zu übernehmen, dessen Vertrieb uns einiges Kopfzerbrechen macht: Kerzen. Wir haben unser ganzes Geld in die Herstellung eines riesigen Postens gesteckt, indem wir die Stromknappheit als einen Dauerzustand voraussetzten; wir sind sehr fleißig gewesen, sparsam und ehrlich, und wenn ich sage: wir, so meine ich meine Frau und mich. Wir sind Hersteller, Verkäufer, Wiederverkäufer, alle Stufen innerhalb der gesegneten Ordnung des Handels vereinigen wir in uns: Vertreter sind wir, Arbeiter, Reisende, Fabrikanten.
Aber wir haben unsere Rechnung ohne den Wirt gemacht. Der Bedarf an Kerzen ist heute gering. Die Stromkontingentierung ist aufgehoben, auch die meisten Keller sind wieder elektrisch beleuchtet, und im gleichen Augenblick, wo unser Fleiß, unsere Mühe, alle unsere Schwierigkeiten ihr Ziel erreicht zu haben schienen: die Herstellung eines riesigen Postens Kerzen, in diesem Augenblick war die Nachfrage erloschen.
Unsere Versuche, Verbindung mit jenen religiösen Handlungen aufzunehmen, die die sogenannten Devotionalien vertreiben, erwiesen sich als zwecklos. Jene Handlungen hatten Kerzen genug gehortet, außerdem bessere als unsere, solche, die mit Verzierungen versehen waren, grünen, roten, blauen und gelben Bändern, mit goldenen Sternchen bestickt, die sich – gleich Aeskulaps Schlange um dessen Stab – an ihnen hochwinden und ihnen ein ebenso andachtsvolles wie schönes Aussehen verleihen; auch solche verschiedener Größe und Dicke, während unsere alle gleich sind und von einfacher Form; sie haben etwa die Länge einer halben Elle, sind glatt, gelb, schmucklos, und einzig die Schönheit der Einfachheit ist ihnen eigen.
Wir mußten uns gestehen, falsch kalkuliert zu haben; neben der glänzenden Ware, wie sie die Devotionalienhandlungen ausstellen, wirken unsere Kerzen allzu arm, und niemand kauft etwas Ärmliches. Auch unsere Bereitschaft, im Preise herabzugehen, hat dem Absatz unseres Artikels keine Steigerung gebracht. Andererseits fehlt uns natürlich das Geld, andere Muster zu planen

oder gar herzustellen, da die Einkünfte, die wir aus dem geringen Verkauf des hergestellten Postens erzielen, kaum ausreichend sind, unseren Lebensunterhalt und die stets wachsenden Unkosten zu decken; denn ich muß nun immer weitere Reisen machen, um wirkliche oder scheinbare Interessenten zu besuchen, muß stets weiter im Preis heruntergehen, und wir wissen, daß uns kein anderer Ausweg bleiben wird, als den großen Rest zu verschleudern und durch eine andere Arbeit Geld zu verdienen.

In diese Stadt hatte mich der Brief eines Großvertreters gerufen, der angedeutet hatte, er würde einen größeren Posten zu annehmbarem Preise absetzen. Töricht genug, hatte ich ihm Glauben geschenkt, eine weite Reise gemacht und jenen Burschen besucht. Seine Wohnung war prachtvoll, üppig, großzügig, schwungvoll möbliert, und das große Kontor, in dem er mich empfing, war vollgestopft mit den verschiedensten Mustern jener Artikel, die seiner Branche Geld einbringen. Da waren lange Regale mit gipsernen Maria-Theresien, Josephsstatuen, Marien, blutende Herzen Jesu, sanftäugige blondhaarige Büßerinnen, auf deren Gipssockel in den verschiedensten Sprachen in erhabenen Buchstaben zu lesen war, golden oder rot: Madeleine, Maddalena, Magdalena; Krippen im ganzen oder in einzelnen Teilen, Ochsen, Esel, Jesuskinder aus Wachs oder Gips, Hirten und Engel aller Altersstufen: Säuglinge, Jünglinge, Kinder, Greise, gipserne Palmblätter mit goldenen oder silbernen Hallelujas, Weihwasserbecken aus Stahl, Gips, Kupfer, Ton: geschmackvolle, geschmacklose.

Er selbst – ein jovialer Bursche mit rotem Gesicht – ließ mich Platz nehmen, heuchelte erst Interesse und bot mir eine Zigarre an. Ich mußte ihm berichten, wieso wir diesem Fabrikationszweig uns verschrieben hatten, und nachdem ich berichtet hatte, daß uns als Erbe des Krieges nichts verblieben war als ein riesiger Stapel Stearin, den meine Frau aus vier brennenden Lastwagen vor unserem zerstörten Haus gerettet und den später niemand als sein Eigentum zurückgefordert hatte, nachdem meine Zigarre ungefähr zu einem Viertel geraucht war, sagte er plötzlich ohne jeden Übergang.: »Es tut mir leid, daß ich Sie habe herkommen lassen, aber ich habe mir die Sache anders überlegt.« Meine plötzliche Blässe mag ihm doch seltsam vorgekommen sein. »Ja,«, fuhr er fort, »es tut mir wirklich aufrichtig leid, aber ich bin nach Erwägung aller Möglichkeiten zur Einsicht gekommen, daß Ihr Artikel nicht gehen wird. Wird nicht gehen! Glauben Sie mir! Tut mir leid!« Er lächelte, zuckte die Schultern und hielt mir die Hand hin. Ich ließ die brennende Zigarre liegen und ging.

Es war inzwischen dunkel geworden, und die Stadt war mir vollkommen fremd. Obwohl mich trotz allem eine gewisse Erleichterung befiel, hatte ich das schreckliche Gefühl, nicht nur arm, betrogen, Opfer einer falschen Idee, sondern auch lächerlich zu sein. Offenbar taugte ich nicht zum sogenannten Lebenskampf, nicht zum Fabrikanten und Händler. Nicht einmal zu einem Spottpreis wurden unsere Kerzen gekauft, sie waren zu schlecht, um in der devotionalistischen Konkurrenz zu bestehen, und wahrscheinlich würden wir sie nicht einmal geschenkt loswerden, während andere, schlechtere Kerzen gekauft wurden. Niemals würde ich das Geheimnis des Handels entdecken, wenn ich auch das Geheimnis der Kerzenherstellung mit meiner Frau gefunden hatte.

Ich schleppte müde meinen schweren Musterkoffer zur Haltestelle der Straßenbahn und wartete lange. Die Dunkelheit war sanft und klar, es war Sommer. Lampen brannten an den Straßenkreuzungen, Menschen schlenderten durch den Abend, es war still; ich stand an einem großen Rondell – am Rande dunkle leere Bürogebäude – in meinem Rücken ein kleiner Park; ich hörte Rauschen von Wasser, und als ich mich umwandte, sah ich eine große marmorne Frau dort stehen, aus deren starren Brüsten dünne Rinnsale in ein Kupferbecken flossen; mir wurde kühl, und ich spürte, daß ich müde war. Endlich kam die Bahn; sanfte Musik strömte aus hellerleuchteten Cafés, aber der Bahnhof lag in einem leeren, stillen Stadtteil. Die große schwarze Tafel dort verriet lediglich die Abfahrt eines Zuges, der mich nur halbwegs nach Hause bringen, dessen Benutzung mich eine ganze Nacht Wartesaal, Schmutz und widerliche Bouillon im Bahnhof eines hotellosen Ortes kosten würde. Ich wandte mich um und trat auf den Vorplatz zurück, zählte im Schein einer Gaslaterne mein Geld: neun Mark, Rückfahrkarte und ein paar Groschen. Ein paar Autos standen dort, die schon ewig dort zu warten schienen, kleine Bäume, die gestutzt waren wie Rekruten. Brave Bäumchen, dachte ich, gute Bäumchen, gehorsame Bäumchen. Weiße Arztschilder waren an ein paar unbeleuchteten Häusern zu sehen, durch das Schaufenster eines Cafés blickte ich

in eine Versammlung leerer Polsterstühle, denen ein Geiger mit wilden Bewegungen Schluchzer vorsetzte, die zwar Steine, kaum aber einen Menschen hätten rühren können. Endlich entdeckte ich im Chor einer schwarzen Kirche ein grüngestrichenes Schild: Logis. Ich trat dort ein.
Hinter mir hörte ich die Straßenbahn in das heller erleuchtete, stärker belebte Viertel zurückfahren. Der Flur war leer, und ich trat nach rechts in eine kleine Stube, die vier Tische und zwölf Stühle enthielt; Blechkästen mit Bier- und Limonadenflaschen standen links auf einer eingebauten Theke. Alles sah sauber und schmucklos aus. Grüner Rupfen war mit rosenförmigen Kupfernägeln an die Wand geheftet, von schmalen braunen Leisten durchbrochen. Auch die Stühle waren grün überzogen mit einem sanften, samtartigen Stoff. Gelbliche Vorhänge waren dicht vor die Fenster gezogen, und hinter der Theke führte ein klappenartiges Fenster in eine Küche. Ich stellte den Koffer ab, zog einen Stuhl näher und setzte mich. Ich war sehr müde.
Es war so still hier, stiller noch als der Bahnhof, der seltsamerweise abseits lag vom Geschäftszentrum, eine dumpfe, dunkle Halle, die von den leisen Geräuschen einer unsichtbaren Emsigkeit erfüllt war: Emsigkeit hinter verschlossenen Schaltern, Emsigkeit hinter hölzernen Absperrungen.
Auch hungrig war ich, und die völlige Nutzlosigkeit dieser Reise bedrückte mich sehr. Ich war froh, daß ich noch eine Weile in diesem sanften, schmucklosen Raum allein blieb. Ich hätte gern geraucht, fand aber keine Zigarette und bereute nun, die Zigarre bei dem Groß-Devotionalisten liegengelassen zu haben. Obwohl ich Grund gehabt hätte, über die Zwecklosigkeit auch dieser Reise bedrückt zu sein, verstärkte sich in mir das Gefühl einer Erleichterung, für die ich keinen Namen wußte und die ich mir nicht hätte erklären können, aber vielleicht war ich insgeheim froh, nun endgültig aus dem Gewerbe der Frömmigkeitsartikel ausgestoßen zu sein.
Ich war nicht untätig gewesen nach dem Kriege; ich hatte aufgeräumt, Schutt gefahren, Steine geputzt, gemauert, Sand gefahren, Kalk geholt, hatte Anträge gestellt, immer wieder Anträge gestellt, hatte Bücher gewälzt, sorgsam diesen Haufen Stearin verwaltet; unabhängig von allen, die mir ihre Erfahrungen hätten mitteilen können, hatte ich die Herstellungsweise von Kerzen gefunden, schönen, einfachen, guten Kerzen, die mit einem

sanften Gelb gefärbt waren, das ihnen die Hoheit schmelzenden Bienenwachses verlieh. Ich hatte alles getan, um mir eine Existenz zu gründen, wie die Leute so schön sagen: etwas zu tun, das Geld einbringt, und obwohl ich hätte traurig sein müssen – erfüllte mich gerade diese vollkommene Nutzlosigkeit meiner Bemühungen mit einer Freude, die ich noch nicht gekannt hatte.

Ich war nicht kleinlich gewesen, ich hatte Leuten, die in lichtlosen Löchern hockten, Kerzen geschenkt, hatte jede Gelegenheit, mich zu bereichern, vermieden; ich hatte gehungert und mich mit Leidenschaft diesem Erwerbszweig gewidmet, aber obwohl ich hätte erwarten können, für meine gewisse Anständigkeit belohnt zu werden, war ich fast froh, offenbar keines Lohnes würdig zu sein.

Flüchtig auch dachte ich: Vielleicht wäre es doch besser gewesen, Schuhwichse herzustellen, wie ein Bekannter uns geraten hatte, andere Ingredienzien dem Grundstoff beizumischen, Rezepte zusammenzustellen, Pappdosen zu erwerben, sie zu füllen.

Mitten in mein Brüten trat die Wirtin ein, eine schlanke, ältere Frau, ihr Kleid war grün, grün wie die Bier- und Limonadenflaschen auf der Theke. Sie sagte freundlich: »Guten Abend.« Ich erwiderte ihren Gruß, und sie fragte: »Bitte?«

»Ein Zimmer, wenn Sie eins frei haben.«

»Gewiß«, sagte sie, »zu welchem Preis?«

»Das billigste.«

»Dreifünfzig.«

»Schön«, sagte ich erfreut, »vielleicht etwas zu essen?«

»Gewiß.«

»Brot, etwas Käse und Butter und ...«, ich streifte die Flaschen auf der Theke mit einem Blick, »vielleicht Wein.«

»Gewiß«, sagte sie, »eine Flasche?«

»Nein, nein! Ein Glas und – was wird das kosten?«

Sie hatte sich hinter die Theke gestellt, schon den Haken zurückgeschoben, um das Fensterchen zu öffnen, und hielt jetzt inne.

»Alles?« fragte sie.

»Bitte alles.«

Sie griff unter den Tisch, nahm Notizblock und Bleistift, und es war jetzt wieder still, während sie langsam schrieb und rechnete. Ihre ganze Erscheinung strömte, wie sie dort stand, trotz aller Kühle eine beruhigende Güte aus. Außerdem wurde sie mir

sympathischer, da sie sich mehrmals zu verrechnen schien. Sie schrieb langsam die Posten hin, addierte stirnrunzelnd, schüttelte den Kopf, strich wieder durch, schrieb alles neu, addierte wieder, diesmal ohne Stirnrunzeln, und schrieb mit dem grauen Stift unten das Ergebnis hin; dann sagte sie leise: »Sechszwanzig – nein sechs, verzeihen Sie.«
Ich lächelte. »Schön. Haben Sie auch Zigarren?«
»Gewiß.« Sie langte wieder unter die Theke und hielt mir eine Schachtel hin. Ich nahm zwei und dankte. Die Frau gab murmelnd die Bestellung in die Küche durch und verließ den Raum.
Sie war kaum gegangen, als die Tür aufgestoßen wurde und ein junger, schmaler Bursche erschien, unrasiert, in hellem Regenmantel; hinter ihm sah ich ein hutloses Mädchen in einem bräunlichen Mantel. Die beiden traten leise, fast schüchtern näher, sagten knapp »Guten Abend« und wandten sich zur Theke. Der Bursche trug die lederne, abgenutzte Einkaufstasche des Mädchens, und obwohl er sichtlich bemüht war, Haltung zu zeigen, Mut und das Benehmen eines Mannes, der täglich mit seinem Mädchen im Hotel übernachtet, sah ich doch, daß seine Unterlippe zitterte und winzige Schweißtröpfchen an seinen Bartstoppeln hingen. Die beiden standen dort wie Wartende in einem Laden. Ihre Hutlosigkeit, die Einkaufstasche als einziges Gepäck gaben ihnen das Aussehen von Fliehenden, die irgendeine Übergangsstation erreicht haben. Das junge Mädchen war schön, ihre Haut war lebendig, warm und leicht gerötet, und das schwere, braune Haar, das lose über die Schultern fiel, schien fast zu schwer für ihre zierlichen Füße; sie bewegte nervös die schwarzen, staubigen Schuhe, indem sie öfter, als erforderlich gewesen wäre, das Standbein wechselte; dem Burschen fielen ein paar Haarsträhnen, die er hastig zurückstrich, immer wieder in die Stirn, und sein kleiner, runder Mund zeigte den Ausdruck einer schmerzlichen und zugleich glücklichen Entschlossenheit. Die beiden vermieden es offenbar, sich anzusehen, sprachen auch nicht miteinander, und ich war froh, daß ich mich umständlich mit meiner Zigarre beschäftigen, sie abschneiden, anzünden, das Ende mißtrauisch betrachten, noch einmal anzünden und rauchen konnte. Jede Sekunde des Wartens mußte eine Pein sein, ich spürte es, denn auch das Mädchen, mochte sie noch so kühn aussehen und glücklich erscheinen, wechselte nun immer öfter

das Standbein, zupfte an ihrem Mantel, und der junge Mann fuhr sich immer öfter in die Stirn, aus der nun keine Haarsträhne mehr zurückzustreichen war. Endlich erschien die Frau wieder, sagte leise: »Guten Abend« und setzte die Flasche auf die Theke.

Ich sprang sofort auf und sagte zur Wirtin: »Wenn ich Ihnen die Mühe abnehmen darf?« Sie sah mich erstaunt an, stellte dann das Glas hin, gab mir den Korkenzieher und fragte den jungen Mann: »Bitte?« Während ich die Zigarre in den Mund nahm, den Zieher in den Korken bohrte, hörte ich, wie der junge Mann fragte: »Können wir zwei Zimmer haben?«

»Zwei?« fragte die Wirtin, und in diesem Augenblick hatte ich den Pfropfen gelöst, und ich sah von der Seite, daß das Mädchen jäh errötete, der Bursche heftiger noch auf seine Unterlippe biß und mit einem knappen Öffnen des Mundes sagte: »Ja, zwei.«

»Oh, danke«, sagte die Wirtin zu mir, goß das Glas voll und reichte es mir. Ich ging an meinen Tisch zurück, begann in kleinen Schlucken den sanften Wein zu trinken und wünschte nur, daß die unvermeidliche Zeremonie nun nicht wieder durch das Erscheinen meines Essens hinausgezögert würde. Aber das Eintragen in ein Buch, Ausfüllen von Zetteln und Vorlegen bläulicher Ausweise, alles ging schneller, als ich gedacht hatte; und einmal, als der junge Mann die Ledertasche öffnete, um die Ausweise herauszuholen, sah ich dort fettige Kuchentüten, einen zusammengeknüllten Hut, Zigarettenschachteln, eine Baskenmütze und ein zerschlissenes rötliches Portemonnaie.

Die ganze Zeit über suchte das Mädchen Haltung zu bewahren; sie betrachtete unbeteiligt die Limonadenflaschen, das Grün des Rupfenbezuges und die rosenförmigen Nägel, aber die Röte wich nicht mehr von ihrem Gesicht, und als endlich alles erledigt war, gingen die beiden hastig und grußlos mit ihren Schlüsseln nach oben. Bald wurde mein Essen durch die Klappe gereicht; die Wirtin brachte mir den Teller, und als wir uns anblickten, lächelte sie nicht, wie ich erwartet hatte, sondern blickte ernst an mir vorbei und sagte: »Guten Appetit.«

»Danke«, sagte ich. Sie blieb stehen.

Ich fing langsam an zu essen, nahm Brot, Butter und Käse. Sie stand immer noch neben mir. Ich sagte: »Lächeln Sie.«

Sie lächelte wirklich, seufzte dann und sagte: »Ich kann nichts daran ändern.«

»Möchten Sie es?«
»O ja«, sagte sie heftig und setzte sich neben mich auf einen Stuhl, »ich möchte es. Ich möchte manches ändern. Aber wenn er zwei Zimmer verlangt; hätte er eins verlangt...«, sie stockte.
»Wie?« fragte ich.
»Wie?« machte sie wütend nach, »ich hätte ihn hinausgeschmissen.«
»Wozu?« sagte ich müde und nahm den letzten Bissen in den Mund. Sie schwieg. Wozu, dachte ich, wozu? Gehört nicht den Liebenden die Welt, waren nicht die Nächte mild genug, waren nicht andere Türen offen, schmutzigere vielleicht, aber Türen, die man hinter sich schließen konnte. Ich blickte in mein leeres Glas und lächelte...
Die Wirtin war aufgestanden, hatte ihr dickes Buch geholt, einen Packen Formulare und sich wieder neben mich gesetzt.
Sie beobachtete mich, während ich alles ausfüllte. Vor der Spalte »Beruf« stockte ich, sah auf und blickte in ihr lächelndes Gesicht. »Warum zögern Sie«, fragte sie ruhig, »haben Sie keinen Beruf?«
»Ich weiß nicht.«
»Sie wissen nicht?«
»Ich weiß nicht, ob ich Arbeiter, Reisender, Fabrikant, Erwerbsloser oder nur Vertreter bin... aber Vertreter wessen...«, dann schrieb ich schnell »Vertreter« hin und gab ihr das Buch zurück. Einen Augenblick dachte ich daran, ihr Kerzen anzubieten, zwanzig, wenn sie wollte, für ein Glas Wein oder zehn für eine Zigarre, ich weiß nicht, warum ich es unterließ, vielleicht war ich nur zu müde, nur zu faul, aber am anderen Morgen war ich froh, es nicht getan zu haben. Ich zündete meine erloschene Zigarre wieder an und stand auf. Die Frau hatte das Buch zugeklappt, die Zettel dazwischengeschoben und gähnte.
»Wünschen Sie Kaffee morgen früh?« fragte sie.
»Nein, danke, ich werde sehr früh zum Bahnhof gehen. Gute Nacht.«
»Gute Nacht«, sagte sie.
Aber am anderen Morgen schlief ich lange. Der Flur, den ich abends flüchtig gesehen hatte – mit dunkelroten Teppichen belegt –, blieb die ganze Nacht still. Auch das Zimmer war ruhig. Der ungewohnte Wein hatte mich müde gemacht und zugleich

froh. Das Fenster stand offen, und ich erblickte gegen den ruhigen, dunkelblauen Sommerhimmel nur das finstere Dach der Kirche gegenüber; weiter rechts sah ich den bunten Widerschein von Lichtern in der Stadt, hörte den Lärm der belebteren Viertel. Ich legte mich mit der Zigarre ins Bett, um die Zeitung zu lesen, schlief aber gleich ein...

Es war acht vorüber, als ich wach wurde. Der Zug, den ich hatte benutzen wollen, war schon abgefahren, und ich bereute, nicht geweckt worden zu sein. Ich wusch mich, beschloß, mich rasieren zu lassen, und ging hinunter. Das kleine grüne Zimmer war jetzt hell und freundlich, die Sonne schien durch die dünnen Vorhänge hinein, und ich war erstaunt, gedeckte Frühstückstische zu sehen mit Brotkrümeln, leeren Marmeladeschälchen und Kaffeekannen. Ich hatte das Gefühl gehabt, in diesem stillen Haus der einzige Gast zu sein. Ich bezahlte einem freundlichen Mädchen meine Rechnung und ging.

Draußen war ich erst unschlüssig. Der kühle Schatten der Kirche umfing mich. Die Gasse war schmal und sauber; rechts neben dem Eingang des Logierhauses hatte ein Bäcker seinen Laden geöffnet, Brote und Brötchen leuchteten hellbraun und gelb in den Schaukästen, irgendwo standen Milchkannen vor einer Tür, zu der eine schmale dünnblaue Spur vertropfter Milch hinführte. Die gegenüberliegende Straßenseite war nur mit einer hohen schwarzen Mauer aus Quadern bebaut; durch ein großes, halbkreisförmiges Tor sah ich grünen Rasen und trat dort ein. Ich stand in einem Klostergarten. Ein altes, flachdachiges Gebäude, dessen steinerne Fensterumrandungen rührend weiß gekälkt waren, lag inmitten eines grünen Rasens; steinerne Sarkophage im Schatten von Trauerweiden. Ein Mönch trottete über einen Fliesenweg auf die Kirche zu. Als er an mir vorüberkam, grüßte er nickend, ich nickte wieder, und als er in die Kirche trat, folgte ich ihm, ohne zu wissen, warum.

Die Kirche war leer. Sie war alt und schmucklos, und als ich gewohnheitsmäßig meine Hand ins Weihwasserbecken tauchte und zum Altar hin niederkniete, sah ich, daß die Kerzen eben verlöscht sein mußten, eine schmale, schwärzliche Rauchfahne stieg von ihnen auf in die helle Luft; niemand war zu sehen, keine Messe schien an diesem Morgen mehr gelesen zu werden. Unwillkürlich folgte ich mit den Augen der schwarzen Gestalt, die flüchtig und unbeholfen vor dem Tabernakel niederkniete und dann in einem Seitenschiff verschwand. Ich trat näher und blieb erschrocken stehen: dort stand ein Beichtstuhl, das junge Mädchen vom Abend vorher kniete in einer Bank davor, das Gesicht in den Händen verborgen, und am Rand des Schiffes stand der junge Mann, scheinbar unbeteiligt, die lederne Einkaufstasche in der einen Hand, die andere lose herabhängend, und blickte zum Altar...

Ich hörte jetzt in dieser Stille, daß mein Herz angefangen hatte zu schlagen, lauter, heftiger, seltsam erregt, auch spürte ich, daß der junge Mann mich anblickte, wir sahen uns in die Augen, er erkannte mich und wurde rot. Immer noch kniete das junge Mädchen da mit bedecktem Gesicht, immer noch stieg ein feiner, kaum sichtbarer Rauchfaden von den Kerzen auf. Ich setzte mich auf eine Bank, legte den Hut neben mich und stellte den Koffer ab. Mir war, als erwachte ich erst jetzt, bisher hatte ich gleichsam alles nur mit den Augen gesehen, teilnahmslos – Kirche, Garten, Straße, Mädchen und Mann – alles war nur Kulisse, die ich unbeteiligt streifte, aber während ich nun zum Altar blickte, wünschte ich, daß der junge Mann auch beichten gehen möchte. Ich fragte mich selbst, wann ich zum letzten Mal gebeichtet hatte, fand mich kaum zurecht mit Jahren, grob gerechnet mußten es sieben Jahre sein, aber als ich weiter nachdachte, stellte ich etwas viel Schlimmeres fest: ich fand keine Sünde. So sehr ich jetzt auch ehrlich suchte, ich fand keine Sünde, die des Beichtens wert gewesen wäre, und ich wurde sehr traurig. Ich spürte, daß ich schmutzig war, voll von Dingen, die abgewaschen werden mußten, aber nirgendwo war da etwas, was grob, schwer, scharf und klar als Sünde hätte bezeichnet werden können. Mein Herz schlug immer heftiger. Abends vorher hatte ich das junge Paar nicht beneidet, aber nun spürte ich Neid mit der innig dort knienden Gestalt, die immer noch ihr Gesicht verborgen hielt und wartete. Völlig unbewegt und unbeteiligt stand der junge Mann dort.

Ich war wie ein Kübel Wasser, der lange an der Luft gestanden hat; er sieht sauber aus, nichts entdeckt man in ihm, wenn man ihn flüchtig betrachtet: niemand hat Steine, Schmutz oder Unrat hineingeworfen, er stand im Flur oder Keller eines wohlanständigen Hauses; auf seinem makellosen Boden ist nichts zu entdecken; alles ist klar, ruhig, und doch, wenn man hineingreift in dieses Wasser, rinnt durch die Hand ein unfaßbarer widerlicher

feiner Schmutz, der keine Gestalt, keine Form, fast kein Ausmaß zu haben scheint. Man spürt nur, daß er da ist. Und wenn man tiefer hineingreift in dieses makellose Becken, findet man auf seinem Boden eine dicke, unanzweifelbare Schicht dieses feinen, ekelhaften gestaltlosen Schmutzes, für den man keinen Namen findet; ein sattes, fast bleiernes Sediment aus diesen unsagbar feinen Schmutzkörnchen, die der Luft der Anständigkeit entnommen sind.
Ich konnte nicht beten, ich hörte nur mein Herz schlagen und wartete darauf, daß das Mädchen in den Beichtstuhl treten würde. Endlich hob sie die Hände hoch, legte einen Augenblick ihr Gesicht darauf, stand auf und trat in den hölzernen Kasten.
Der junge Mann rührte sich immer noch nicht. Er stand da teilnahmslos, nicht dazu gehörend, unrasiert, bleich, immer noch auf seinem Gesicht den Ausdruck einer sanften und doch festen Entschlossenheit. Als das Mädchen zurückkam, setzte er plötzlich die Tasche auf den Boden und trat in den Stuhl...
Ich konnte immer noch nicht beten, keine Stimme sprach zu mir oder in mir, nichts rührte sich, nur mein Herz schlug, und ich konnte meine Ungeduld nicht zähmen, stand auf, ließ den Koffer stehen, überquerte den Gang und stellte mich in dem Seitenschiff vor eine Bank. In der vordersten Bank kniete die junge Frau vor einer alten, steinernen Madonna, die auf einem völlig unbenutzten, schmucklosen Altar stand. Das Gesicht der Mutter Gottes war grob, aber lächelnd, ein Stück ihrer Nase fehlte, die blaue Bemalung ihres Mantels war abgebröckelt, und die goldenen Sterne darauf waren nur noch wie etwas hellere Flekken zu sehen; ihr Zepter war zerbrochen, und von dem Kinde, das sie im Arm trug, waren nur noch der Hinterkopf und ein Teil der Füße zu sehen. Das mittlere Stück, der Leib, war herausgefallen, und sie hielt lächelnd diesen Torso im Arm. Ein armer Orden schien Besitzer dieser Kirche.
»Oh, wenn ich doch beten könnte!« betete ich. Ich fühlte mich hart, nutzlos, schmutzig, reuelos, nicht einmal eine Sünde hatte ich vorzuweisen, das einzige, was ich besaß, war mein heftig schlagendes Herz und das Bewußtsein, schmutzig zu sein...
Der junge Mann streifte mich leise, als er hinten an mir vorüberging, ich schrak auf und trat in den Beichtstuhl...
Als ich mit dem Kreuzzeichen entlassen worden war, hatten die beiden die Kirche schon verlassen. Der Mönch schob den violet-

ten Vorhang des Beichtstuhles beiseite, öffnete das Türchen und trottete langsam an mir vorbei; wieder beugte er unbeholfen die Knie vor dem Altar.
Ich wartete, bis ich ihn hatte verschwinden sehen, dann überquerte ich schnell den Gang, beugte selbst die Knie, holte meinen Koffer ins Seitenschiff und öffnete ihn: da lagen sie alle, gebündelt von den sanften Händen meiner Frau, schmal, gelb, einfach, und ich blickte auf den kalten schmucklosen Steinsockel, auf dem die Madonna stand, und bereute zum ersten Male, daß mein Koffer nicht schwerer war. Dann riß ich das erste Bündel auf und zündete ein Streichholz an...
Indem ich eine Kerze an der Flamme der anderen erhitzte, klebte ich sie alle fest auf den kalten Sockel, der das weiche Wachs schnell hart werden ließ, alle klebte ich sie auf, bis der ganze Tisch mit unruhig flackernden Lichtern bedeckt war und mein Koffer leer. Ich ließ ihn stehen, raffte meinen Hut auf, beugte noch einmal meine Knie vor dem Altar und ging; es schien als flöhe ich...
Und nun erst, als ich langsam zum Bahnhof ging, fielen mir alle meine Sünden ein, und mein Herz war leichter als je...

Über die Brücke

Die Geschichte, die ich Ihnen erzählen will, hat eigentlich gar keinen Inhalt, vielleicht ist es gar keine Geschichte, aber ich muß sie Ihnen erzählen. Vor zehn Jahren spielte sich eine Art Vorgeschichte ab, und vor wenigen Tagen rundete sich das Bild...
Denn vor wenigen Tagen fuhren wir über jene Brücke, die einst stark und breit war, eisern wie die Brust Bismarcks auf zahlreichen Denkmälern, unerschütterlich wie die Dienstvorschriften; es war eine breite, viergleisige Brücke über den Rhein und auf viele, schwere Strompfeiler gestützt, und damals fuhr ich dreimal wöchentlich mit demselben Zug darüber: montags, mittwochs und samstags. Ich war damals Angestellter beim Reichsjagdgebrauchshundverband; eine bescheidene Stellung, so eine Art Aktenschlepper. Ich verstand von Hunden natürlich nichts, ich bin ein ungebildeter Mensch. Ich fuhr dreimal in der Woche von Königstadt, wo unser Hauptbüro war, nach Gründerheim, wo wir eine Nebenstelle hatten. Dort holte ich dringende Korrespondenz, Gelder und »schwebende Fälle«. Letztere waren in einer großen, gelben Mappe. Niemals erfuhr ich, was in der Mappe drin war, ich war ja nur Bote...
Morgens ging ich gleich von zu Hause zum Bahnhof und fuhr mit dem Achtuhrzug nach Gründerheim. Die Fahrt dauerte dreiviertel Stunden. Ich hatte auch damals Angst, über die Brücke zu fahren. Alle technischen Versicherungen informierter Bekannter über die vielfache Tragfähigkeit der Brücke nützten mir nichts, ich hatte einfach Angst: die bloße Verbindung von Eisenbahn und Brücke verursachte mir Angst; ich bin ehrlich genug, es zu gestehen. Der Rhein ist sehr breit bei uns. Mit einem leisen Bangen im Herzen nahm ich jedesmal das leise Schwanken der Brücke wahr, dieses schauerliche Wippen sechshundert Meter lang; dann kam endlich das vertrauenerweckende dumpfere Rattern, wenn wir wieder den Bahndamm erreicht hatten, und dann kamen Schrebergärten, viele Schrebergärten – und endlich, kurz vor Kahlenkatten, ein Haus: an dieses Haus klammerte ich mich gleichsam mit meinen Blicken. Dieses Haus stand auf der Erde; meine Augen stürzten sich auf das Haus. Das Haus hatte einen rötlichen Bewurf, war sehr sauber, die Umrandungen der Fenster und alle Sockel waren mit dunkelbrauner Farbe abge-

setzt. Zwei Stockwerke, oben drei Fenster und unten zwei, in der Mitte die Tür, zu der eine Freitreppe von drei Stufen emporführte. Und jedesmal, wenn es nicht allzusehr regnete, saß auf dieser Freitreppe ein Kind, ein kleines Mädchen von neun oder zehn Jahren, ein spinnendürres Mädchen mit einer großen, sauberen Puppe im Arm, und blinzelte mißvergnügt zum Zuge herauf. Jedesmal fiel ich gleichsam mit meinen Blicken über das Kind, dann stolperte mein Blick ins linke Fenster, und dort sah ich jedesmal eine Frau, die, neben sich den Putzeimer, mühevoll nach unten gebückt war, den Scheuerlappen in den Händen hielt und putzte. Jedesmal, auch wenn es sehr, sehr regnete, auch wenn das Kind nicht dort auf der Treppe saß. Immer sah ich die Frau: einen mageren Nacken, an dem ich die Mutter des Mädchens erkannte, und dieses Hin- und Herbewegen des Scheuerlappens, diese typische Bewegung beim Putzen. Oft nahm ich mir vor, auch einmal die Möbel in Augenschein zu nehmen, oder die Gardinen, aber mein Blick saugte sich fest an dieser mageren, ewig putzenden Frau, und ehe ich mich besonnen hatte, war der Zug vorbeigefahren. Montags, mittwochs und samstags, es mußte jedesmal so gegen zehn Minuten nach acht sein, denn die Züge waren damals furchtbar pünktlich. Wenn der Zug dann vorbeigefahren war, blieb mir nur ein Blick auf die saubere Rückseite des Hauses, die stumm und verschlossen war.
Ich machte mir selbstverändlich Gedanken über diese Frau und dieses Haus. Alles andere am Wege des Zuges interessierte mich wenig. Kahlenkatten – Bröderkotten – Suhlenheim – Gründerheim, diese Stationen bargen wenig Interessantes. Meine Gedanken spielten immer um jenes Haus. Warum putzt die Frau dreimal in der Woche, so dachte ich. Das Haus sah gar nicht so aus, als ob viel dort schmutzig gemacht würde; auch nicht, als ob dort viele Gäste ein- und ausgingen. Es sah fast ungastlich aus, dieses Haus, obwohl es sauber war. Es war ein sauberes und doch unfreundliches Haus.
Wenn ich aber mit dem Elfuhrzug von Gründerheim wieder zurückfuhr und kurz vor zwölf hinter Kahlenkatten die Rückseite des Hauses sah, dann war die Frau dabei, im letzten Fenster rechts die Scheiben zu putzen. Seltsamerweise war sie montags und samstags am letzten Fenster rechts, und mittwochs war sie am mittleren Fenster. Sie hatte das Fensterleder in der Hand und rieb und rieb. Um den Kopf hatte sie ein Tuch von dumpfer, röt-

licher Farbe. Das Mädchen sah ich aber bei der Rückfahrt nie, und nun, so gegen Mittag – es muß so kurz vor zwölf gewesen sein, denn die Züge waren damals furchtbar pünktlich –, war die Vorderseite des Hauses stumm und verschlossen.
Obwohl ich mich bei meiner Geschichte bemühen will, nur das zu beschreiben, was ich wirklich sah, so sei doch die bescheidene Andeutung gestattet, daß ich mir nach drei Monaten die Kombination erlaubte, daß die Frau wahrscheinlich dienstags, donnerstags und freitags die anderen Fenster putzte. Diese Kombination, so bescheiden sie auch war, wurde allmählich zur fixen Idee. Manchmal grübelte ich den ganzen Weg von kurz vor Kahlenkatten bis Gründerheim darüber nach, an welchen Nachmittagen und Vormittagen wohl die anderen Fenster der beiden Stockwerke geputzt würden. Ja – ich setzte mich hin und machte mir schriftlich eine Art Putzplan. Ich versuchte aus dem, was ich an drei Vormittagen beobachtet hatte, zusammenzustellen, was an den übrigen drei Nachmittagen und vollen Tagen wohl geputzt würde. Denn ich hatte die seltsam fixe Vorstellung, daß die Frau dauernd beim Putzen war. Ich sah sie ja nie anders, immer nur gebückt, mühevoll gebückt, so daß ich sie keuchen zu hören glaubte – um zehn Minuten nach acht; und eifrig reibend mit dem Fensterleder, so daß ich oft die Spitze ihrer Zunge zwischen den zusammengepreßten Lippen zu sehen glaubte – kurz vor zwölf.
Die Geschichte dieses Hauses verfolgte mich. Ich wurde nachdenklich. Das machte mich nachlässig im Dienst. Ja, ich ließ nach. Ich grübelte zu viel. Eines Tages vergaß ich sogar die Mappe »schwebende Fälle«. Ich zog mir den Zorn des Bezirkschefs des Reichsjagdgebrauchshundverbandes zu; er zitierte mich zu sich; er zitterte vor Ärger. »Grabowski«, sagte er zu mir, »ich hörte, Sie haben die ›schwebenden Fälle‹ vergessen. Dienst ist Dienst, Grabowski.« Da ich verstockt schwieg, wurde der Chef strenger. »Bote Grabowski, ich warne Sie. Der Reichsjagdgebrauchshundverband kann keine vergeßlichen Leute gebrauchen, verstehen Sie, wir können uns nach qualifizierteren Leuten umsehen.« Er blickte mich drohend an, aber dann wurde er plötzlich menschlich. »Haben Sie persönliche Sorgen?« Ich gestand leise. »Ja.« »Was ist es?« fragte er milde. Ich schüttelte nur den Kopf. »Kann ich Ihnen helfen? – Womit?«
»Geben Sir mir einen Tag frei, Herr Direktor«, bat ich schüch-

tern, »sonst nichts.« Er nickte großzügig. »Erledigt! Und nehmen Sie meine Worte nicht allzu ernst. Jeder kann einmal etwas vergessen, sonst waren wir ja zufrieden mit Ihnen...«

Mein Herz aber jubelte. Diese Unterredung fand an einem Mittwoch statt. Und den nächsten Tag, Donnerstag, sollte ich frei haben. Ich wollte es ganz geschickt machen. Ich fuhr mit dem Achtuhrzug, zitterte mehr vor Ungeduld als vor Angst, als wir über die Brücke fuhren: Sie war dabei, die Freitreppe zu putzen. Mit dem nächsten Gegenzug fuhr ich von Kahlenkatten wieder zurück und kam so gegen neun Uhr an ihrem Hause wieder vorbei: oberes Stockwerk, mittleres Fenster, Vorderfront. Ich fuhr viermal hin und zurück an diesem Tage und hatte den ganzen Donnerstagsplan fertig: Freitreppe, mittleres Fenster Vorderfront, mittleres Fenster oberes Stockwerk Hinterfront, Boden, vordere Stube oben. Als ich zum letzten Male um sechs Uhr das Haus passierte, sah ich einen kleinen gebückten Mann mit bescheidenen Bewegungen im Garten arbeiten. Das Kind, die saubere Puppe im Arm, blickte ihm zu wie eine Wächterin. Die Frau war nicht zu sehen...

Aber das alles spielte sich vor zehn Jahren ab. Vor einigen Tagen fuhr ich wieder über jene Brücke. Mein Gott, wie gedankenlos war ich in Königstadt in den Zug gestiegen! Ich hatte die ganze Geschichte vergessen. Wir fuhren mit einem Zug aus Güterwagen, und als wir uns dem Rhein näherten, geschah etwas Seltsames: Ein Waggon vor uns verstummte nach dem anderen; es war ganz merkwürdig, so als sei der ganze Zug von fünfzehn oder zwanzig Waggons wie eine Reihe von Lichtern, von denen nun eins nach dem andern erlosch. Und wir hörten ein scheußliches, hohles Rattern, ein ganz windiges Rattern; und plötzlich war es, als werde mit kleinen Hämmern unter den Boden unseres Waggons geklopft, und auch wir verstummten und sahen es: nichts, nichts... nichts; links und rechts von uns war nichts, eine gräßliche Leere...ferne sah man die Uferwiesen des Rheines... Schiffe... Wasser, aber der Blick wagte sich gleichsam nicht zu weit hinaus: Der Blick sogar schwindelte. Nichts, einfach nichts! Am Gesicht einer blassen, stummen Bauernfrau sah ich, daß sie betete, andere steckten sich mit zitternden Händen Zigaretten an; sogar die Skatspieler in der Ecke waren verstummt...

Dann hörten wir, daß die vorderen Wagen schon wieder auf festem Boden fuhren, und wir dachten alle das gleiche: die haben es hinter sich. Wenn uns etwas passiert, die können vielleicht abspringen, aber wir, wir fuhren im vorletzten Wagen, und es war fast sicher, daß wir abstürzen würden. Die Gewißheit stand in unseren Augen und in unseren blassen Gesichtern. Die Brücke war ebenso breit wie der Schienenstrang, ja, der Schienenstrang selbst war die Brücke, und der Rand des Wagens ragte noch über die Brücke hinaus ins Nichts, und die Brücke wankte, als wolle sie uns abwippen ins Nichts...

Aber dann kam plötzlich ein solideres Rattern, wir hörten es näher kommen, ganz deutlich, und dann wurde es auch unter unserem Wagen gleichsam dunkler und fester, dieses Rattern, wir atmeten auf und wagten einen Blick hinaus: Da waren Schrebergärten! Oh, Gott segne die Schrebergärten! Aber dann erkannte ich plötzlich die Gegend, mein Herz zitterte seltsam, je näher wir Kahlenkatten kamen. Für mich gab es nur eine Frage: würde jenes Haus noch dort stehen? Und dann sah ich es; erst von ferne durch das zarte, dünne Grün einiger Bäume in den Schrebergärten, die rote, immer noch saubere Fassade des Hauses, die näher und näher kam. Eine namenlose Erregung ergriff mich; alles, alles, was damals vor zehn Jahren gewesen war, und alles, was dazwischen gewesen war, tobte wie ein wildes, reißendes Durcheinander in mir. Und dann kam das Haus mit Riesenschritten ganz nahe, und dann sah ich sie, die Frau: sie putzte die Freitreppe. Nein, sie war es nicht, die Beine waren jünger, etwas dicker, aber sie hatte die gleichen Bewegungen, die eckigen, ruckartigen Bewegungen beim Hin- und Herbewegen des Scheuerlappens. Mein Herz stand ganz still, mein Herz trat auf der Stelle. Dann wandte die Frau nur einen Augenblick das Gesicht, und ich erkannte sofort das kleine Mädchen von damals; dieses spinnenartige, mürrische Gesicht, und im Ausdruck ihres Gesichtes etwas Säuerliches, etwas häßlich Säuerliches wie von abgestandenem Salat...

Als mein Herz langsam wieder zu klopfen anfing, fiel mir ein, daß an diesem Tage wirklich Donnerstag war...

Steh auf, steh doch auf

Ihr Name auf dem roh zusammengehauenen Kreuz war nicht mehr zu lesen; der Pappdeckel des Sarges war schon eingebrochen, und wo vor wenigen Wochen noch ein Hügel gewesen war, war nun eine Mulde, in der die schmutzigen, verfaulten Blumen, verwaschene Schleifen, mit Tannennadeln und kahlen Ästen vermengt, einen grauenhaften Klumpen bildeten. Die Kerzenstummel mußten gestohlen worden sein...
»Steh auf«, sagte ich leise, »steh doch auf«, und meine Tränen mischten sich mit dem Regen, diesem eintönig murmelnden Regen, der schon seit Wochen niederrann.
Dann schloß ich die Augen: ich fürchtete, mein Wunsch könne erfüllt werden. Hinter meinen geschlossenen Lidern sah ich deutlich den eingeknickten Pappdeckel, der nun auf ihrer Brust liegen mußte, eingedrückt von den nassen Erdmassen, die an ihm vorbei kalt und gierig sich in den Sarg drängten.
Ich bückte mich nieder, um den schmutzigen Grabschmuck von der klebrigen Erde aufzuheben, da spürte ich plötzlich, wie hinter mir ein Schatten aus der Erde brach, jäh und heftig, so wie aus einem zugedeckten Feuer manchmal die Flamme hochschlägt.
Ich bekreuzigte mich hastig, warf die Blumen hin und eilte dem Ausgang zu. Aus den schmalen, mit dichten Büschen umgebenen Gängen quoll der dicke Dämmer, und als ich den Hauptweg erreicht hatte, hörte ich den Klang jener Glocke, die die Besucher aus dem Friedhof zurückruft. Aber von nirgendwoher hörte ich Schritte, nirgendwo auch sah ich jemanden, nur spürte ich hinter mir jenen gestaltlosen, doch wirklichen Schatten, der mich verfolgte...
Ich beschleunigte meinen Schritt, warf die rostig klirrende Pforte hinter mir zu, überquerte das Rondell, auf dem ein gestürzter Straßenbahnwagen seinen aufgequollenen Bauch dem Regen hinhielt; und die verwünschte Sanftmut des Regens trommelte auf dem blechernen Kasten...
Schon lange hatte der Regen meine Schuhe durchdrungen, aber ich spürte weder Kälte noch Feuchtigkeit, ein wildes Fieber jagte mein Blut bis in die äußersten Spitzen meiner Glieder, und zwischen der Angst, die mich von hinten anwehte, spürte ich jene seltsame Lust von Krankheit und Trauer...

Zwischen elenden Wohnhütten, deren Schornsteine kümmerlichen Rauch ausstießen, abenteuerlich zusammengeflickten Zäunen, die schwärzliche Äcker umschlossen, vorbei an morschen Telegrafenstangen, die im Dämmer zu schwanken schienen, führte mein Weg durch die scheinbar endlosen Verzweiflungsstätten der Vorstadt; achtlos in Pfützen tretend, schritt ich immer hastiger der fernen, zerrissenen Silhouette der Stadt zu, die in schmutzigen Dämmerwolken am Horizont hingestreckt lag wie ein Labyrinth der Trübsal.
Schwarze, riesige Ruinen tauchten links und rechts auf, seltsam schwüler Lärm aus schwach erhellten Fenstern drang auf mich ein; wieder Äcker aus schwarzer Erde, wieder Häuser, verfallene Villen – und immer tiefer fraß sich das Entsetzen neben meiner fiebrischen Krankheit in mir fest, denn ich spürte etwas Ungeheuerliches: hinter mir wurde es dunkel, während vor meinen Augen der Dämmer sich in der üblichen Weise verdichtete; hinter mir wurde Nacht; ich schleifte die Nacht hinter mir her, zog sie über den fernen Rand des Horizontes, und wo mein Fuß hingetreten war, wurde es dunkel. Nichts sah ich von alledem, aber ich wußte es: vom Grab der Geliebten her, wo ich den Schatten beschworen, schleppte ich das unerbittlich schlappe Segel der Nacht hinter mir her.
Die Welt schien menschenleer zu sein: eine ungeheure, mit Schmutz angefüllte Ebene die Vorstadt, ein niedriges Gebirge aus Trümmern die Stadt, die so ferne geschienen hatte und nun unheimlich schnell näher gerückt war. Einige Male blieb ich stehen, und ich spürte, wie das Dunkle hinter mir verhielt, sich staute und höhnisch zögerte, mich dann mit sanftem und zwingendem Druck weiterschob.
Nun erst spürte ich auch, daß der Schweiß in Strömen an meinem ganzen Körper herunterlief; mein Gang war mühsam geworden, schwer war die Last, die ich zu schleppen hatte, die Last der Welt. Mit unsichtbaren Seilen war ich daran gebunden, sie an mich, und es zog nun und zerrte an mir, wie eine abgerutschte Last das ausgemergelte Maultier unweigerlich in den Abgrund zwingt. Mit allen Kräften stemmte ich mich an gegen jene unsichtbaren Schnüre, meine Schritte wurden kurz und unsicher, wie ein verzweifeltes Tier warf ich mich in die drosselnde Schnürung: meine Beine schienen in der Erde zu versinken, während ich noch Kraft fand, meinen Oberkörper aufrecht zu halten; bis

ich plötzlich spürte, daß ich nicht durchhalten konnte, daß ich auf der Stelle zu verhalten gezwungen war, die Last schon so wirksam, mich am Ort zu bannen; und schon glaubte ich zu spüren, daß ich den Halt verlor, ich tat einen Schrei und warf mich noch einmal in die gestaltlosen Zügel – ich fiel vornüber aufs Gesicht, die Bindung war zerrissen, eine unsagbar köstliche Freiheit hinter mir, und vor meinen Augen eine helle Ebene, auf der nun sie stand, sie, die dort hinten in dem kümmerlichen Grab unter schmutzigen Blumen gelegen hatte, und nun war sie es, die mit lächelndem Gesicht zu mir sagte: »Steh auf, steh doch auf...«, aber ich war schon aufgestanden und ihr entgegengegangen...

Damals in Odessa

Damals in Odessa war es sehr kalt. Wir fuhren jeden Morgen mit großen, rappelnden Lastwagen über das Kopfsteinpflaster zum Flugplatz, warteten frierend auf die großen, grauen Vögel, die über das Startfeld rollten, aber an den beiden ersten Tagen, wenn wir gerade beim Einsteigen waren, kam der Befehl, daß kein Flugwetter sei, die Nebel über dem Schwarzen Meer zu dicht oder die Wolken zu tief, und wir stiegen wieder in die großen, rappelnden Lastwagen und fuhren über das Kopfsteinpflaster in die Kaserne zurück.

Die Kaserne war sehr groß und schmutzig und verlaust, und wir hockten auf dem Boden oder lagen über den dreckigen Tischen und spielten Siebzehn-und-Vier, oder wir sangen und warteten auf eine Gelegenheit, über die Mauer zu gehen. In der Kaserne waren viele wartende Soldaten, und keiner durfte in die Stadt. An den beiden ersten Tagen hatten wir vergeblich versucht auszukneifen, sie hatten uns geschnappt, und wir mußten zur Strafe die großen, heißen Kaffeekannen schleppen und Brote abladen; und dabei stand in einem wunderbaren Pelzmantel, der für die sogenannte Front bestimmt war, ein Zahlmeister und zählte, damit kein Brot plattgeschlagen wurde, und wir dachten damals, daß Zahlmeister nicht von Zahlen, sondern von Zählen kommt. Der Himmel war immer noch neblig und dunkel über Odessa, und die Posten pendelten vor den schwarzen, schmutzigen Mauern der Kaserne auf und ab.

Am dritten Tage warteten wir, bis es ganz dunkel geworden war, dann gingen wir einfach an das große Tor, und als der Posten uns anhielt, sagten wir »Kommando Seltschini«, und er ließ uns durch. Wir waren zu drei Mann, Kurt, Erich und ich, und wir gingen sehr langsam. Es war erst vier Uhr und schon ganz dunkel. Wir hatten ja nichts gewollt als aus den großen, schwarzen, schmutzigen Mauern heraus, und nun, als wir draußen waren, wären wir fast lieber wieder drinnen gewesen; wir waren erst seit acht Wochen beim Militär und hatten viel Angst, aber wir wußten auch: wenn wir wieder drinnen gewesen wären, hätten wir unbedingt heraus gewollt, und dann wäre es unmöglich gewesen, und es war doch erst vier Uhr, und wir konnten nicht schlafen, wegen den Läusen und dem Singen und auch, weil wir fürchteten und zugleich hofften, am anderen Morgen könnte gutes Flugwetter sein und sie würden uns auf die Krim hinüberfliegen, wo wir sterben sollten. Wir wollten nicht sterben, wir wollten auch nicht auf die Krim, aber wir mochten auch nicht den ganzen Tag in dieser schmutzigen, schwarzen Kaserne hocken, wo es nach Ersatzkaffee roch und wo sie immerzu Brote abluden, die für die Front bestimmt waren, immerzu, und wo immer Zahlmeister in Mänteln, die für die Front bestimmt waren, dabeistanden und zählten, damit kein Brot plattgeschlagen wurde.

Ich weiß nicht, was wir wollten. Wir gingen sehr langsam in diese dunkle, holprige Vorstadtgasse hinein; zwischen unbeleuchteten, niedrigen Häusern war die Nacht von ein paar verfaulenden Holzpfählen eingezäunt, und dahinter irgendwo schien Ödland zu liegen, Ödland wie zu Hause, wo sie glauben, es wird eine Straße gelegt, Kanäle bauen und mit Meßstangen herumfummeln, und es wird doch nichts mit der Straße, und sie werfen Schutt, Asche und Abfälle dahin, und das Gras wächst wieder, derbes, wildes Gras, üppiges Unkraut, und das Schild »Schutt abladen verboten« ist schon nicht mehr zu sehen, weil sie zu viel Schutt dahingeschüttet haben...

Wir gingen sehr langsam, weil es noch so früh war. Im Dunkeln begegneten uns Soldaten, die in die Kaserne gingen, und andere kamen aus der Kaserne und überholten uns; wir hatten Angst vor den Streifen und wären am liebsten zurückgegangen, aber wir wußten ja auch, wenn wir wieder in der Kaserne waren, würden wir ganz verzweifelt sein, und es war besser, Angst zu haben als nur Verzweiflung in den schwarzen, schmutzigen Mauern der Kaserne, wo sie Kaffee schleppten, immerzu Kaffee schleppten und für die Front Brote abluden, immerzu Brote für die Front, und wo die Zahlmeister in den schönen Mänteln herumliefen, während es uns schrecklich kalt war.

Manchmal kam links oder rechts ein Haus, aus dem dunkelgelbes Licht herausschien, und wir hörten Stimmen, hell und fremd und beängstigend, kreischend. Und dann kam in der Dunkelheit ein ganz helles Fenster, da war viel Lärm, und wir hörten Soldatenstimmen, die sangen: »Ja, die Sonne von Mexiko.«

Wir stießen die Tür auf und traten ein: da drinnen war es warm und qualmig, und es waren Soldaten da, acht oder zehn, und manche hatten Weiber bei sich, und sie tranken und sangen, und einer lachte ganz laut, als wir hereinkamen. Wir waren jung und auch klein, die Kleinsten von der ganzen Kompanie; wir hatten ganz nagelneue Uniformen an, und die Holzfasern stachen uns in Arme und Beine, und die Unterhosen und Hemden juckten schrecklich auf der bloßen Haut, und auch die Pullover waren ganz neu und stachelig.

Kurt, der Kleinste, ging voran und suchte einen Tisch aus; er war Lehrling in einer Lederfabrik, und er hatte uns immer erzählt, wo die Häute herkamen, obwohl es Geschäftsgeheimnis war, und er hatte uns sogar erzählt, was sie daran verdienten, obwohl das ganz strenges Geschäftsgeheimnis war. Wir setzten uns neben ihn.

Hinter der Theke kam eine Frau heraus, eine dicke Schwarze mit einem gutmütigen Gesicht, und sie fragte, was wir trinken wollten; wir fragten zuerst, was der Wein kostete, denn wir hatten gehört, daß alles sehr teuer war in Odessa.

Sie sagte: »Fünf Mark die Karaffe«, und wir bestellten drei Karaffen Wein. Wir hatten beim Siebzehn-und-Vier viel Geld verloren und den Rest geteilt; jeder hatte zehn Mark. Einige von den Soldaten aßen auch, sie aßen gebratenes Fleisch, das noch dampfte, auf Weißbrotschnitten, und Würste, die nach Knoblauch rochen, und wir merkten jetzt erst, daß wir Hunger hatten, und als die Frau den Wein brachte, fragten wir, was das Essen kostete. Sie sagte, daß die Würste fünf Mark kosteten und Fleisch mit Brot acht; sie sagte, das wäre frisches Schweinefleisch, aber wir bestellten drei Würste. Manche von den Soldaten küßten die Weiber oder nahmen sie ganz offen in den Arm, und wir wußten nicht, wo wir hingucken sollten.

Die Würste waren heiß und fett, und der Wein war sehr sauer. Als wir die Würste aufgegessen hatten, wußten wir nicht, was wir tun sollten. Wir hatten uns nichts mehr zu erzählen, vierzehn Tage hatten wir im Waggon nebeneinander gelegen und uns alles erzählt, Kurt war in einer Lederfabrik gewesen, Erich kam von einem Bauernhof, und ich, ich war von der Schule gekommen; wir hatten immer noch Angst, aber es war uns nicht mehr kalt...

Die Soldaten, die die Weiber geküßt hatten, schnallten jetzt ihre Koppel um und gingen mit den Weibern hinaus; es waren drei Mädchen, sie hatten runde, liebe Gesichter, und sie kicherten und zwitscherten, aber sie gingen jetzt mit sechs Soldaten weg, ich glaube, es waren sechs, fünf bestimmt. Es blieben nur noch die Betrunkenen, die gesungen hatten: »Ja, die Sonne von Mexiko«. Einer, der an der Theke stand, ein großer, blonder Obergefreiter, drehte sich jetzt um und lachte uns wieder aus; ich glaube, wir saßen auch sehr still und brav da an unserem Tisch, die Hände auf den Knien, wie beim Unterricht in der Kaserne. Dann sagte der Obergefreite etwas zu der Wirtin, und die Wirtin brachte uns weißen Schnaps in ziemlich großen Gläsern. »Wir müssen ihm jetzt zuprosten«, sagte Erich und stieß uns mit den Knien an, und ich, ich rief so lange: »Herr Obergefreiter«, bis er merkte, daß ich ihn meinte, dann stieß uns Erich mit den Knien wieder an, wir standen auf und riefen zusammen: »Prost, Herr Obergefreiter.« Die anderen Soldaten lachten alle laut, aber der Obergefreite hob sein Glas und rief uns zu: »Prost, die Herren Grenadiere...«

Der Schnaps war scharf und bitter, aber er machte uns warm, und wir hätten gerne noch einen getrunken.

Der blonde Obergefreite winkte Kurt, und Kurt ging hin und winkte uns auch, als er ein paar Worte mit dem Obergefreiten gesprochen hatte. Er sagte, wir wären ja verrückt, weil wir kein Geld hätten, wir sollten doch etwas verscheuern; und er fragte, von wo wir kämen und wo wir hin müßten, und wir sagten ihm, daß wir in der Kaserne warteten und auf die Krim fliegen sollten. Er machte ein ernstes Gesicht und sagte nichts. Dann fragte ich ihn, was wir denn verscheuern könnten, und er sagte: alles. Verscheuern könnte man hier alles, Mantel und Mütze oder Unterhosen, Uhren, Füllfederhalter.

Wir wollten keinen Mantel verscheuern, wir hatten zuviel Angst, es war ja verboten, und es war uns auch sehr kalt, damals in Odessa. Wir suchten unsere Taschen leer: Kurt hatte einen Füllfederhalter, ich eine Uhr und Erich ein ganz neues, ledernes Portemonnaie, das er bei einer Verlosung in der Kaserne gewonnen hatte. Der Obergefreite nahm die drei Sachen und fragte die Wirtin, was sie dafür geben wollte, und sie sah alles ganz genau an, sagte, daß es schlecht sei, und wollte zweihundertfünfzig Mark geben, hundertachtzig allein für die Uhr.

Der Obergefreite sagte, daß das wenig sei, zweihundertfünfzig, aber er sagte auch, mehr gäbe sie bestimmt nicht, und wenn wir am nächsten Tag vielleicht auf die Krim flögen, wäre ja alles egal, und wir sollten es nehmen.

Zwei von den Soldaten, die gesungen hatten: »Ja, die Sonne von Mexiko...«, kamen jetzt von den Tischen und klopften dem Obergefreiten auf die Schultern; er nickte uns zu und ging mit ihnen hinaus.

Die Wirtin hatte mir das ganze Geld gegeben, und ich bestellte jetzt für jeden zwei Portionen Schweinefleisch mit Brot und einen großen Schnaps, und dann aßen wir noch einmal jeder zwei Portionen Schweinefleisch, und noch einmal tranken wir einen Schnaps. Das Fleisch war frisch und fett, heiß und fast süß, und das Brot war ganz mit Fett durchtränkt, und wir tranken dann noch einen Schnaps. Dann sagte die Wirtin, sie hätte kein Schweinefleisch mehr, nur noch Wurst, und wir aßen jeder eine Wurst und ließen uns Bier dazu geben, dickes, dunkles Bier, und wir tranken noch einen Schnaps und ließen uns Kuchen bringen, flache, trockene Kuchen aus gemahlenen Nüssen; dann tranken wir noch mehr Schnaps und wurden gar nicht betrunken; es war uns warm und wohl, und wir dachten nicht mehr an die vielen Stacheln aus Holzfasern in den Unterhosen und dem Pullover; und es kamen neue Soldaten herein, und wir sangen alle: »Ja, die Sonne von Mexiko...«

Um sechs Uhr war unser Geld auf, und wir waren immer noch nicht betrunken; wir gingen zur Kaserne zurück, weil wir nichts mehr zu verscheuern hatten. In der dunklen, holprigen Straße brannte nun gar kein Licht mehr, und als wir durch die Wache kamen, sagte der Posten, wir müßten auf die Wachstube. In der Wachstube war es heiß und trocken, schmutzig, und es roch nach Tabak, und der Unteroffizier schnauzte uns an und sagte, die Folgen würden wir schon sehen. Aber in der Nacht schliefen wir sehr gut, und am anderen Morgen fuhren wir wieder auf den großen, rappelnden Lastwagen über das Kopfsteinpflaster zum Flugplatz, und es war kalt in Odessa, das Wetter war herrlich klar, und wir stiegen endgültig in die Flugzeuge ein; und als sie hochstiegen, wußten wir plötzlich, daß wir nie mehr wiederkommen würden, nie mehr...

Als der Wagen hielt, brummte der Motor noch eine Weile; draußen wurde irgendwo ein großes Tor aufgerissen. Licht fiel durch das zertrümmerte Fenster in das Innere des Wagens, und ich sah jetzt, daß auch die Glühbirne oben an der Decke zerfetzt war; nur ihr Gewinde stak noch in der Schrauböffnung, ein paar flimmernde Drähtchen mit Glasresten. Dann hörte der Motor auf zu brummen, und draußen schrie eine Stimme: »Die Toten hier hin, habt ihr Tote dabei?«
»Verflucht«, rief der Fahrer zurück, »verdunkelt ihr schon nicht mehr?«
»Da nützt kein Verdunkeln mehr, wenn die ganze Stadt wie eine Fackel brennt«, schrie die fremde Stimme. »Ob ihr Tote habt, habe ich gefragt?«
»Weiß nicht.«
»Die Toten hierhin, hörst du? Und die anderen die Treppe hinauf in den Zeichensaal, verstehst du?«
»Ja, ja.«
Aber ich war noch nicht tot, ich gehörte zu den anderen, und sie trugen mich die Treppe hinauf. Erst ging es in einen langen, schwach beleuchteten Flur, dessen Wände mit grüner Ölfarbe gestrichen war; krumme, schwarze, altmodische Kleiderhaken waren in die Wände eingelassen, und da waren Türen mit Emailleschildchen: VI a und VI b, und zwischen diesen Türen hing, sanftglänzend unter Glas in einem schwarzen Rahmen, die Medea von Feuerbach und blickte in die Ferne; dann kamen Türen mit V a und V b, und dazwischen hing ein Bild des Dornausziehers, eine wunderbare, rötlich schimmernde Fotografie in braunem Rahmen.
Auch die große Säule in der Mitte vor dem Treppenaufgang war da und hinter ihr, lang und schmal, wunderbar gemacht, eine Nachbildung des Parthenonfrieses in Gips, gelblich schimmernd, echt, antik, und alles kam, wie es kommen mußte: der griechische Hoplit, bunt und gefährlich, wie ein Hahn sah er aus, gefiedert, und im Treppenhaus selbst, auf der Wand, die hier mit gelber Ölfarbe gestrichen war, da hingen sie alle der Reihe nach: vom Großen Kurfürsten bis Hitler . . .
Und dort, in dem schmalen kleinen Gang, wo ich endlich wieder

für ein paar Schritte gerade auf meiner Bahre lag, da war das besonders schöne, besonders große, besonders bunte Bild des Alten Fritzen mit der himmelblauen Uniform, den strahlenden Augen und dem großen, golden glänzenden Stern auf der Brust.

Wieder lag ich dann schief auf der Bahre und wurde vorbeigetragen an den Rassegesichtern: da war der nordische Kapitän mit dem Adlerblick und dem dummen Mund, die westische Moselanerin, ein bißchen hager und scharf, der ostische Grinser mit der Zwiebelnase und das lange, adamsapfelige Bergfilmprofil; und dann kam wieder ein Flur, wieder lag ich für ein paar Schritte gerade auf meiner Bahre, und bevor die Träger in die zweite Treppe hineinschwenkten, sah ich es noch eben: das Kriegerdenkmal mit dem großen, goldenen Eisernen Kreuz obendrauf und dem steinernen Lorbeerkranz.

Das ging alles sehr schnell: ich bin nicht schwer, und die Träger rasten. Immerhin: alles konnte auch Täuschung sein; ich hatte hohes Fieber, hatte überall Schmerzen. Im Kopf, in den Armen und Beinen, und mein Herz schlug wie verrückt; was sieht man nicht alles im Fieber!

Aber als wir an den Rassegesichtern vorbei waren, kam alles andere: die drei Büsten von Cäsar, Cicero, Marc Aurel, brav nebeneinander, wunderbar nachgemacht, ganz gelb und echt, antik und würdig standen sie an der Wand, und auch die Hermessäule kam, als wir um die Ecke schwenkten, und ganz hinten im Flur – der Flur war hier rosenrot gestrichen – ganz, ganz hinten im Flur hing die große Zeusfratze über dem Eingang zum Zeichensaal; doch die Zeusfratze war noch weit. Rechts sah ich durch das Fenster den Feuerschein, der ganze Himmel war rot, und schwarze, dicke Wolken von Qualm zogen feierlich vorüber...

Und wieder mußte ich links sehen, und wieder sah ich Schildchen über den Türen O I a und O I b, und zwischen den bräunlichen muffigen Türen sah ich nur Nietzsches Schnurrbart und seine Nasenspitze in einem goldenen Rahmen, denn sie hatten die andere Hälfte des Bildes mit einem Zettel überklebt, auf dem zu lesen war: »Leichte Chirurgie«...

Wenn jetzt, dachte ich flüchtig... wenn jetzt... aber da war es schon: das Bild von Togo, bunt und groß, flach wie ein alter Stich, ein prachtvoller Druck, und vorne, vor den Kolonialhäusern, vor den Negern und dem Soldaten, der da sinnlos mit seinem Gewehr herumstand, vor allem war das große, ganz naturgetreu abgebildete Bündel Bananen: links ein Bündel, rechts ein Bündel, und auf der mittleren Banane im rechten Bündel, da war etwas hingekritzelt, ich sah es; ich selbst mußte es hingeschrieben haben...

Aber nun wurde die Tür zum Zeichensaal aufgerissen, und ich schwebte unter der Zeusbüste hinein und schloß die Augen. Ich wollte nichts mehr sehen. Der Zeichensaal roch nach Jod, Scheiße, Mull und Tabak, und es war laut. Sie setzten mich ab, und ich sagte zu den Trägern: »Steck mir 'ne Zigarette in den Mund, links oben in der Tasche.«

Ich spürte, wie einer mir an der Tasche herumfummelte, dann zischte ein Streichholz, und ich hatte die brennende Zigarette im Mund. Ich zog daran. »Danke«, sagte ich.

Alles das, dachte ich, ist kein Beweis. Letzten Endes gibt es in jedem Gymnasium einen Zeichensaal, Gänge, in denen krumme, alte Kleiderhaken in grün- und gelbgestrichene Wände eingelassen sind; letzten Endes ist es kein Beweis, daß ich in meiner Schule bin, wenn die Medea zwischen VI a und VI b hängt und Nietzsches Schnurrbart zwischen O I a und O I b. Gewiß gibt es eine Vorschrift, die besagt, daß er da hängen muß. Hausordnung für humanistische Gymnasien in Preußen: Medea zwischen VI a und VI b, Dornauszieher dort, Cäsar, Marc Aurel und Cicero im Flur und Nietzsche oben, wo sie schon Philosophie lernen. Parthenonfries, ein buntes Bild von Togo. Dornauszieher und Parthenonfries sind schließlich gute, alte, generationenlang bewährte Schulrequisiten, und gewiß bin ich nicht der einzige, der den Einfall gehabt hat, auf eine Banane zu schreiben: Es lebe Togo. Auch die Witze, die sie in den Schulen machen, sind immer dieselben. Und außerdem besteht die Möglichkeit, daß ich Fieber habe, daß ich träume.

Schmerzen hatte ich jetzt nicht mehr. Im Auto war es noch schlimm gewesen; wenn sie durch die kleinen Schlaglöcher fuhren, schrie ich jedesmal; da waren die großen Trichter schon besser: das Auto hob und senkte sich wie ein Schiff in einem Wellental. Aber jetzt schien die Spritze schon zu wirken, die sie mir irgendwo im Dunkeln in den Arm gehauen hatten: ich hatte gespürt, wie die Nadel sich durch die Haut bohrte und wie es unten am Bein ganz heiß wurde.

Es kann ja nicht wahr sein, dachte ich, so viele Kilometer kann

das Auto ja gar nicht gefahren sein: fast dreißig. Und außerdem: du spürst nichts; kein Gefühl sagt es dir, nur die Augen; kein Gefühl sagt dir, daß du in deiner Schule bist, in deiner Schule, die du vor drei Monaten erst verlassen hast. Acht Jahre sind keine Kleinigkeit, solltest du nach acht Jahren das alles nur mit den Augen erkennen?
Hinter meinen geschlossenen Lidern sah ich alles noch einmal, wie ein Film lief es ab: unterer Flur, grün gestrichen, Treppe rauf, gelb gestrichen, Kriegerdenkmal, Flur, Treppe rauf, Cäsar, Cicero, Marc Aurel ... Hermes, Nietzscheschnurrbart, Togo, Zeusfratze...
Ich spuckte meine Zigarette aus und schrie; es war immer gut, zu schreien; man mußte nur laut schreien; schreien war herrlich; ich schrie wie verrückt. Als sich jemand über mich beugte, machte ich immer noch nicht die Augen auf; ich spürte einen fremden Atem, warm und widerlich roch er nach Tabak und Zwiebeln, und eine Stimme fragte ruhig: »Was ist denn?«
»Was zu trinken«, sagte ich, »und noch 'ne Zigarette, die Tasche oben.«
Wieder fummelte einer an meiner Tasche herum, wieder zischte ein Streichholz, und jemand steckte mir 'ne brennende Zigarette in den Mund.
»Wo sind wir?« fragte ich.
»In Bendorf.«
»Danke«, sagte ich und zog.
Immerhin schien ich wirklich in Bendorf zu sein, zu Hause also, und wenn ich nicht außergewöhnlich hohes Fieber hatte, stand wohl fest, daß ich in einem humanistischen Gymnasium war: eine Schule war es bestimmt. Hatte die Stimme unten nicht geschrien: »Die anderen in den Zeichensaal!«? Ich war ein anderer, ich lebte; die lebten, waren offenbar die anderen. Der Zeichensaal war also da, und wenn ich richtig hörte, warum sollte ich nicht richtig sehen, und dann stimmte es wohl auch, daß ich Cäsar, Cicero und Marc Aurel erkannt hatte, und das konnte nur in einem humanistischen Gymnasium sein; ich glaube nicht, daß sie diese Kerle in den anderen Schulen auf den Fluren an die Wand stellen.
Endlich brachte er mir Wasser: wieder roch ich den Tabak- und Zwiebelatem aus seinem Gesicht, und ich machte, ohne es zu wollen, die Augen auf: da war ein müdes, altes, unrasiertes Ge-

sicht über einer Feuerwehruniform, und eine alte Stimme sagte leise: »Trink, Kamerad!«
Ich trank; es war Wasser, aber Wasser ist herrlich; ich spürte den metallenen Geschmack des Kochgeschirrs auf meinen Lippen, und es war schön zu spüren, welch eine Menge Wasser noch nachdrängte, aber der Feuerwehrmann riß mir das Kochgeschirr von den Lippen und ging: ich schrie, aber er wandte sich nicht um, zuckte nur müde die Schultern und ging weiter; einer, der neben mir lag, sagte ruhig: »Hat gar keinen Zweck zu brüllen, sie haben nicht mehr Wasser; die Stadt brennt, du siehst es doch.«
Ich sah es durch die Verdunkelung hindurch, es glühte und wummerte hinter den schwarzen Vorhängen, Rot hinter Schwarz, wie in einem Ofen, auf den man neue Kohlen geschüttet hat. Ich sah es: ja, die Stadt brannte.
»Wie heißt die Stadt?« fragte ich den, der neben mir lag.
»Bendorf«, sagte er.
»Danke.«
Ich blickte ganz gerade vor mich hin auf die Fensterreihe und manchmal zur Decke. Die Decke war noch tadellos, weiß und glatt, mit einem schmalen klassizistischen Stuckrand; aber sie haben doch in allen Schulen klassizistische Stuckränder an den Decken in den Zeichensälen, wenigstens in den guten, alten humanistischen Gymnasien. Das ist doch klar.
Ich mußte mir jetzt zugestehen, daß ich im Zeichensaal eines humanistischen Gymnasiums in Bendorf lag. Bendorf hat drei humanistische Gymnasien: die Schule »Friedrich der Große«, die Albertus-Schule und – vielleicht brauche ich es nicht zu erwähnen – aber die letzte, die dritte war die Adolf-Hitler-Schule. Hing nicht in der Schule »Friedrich der Große« das Bild des Alten Fritz besonders bunt, besonders schön, besonders groß im Treppenhaus? Ich war auf dieser Schule gewesen, acht Jahre lang, aber warum konnte nicht in den anderen Schulen dieses Bild genauso an der gleichen Stelle hängen, so deutlich und auffallend, daß es den Blick fangen mußte, wenn man die erste Treppe hinaufstieg?
Draußen hörte ich jetzt die schwere Artillerie schießen. Sonst war es fast ruhig; nur manchmal drang das Fressen der Flammen durch, und im Dunkeln stürzte irgendwo ein Giebel ein. Die Artillerie schoß ruhig und regelmäßig, und ich dachte: gute Artillerie! Ich weiß, das ist gemein, aber ich dachte es. Mein Gott, wie

beruhigend war die Artillerie, wie gemütlich: dunkel und rauh, ein sanftes, fast feines Orgeln. Irgendwie vornehm. Ich finde, die Artillerie hat etwas Vornehmes, auch wenn sie schießt. Es hört sich so anständig an, richtig nach Krieg in den Bilderbüchern... Dann dachte ich daran, wieviel Namen wohl auf dem Kriegerdenkmal stehen würden, wenn sie es wieder einweihten, mit einem noch größeren goldenen Eisernen Kreuz darauf und einem noch größeren steinernen Lorbeerkranz, und plötzlich wußte ich es: wenn ich wirklich in meiner alten Schule war, würde mein Name auch darauf stehen, eingehauen in Stein, und im Schulkalender würde hinter meinem Namen stehen – »zog von der Schule ins Feld und fiel für...«

Aber ich wußte noch nicht wofür und wußte noch nicht, ob ich in meiner alten Schule war. Ich wollte es jetzt unbedingt herauskriegen. Am Kriegerdenkmal war auch nichts Besonderes gewesen, nichts Auffallendes, es war wie überall, es war ein Konfektionskriegerdenkmal, ja, sie bekamen sie aus irgendeiner Zentrale...

Ich sah mir den Zeichensaal an, aber die Bilder hatten sie abgehängt, und was ist schon an ein paar Bänken zu sehen, die in einer Ecke gestapelt sind, und an den Fenstern, schmal und hoch, viele nebeneinander, damit viel Licht hereinfällt, wie es sich für einen Zeichensaal gehört? Mein Herz sagte mir nichts. Hätte es nicht etwas gesagt, wenn ich in dieser Bude gewesen wäre, wo ich acht Jahre lang Vasen gezeichnet und Schriftzeichen geübt hatte, schlanke, feine, wunderbar nachgemachte römische Glasvasen, die der Zeichenlehrer vorne auf einen Ständer setzte, und Schriften aller Art, Rundschrift, Antiqua, Römisch, Italienne? Ich hatte diese Stunde gehaßt wie nichts in der ganzen Schule, ich hatte die Langeweile gefressen stundenlang, und niemals hatte ich Vasen zeichnen können oder Schriftzeichen malen. Aber wo waren meine Flüche, wo war mein Haß angesichts dieser dumpfgetönten, langweiligen Wände? Nichts sprach in mir, und ich schüttelte stumm den Kopf.

Immer wieder hatte ich radiert, den Bleistift gespitzt, radiert... nichts...

Ich wußte nicht genau, wie ich verwundet war; ich wußte nur, daß ich meine Arme nicht bewegen konnte und das rechte Bein nicht, nur das linke ein bißchen; ich dachte, sie hätten mir die Arme an den Leib gewickelt, so fest, daß ich sie nicht bewegen konnte.

Ich spuckte die zweite Zigarette in den Gang zwischen den Strohsäcken und versuchte, meine Arme zu bewegen, aber es tat so weh, daß ich schreien mußte; ich schrie weiter; es war immer wieder schön zu schreien; ich hatte auch Wut, weil ich die Arme nicht bewegen konnte.

Dann stand der Arzt vor mir; er hatte die Brille abgenommen und blinzelte mich an; er sagte nichts; hinter ihm stand der Feuerwehrmann, der mir das Wasser gegeben hatte. Er flüsterte dem Arzt etwas ins Ohr, und der Arzt setzte die Brille auf: deutlich sah ich seine großen grauen Augen mit den leise zitternden Pupillen hinter den dicken Brillengläsern. Er sah mich lange an, so lange, daß ich wegsehen mußte, und er sagte leise: »Augenblick, Sie sind gleich an der Reihe...«

Dann hoben sie den auf, der neben mir lag, und trugen ihn hinter die Tafel; ich blickte ihnen nach: sie hatten die Tafel auseinandergezogen und quer gestellt und die Lücke zwischen Wand und Tafel mit einem Bettuch zugehängt; dahinter brannte grelles Licht...

Nichts war zu hören, bis das Tuch wieder beiseite geschlagen und der, der neben mir gelegen hatte, hinausgetragen wurde; mit müden, gleichgültigen Gesichtern schleppten die Träger ihn zur Tür.

Ich schloß wieder die Augen und dachte, du mußt doch herauskriegen, was du für eine Verwundung hast und ob du in deiner alten Schule bist.

Mir kam das alles so kalt und gleichgültig vor, als hätten sie mich durch das Museum einer Totenstadt getragen, durch eine Welt, die mir ebenso gleichgültig wie fremd war, obwohl meine Augen sie erkannten, nur meine Augen; es konnte doch nicht wahr sein, daß ich vor drei Monaten noch hier gesessen, Vasen gezeichnet und Schriften gemalt hatte, daß ich in den Pausen hinuntergegangen war mit meinem Marmeladenbutterbrot, vorbei an Nietzsche, Hermes, Togo, Cäsar, Cicero, Marc Aurel, ganz langsam bis in den Flur unten, wo die Medea hing, dann zum Hausmeister, zur Birgeler, um Milch zu trinken, Milch in diesem dämmerigen, kleinen Stübchen, wo man es auch riskieren konnte, eine Zigarette zu rauchen, obwohl es verboten war. Sicher trugen sie den, der neben mir gelegen hatte, unten hin, wo die Toten lagen, vielleicht lagen die Toten in Birgelers grauem, kleinem Stübchen, wo es nach warmer Milch roch, nach Staub und Birgelers schlechtem Tabak...

Endlich kamen die Träger wieder herein, und jetzt hoben sie mich auf und trugen mich hinter die Tafel. Ich schwebte wieder, jetzt an der Tür vorbei, und im Vorbeischweben sah ich, daß auch das stimmte: über der Tür hatte einmal ein Kreuz gehangen, als die Schule noch Thomas-Schule hieß, und damals hatten sie das Kreuz weggemacht, aber da blieb ein frischer, dunkelgelber Fleck an der Wand, kreuzförmig, hart und klar, der fast noch deutlicher zu sehen war als das alte, schwache, kleine Kreuz selbst, das sie abgehängt hatten; sauber und schön blieb das Kreuzzeichen auf der verschossenen Tünche der Wand. Damals hatten sie aus Wut die ganze Wand neu gepinselt, aber es hatte nichts genützt; der Anstreicher hatte den Ton nicht richtig getroffen: das Kreuz blieb da, bräunlich und deutlich, aber die ganze Wand war rosa. Sie hatten geschimpft, aber es hatte nichts genützt: das Kreuz blieb da, braun und deutlich auf dem Rosa der Wand, und ich glaube, ihr Etat für Farbe war erschöpft und sie konnten nichts machen. Das Kreuz war noch da, und wenn man genau hinsah, konnte man sogar noch eine deutliche Schrägspur über dem rechten Balken sehen, wo jahrelang der Buchsbaumzweig gehangen hatte, den der Hausmeister Birgeler dorthinter klemmte, als es noch erlaubt war, Kreuze in die Schulen zu hängen...

Das alles fiel mir in der kleinen Sekunde ein, als ich an der Tür vorbeigetragen wurde hinter die Tafel, wo das grelle Licht brannte.

Ich lag auf dem Operationstisch und sah mich selbst ganz deutlich, aber sehr klein, zusammengeschrumpft, oben in dem klaren Glas der Glühbirne, winzig und weiß, ein schmales, mullfarbenes Paketchen wie ein außergewöhnlich subtiler Embryo: das war also ich da oben.

Der Arzt drehte mir den Rücken zu und stand an einem Tisch, wo er in Instrumenten herumkramte; breit und alt stand der Feuerwehrmann vor der Tafel und lächelte mich an; er lächelte müde und traurig, und sein bärtiges, schmutziges Gesicht war wie das Gesicht eines Schlafenden; an seiner Schulter vorbei auf der schmierigen Rückseite der Tafel sah ich etwas, was mich zum ersten Male, seitdem ich in diesem Totenhaus war, mein Herz spüren machte: irgendwo in einer geheimen Kammer meines Herzens erschrak ich tief und schrecklich, und es fing heftig an zu schlagen: da war meine Handschrift an der Tafel. Oben in der obersten Zeile. Ich kenne meine Handschrift: es ist schlimmer, als wenn man sich im Spiegel sieht, viel deutlicher, und ich hatte keine Möglichkeit, die Identität meiner Handschrift zu bezweifeln. Alles andere war kein Beweis gewesen, weder Medea noch Nietzsche, nicht das dinarische Bergfilmprofil noch die Banane aus Togo, und nicht einmal das Kreuzzeichen über der Tür: das alles war in allen Schulen dasselbe, aber ich glaube nicht, daß sie in anderen Schulen mit meiner Handschrift an die Tafeln schreiben. Da stand er noch, der Spruch, den wir damals hatten schreiben müssen, in diesem verzweifelten Leben, das erst drei Monate zurücklag: Wanderer, kommst du nach Spa...

Oh, ich weiß, die Tafel war zu kurz gewesen, und der Zeichenlehrer hatte geschimpft, daß ich nicht richtig eingeteilt hatte, die Schrift zu groß gewählt, und er selbst hatte es kopfschüttelnd in der gleichen Größe darunter geschrieben: Wanderer, kommst du nach Spa...

Siebenmal stand es da: in meiner Schrift, in Antiqua, Fraktur, Kursiv, Römisch, Italienne und Rundschrift; siebenmal deutlich und unerbittlich: Wanderer, kommst du nach Spa...

Der Feuerwehrmann war jetzt auf einen leisen Ruf des Arztes hin beiseite getreten, so sah ich den ganzen Spruch, der nur ein bißchen verstümmelt war, weil ich die Schrift zu groß gewählt hatte, der Punkte zu viele.

Ich zuckte hoch, als ich einen Stich in den linken Oberschenkel spürte, ich wollte mich aufstützen, aber ich konnte es nicht: ich blickte an mir herab, und nun sah ich es: sie hatten mich ausgewickelt, und ich hatte keine Arme mehr, auch kein rechtes Bein mehr, und ich fiel ganz plötzlich nach hinten, weil ich mich nicht aufstützen konnte; ich schrie; der Arzt und der Feuerwehrmann blickten mich entsetzt an, aber der Arzt zuckte nur die Schultern und drückte weiter auf den Kolben seiner Spritze, der langsam und ruhig nach unten sank; ich wollte wieder auf die Tafel blikken, aber der Feuerwehrmann stand nun ganz nah neben mir und verdeckte sie; er hielt mich an den Schultern fest, und ich roch nur noch den brandigen, schmutzigen Geruch seiner verschmierten Uniform, sah nur sein müdes, trauriges Gesicht, und nun erkannte ich ihn: es war Birgeler.

»Milch«, sagte ich leise...

Trunk in Petöcki

Der Soldat spürte, daß er jetzt endlich betrunken war. Gleichzeitig fiel ihm in aller Deutlichkeit wieder ein, daß er keinen Pfennig in der Tasche hatte, um die Zeche zu bezahlen. Seine Gedanken waren so eisklar wie seine Beobachtungen, er sah alles ganz deutlich; die dicke, kurzsichtige Wirtin saß im Düstern hinter der Theke und häkelte sehr vorsichtig; dabei unterhielt sie sich leise mit einem Mann, der einen ausgesprochen magyarischen Schnurrbart hatte: ein richtiges reizendes Pußta-Paprika-Operettengesicht, während die Wirtin bieder und ziemlich deutsch aussah, etwas zu brav und unbeweglich, als daß sie des Soldaten Vorstellungen von einer Ungarin erfüllt hätte. Die Sprache, die die beiden wechselten, war ebenso unverständlich wie gurgelnd, leidenschaftlich wie fremd und schön. Im Raum herrschte ein dicker, grüner Dämmer von den vielen dichtstehenden Kastanienbäumen der Allee draußen, die zum Bahnhof führte: ein herrlicher, dicker Dämmer, der nach Absinth aussah und auf eine köstliche Weise gemütlich war. Der Mann mit diesem fabelhaften Schnurrbart hockte halb auf einem Stuhl und lehnte breit und bequem über der Theke.

Das alles beobachtete der Soldat ganz genau, während er wußte, daß er nicht ohne umzufallen bis zur Theke hätte gehen können. Es muß sich ein bißchen setzen, dachte er, dann lachte er laut, rief »Hallo!«, hob der Wirtin sein Glas entgegen und sagte auf deutsch: »Bitte schön.« Die Frau stand langsam von ihrem Stuhl auf, legte ebenso langsam das Häkelzeug aus der Hand und kam lächelnd mit der Karaffe auf ihn zu, während der Ungar sich auch umwandte und die Orden auf der Brust des Soldaten musterte. Die Frau, die auf ihn zugewatschelt kam, war so breit wie groß, ihr Gesicht war gutmütig, und sie sah herzkrank aus; ein dicker Kneifer an einer verschlissenen, schwarzen Schnur saß auf ihrer Nase. Auch schienen ihr die Füße weh zu tun; während sie das Glas füllte, stützte sie den einen Fuß hoch und eine Hand auf den Tisch; dann sagte sie eine sehr dunkle ungarische Phrase, die sicher »Prost« hieß oder »Wohl bekomm's«, oder vielleicht gar eine allgemeine, liebenswürdige, mütterliche Zärtlichkeit, wie sie alte Frauen an Soldaten zu verteilen pflegen...

Der Soldat steckte eine Zigarette an und nahm einen tiefen

Schluck aus seinem Glas. Allmählich fing die Wirtsstube an, sich vor seinen Augen zu drehen; die dicke Wirtin hing irgendwo quer im Raum, die verrostete, alte Theke stand jetzt senkrecht, und der wenig trinkende Ungar turnte oben irgendwo im Raum herum wie ein Affe, der zu feinen Kunststücken abgerichtet ist. Im nächsten Augenblick hing alles auf der anderen Seite quer, der Soldat lachte laut, schrie »Prost!« und nahm noch einen Schluck, dann noch einen, und machte eine neue Zigarette an.
Zur Tür kam jetzt ein anderer Ungar herein, der war dick und klein und hatte ein verschmitztes Zwiebelgesicht und einen sehr winzigen Schnurrbart auf der Oberlippe. Er pustete schwer die Luft aus, schleuderte seine Mütze auf einen Tisch und hockte sich vor die Theke. Die Wirtin gab ihm Bier...
Das sanfte Geplauder der drei war herrlich, es war wie ein stilles Summen am Rande einer anderen Welt. Der Soldat nahm noch einen tiefen Schluck, das Glas war leer, und nun stand alles wieder an seinem richtigen Platz.
Der Soldat war fast glücklich, er hob wieder das Glas, sagte lachend wieder »Bitte schön«.
Die Frau schenkte ihm ein.
Jetzt habe ich fast zehn Glas Wein, dachte der Soldat, und ich will jetzt Schluß machen, ich bin so herrlich betrunken, daß ich fast glücklich bin. Die grüne Dämmerung wurde dichter, die weiter entfernten Ecken der Wirtsstube waren schon von undurchsichtigen, fast tiefblauen Schatten erfüllt. Es ist eine Schande, dachte der Soldat, daß hier keine Liebespaare sitzen. Es wäre eine reizende Kneipe für Liebespaare, in diesem schönen, grünen und blauen Dämmer. Es ist eine Schande um jedes Liebespaar draußen irgendwo in der Welt, das jetzt im Hellen herumhocken oder herumrennen muß, wo hier in der Kneipe Platz wäre, zu plaudern, Wein zu trinken und sich zu küssen...
Mein Gott, dachte der Soldat, jetzt müßte hier Musik sein und alle diese herrlichen, dunkelgrünen und dunkelblauen Ecken voll Liebespaare, und ich, ich würde ein Lied singen. Verdammt, dachte er, ich würde glatt ein Lied singen. Ich bin sehr glücklich, und ich würde diesen Liebespaaren ein Lied singen, dann würde ich überhaupt nicht mehr an den Krieg denken, jetzt denke ich immer noch ein bißchen an diesen Mistkrieg. Dann würde ich gar nicht mehr an den Krieg denken.
Gleichzeitig beobachtete er genau seine Armbanduhr, die jetzt

halb acht zeigte. Er hatte noch zwanzig Minuten Zeit. Dann nahm er einen sehr tiefen und langen Zug von dem herben, kühlen Wein, und es war fast, als habe man ihm eine schärfere Brille aufgesetzt: er sah jetzt alles näher und klarer und sehr fest, und es erfüllte ihn eine herrliche, schöne, fast vollkommene Trunkenheit. Er sah jetzt, daß die beiden Männer da an der Theke arm waren, Arbeiter oder Hirten, mit ihren verschlissenen Hosen, und daß ihre Gesichter müde waren und von einer furchtbaren Ergebenheit trotz des wilden Schnurrbarts und der zwiebeligen Pfiffigkeit...

Verdammt, dachte der Soldat, das war schrecklich damals, als es kalt war und ich wegfahren mußte, da war es ganz hell und alles voll Schnee, und wir hatten noch ein paar Minuten Zeit, und nirgends war eine Ecke, eine dunkle, schöne, menschliche Ecke, wo wir uns hätten küssen und umarmen können. Alles war hell und kalt...

»Bitte schön!« rief er der Wirtin zu; dann blickte er, während sie näher kam, auf seine Uhr: er hatte noch zehn Minuten Zeit. Als die Wirtin zugießen wollte, in sein halbgefülltes Glas, hielt er die Hand darüber, schüttelte lächelnd den Kopf und rieb Daumen und Zeigefinger gegeneinander. »Zahlen«, sagte er, »wieviel Pengö?«

Dann zog er sehr langsam seine Jacke aus und streifte den wunderbaren grauen Pullover mit dem Rollkragen ab und legte ihn neben sich auf den Tisch vor die Uhr. Die Männer vorne waren verstummt und blickten ihm zu, auch die Wirtin schien erschrocken. Sie schrieb jetzt sehr vorsichtig eine 14 auf die Tischplatte. Der Soldat legte seine Hand auf ihren dicken, warmen Unterarm, hielt mit der anderen den Pullover hoch und fragte lachend: »Wieviel?« Dabei rieb er wieder Daumen und Zeigefinger gegeneinander und fügte hinzu: »Pengö.«

Die Frau blickte ihn kopfschüttelnd an, aber er zuckte die Schultern und deutete ihr an, daß er kein Geld habe, so lange, bis sie zögernd den Pullover ergriff, ihn links drehte und eifrig untersuchte, sogar daran roch. Sie rümpfte ein wenig die Nase, lächelte dann und schrieb schnell mit dem Bleistift eine 30 neben die 14. Der Soldat ließ ihren warmen Arm los, nickte ihr zu, hob das Glas und trank wieder einen Schluck.

Während die Wirtin auf die Theke zuging und eifrig mit den beiden Ungarn zu gurgeln anfing, öffnete der Soldat einfach den

Mund und sang, er sang: »Zu Straßburg auf der Schanz«, und er spürte plötzlich, daß er gut sang, zum erstenmal im Leben gut, und gleichzeitig spürte er, daß er wieder mehr betrunken war, daß alles wieder leise schwankte, und dabei sah er noch einmal auf die Uhr und stellte fest, daß er drei Minuten Zeit hatte zu singen und glücklich zu sein und fing ein neues Lied an: »Innsbruck, ich muß dich lassen«, während er lächelnd die Scheine einsteckte, die die Wirtin vor ihn auf den Tisch legte...

Es war jetzt ganz still in der Kneipe, die beiden Männer mit den zerschlissenen Hosen und den müden Gesichtern hatten sich ihm zugewandt, und auch die Wirtin war auf ihrem Rückweg stehengeblieben und horchte still und ernst wie ein Kind.

Dann trank der Soldat sein Glas leer, steckte eine neue Zigarette an und spürte jetzt, daß er ein bißchen schwanken würde. Doch bevor er zur Tür hinausging, legte er einen Schein auf die Theke, deutete auf die beiden Männer und sagte »Bitte schön«, und die drei starrten ihm nach, als er endlich die Tür öffnete, um in die Kastanienallee zu treten, die zum Bahnhof führte und voll köstlicher, dunkelgrüner und dunkelblauer Schatten war, in denen man sich zum Abschied hätte küssen und umarmen können...

Unsere gute, alte Renée

Wenn man morgens so gegen zehn oder elf zu ihr kam, sah sie wie eine richtige dicke Frühstücksschlampe aus. Der formlose, großgeblümte Kittel konnte die runden und massigen Schultern nicht bewältigen, die verkratzten Papilloten hingen in dem mürben Haar wie Senkbleie, die an schlammigem Tang hängengeblieben sind, das Gesicht war geschwollen, und Krümel vom Frühstücksbrot klebten um den Halsausschnitt herum. Sie machte auch gar kein Hehl aus ihrer morgendlichen Unschönheit, denn sie empfing nur bestimmte Gäste – meist nur mich –, von denen sie wußte, daß es ihnen nicht um ihre weiblichen Reize, sondern um ihre guten Schnäpse zu tun war. Denn ihre Schnäpse waren gut, auch teuer; damals noch hatte sie einen ausgezeichneten Cognac, und überdies gab sie Kredit. Abends war sie wirklich reizend. Sie war gut geschnürt, ihre Schultern und Brüste waren hoch und fest, sie spritzte sich irgendein feuriges Zeug in Haar und Augen, und es gab fast keinen, der ihr widerstand, und vielleicht war ich einer der wenigen, die sie morgens empfing, weil sie wußte, daß ich auch abends gegen ihre Schönheit standhaft zu bleiben pflegte.

Morgens, so gegen zehn oder elf Uhr, war sie scheußlich. Auch ihre Laune war dann schlecht, moralisch, und sie gab dann tiefsinnige Sentenzen von sich. Wenn ich klopfte oder klingelte (es war ihr lieber, wenn ich klopfte, »Es hört sich so intim an«, sagte sie), dann hörte ich das Schlurfen ihrer Tritte, die Gardine hinter der Milchglastür wurde beiseite geschoben, und ich sah ihren Schatten; sie blickte durch das Blumenmuster, dann hörte ich ihre tiefe Stimme murmeln: »Ach, du bist's«, und sie schob den Riegel beiseite.

Sie sah wirklich abstoßend aus, aber es war die einzig brauchbare Kneipe am Ort zwischen siebenunddreißig dreckigen Häusern und zwei verkommenen Châteaus, und ihre Schnäpse waren gut, überdies gab sie Kredit, und zu all diesen Vorzügen kam hinzu, daß man wirklich nett mit ihr plaudern konnte. Und der bleiern lange Vormittag verging im Nu. Ich blieb meist nur so lange, bis wir ferne die Kompanie singend vom Dienst zurückkommen hörten, und es war jedesmal ein unheimliches Gefühl, wenn man den ewig gleichen Gesang hörte, der näher und näher kam in der ewig gleichen, trägen Stille des furchtbaren Kaffs.

»Da kommt die Scheiße«, sagte sie jedesmal, »der Krieg.« Und wir beobachteten dann zusammen die Kompanie mit dem Oberleutnant, den Feldwebeln, Unteroffizieren, den Soldaten, wie sie alle müde und mit mißmutigen Gesichtern an diesem Milchglasfenster vorüberzogen, wir beobachteten die Kompanie durch das Blumenmuster. Zwischen den Rosen und Tulpen waren ganze Streifen klaren Glases, und man konnte sie alle sehen, Reihe um Reihe, Gesicht um Gesicht, alle griesgrämig und hungrig und völlig lustlos...

Sie kannte fast jeden Mann persönlich, wirklich jeden Mann. Auch die Antialkoholiker und die absoluten Weiberfeinde, denn es war die einzig brauchbare Kneipe am Ort, und selbst der wildeste Asket hat manchmal das Bedürfnis, auf eine heiße und schlechte Suppe ein Glas Limonade zu trinken, oder abends gar ein Glas Wein, wenn er gefangen ist in einem Kaff von siebenunddreißig schmutzigen Häusern, zwei verkommenen Châteaus, in einem Kaff, das im Schlamm zu versinken und in Faulheit und Langeweile sich aufzulösen scheint...

Aber sie kannte nicht nur unsere Kompanie, sie kannte alle ersten Kompanien aller Bataillone des Regiments, denn nach einem genau ausgeklügelten Einsatzplan kehrte jede erste Kompanie jedes Bataillons nach einer gewissen Zeit in dieses Kaff zurück, um hier sechs Wochen »Ruhe und Reserve« abzumachen.

Damals, als wir zum zweiten Male unsere Ruhe und Reserve mit Exerzieren und Langeweile dort abzumachen hatten, ging es bergab mit ihr. Sie hielt nicht mehr auf sich. Sie schlief jetzt meistens bis elf, schenkte mittags im Morgenrock Bier und Limonade aus, schloß nachmittags wieder, denn während der Dienstzeit war das Dorf leer wie eine ausgelaufene Jauchegrube – und erst abends gegen sieben, nachdem sie den Nachmittag verdämmert hatte, öffnete sie ihre Bude. Außerdem gab sie nicht mehr acht auf ihre Einnahmen. Sie pumpte jedem, trank mit jedem, ließ sich zum Tanz verleiten mit ihrem massigen Leib, grölte dann und fiel, wenn der Zapfenstreich nahte, in krampfhaftes Schluchzen.

Damals, als wir zum zweiten Male in das Dorf kamen, hatte ich mich gleich krank gemeldet. Ich hatte mir eine Krankheit ausgesucht, derentwegen der Arzt mich unbedingt zum Spezialarzt nach Amiens oder Paris fahren lassen mußte. Ich war gut ge-

launt, als ich so gegen halb elf bei ihr klopfte. Das Dorf war vollkommen still, die leeren Straßen voll Schlamm. Ich hörte das Schlurfen der Pantoffeln wie früher, das Rascheln der Gardine, Renées Murmeln: »Ah, du bist's.« Dann huschte es freudig über ihr Gesicht. »Ah, du bist's«, wiederholte sie, als die Tür auf war, »seid ihr wieder einmal da?«
»Ja«, sagte ich, warf die Mütze auf einen Stuhl und folgte ihr. »Bring das Beste, was du hast.«
»Das Beste, was ich habe?« fragte sie ratlos.
Sie wischte ihre Hände am Kittel ab. »Ich hab Kartoffeln geschält, entschuldige.« Dann gab sie mir ihre Hand; ihre Hand war noch immer klein und fest, eine hübsche Hand. Ich setzte mich auf einen Barstuhl, nachdem ich von innen den Riegel vorgeschoben hatte.
Sie selbst stand ziemlich unschlüssig hinter der Theke.
»Das Beste, was ich habe?« fragte sie ratlos.
»Ja«, sagte ich, »los.«
»Hm«, machte sie, »ist aber sündhaft teuer.«
»Macht nichts, ich hab Geld.«
»Gut«, sie wischte noch einmal ihre Hände ab. Die Zungenspitze erschien zum Zeichen äußerster Ratlosigkeit zwischen den fahlen Lippen.
»Hast du etwas dagegen, wenn ich mich mit meinen Kartoffeln zu dir setze?«
»Aber nein«, sagte ich, »los, und trink einen mit mir.«
Als sie verschwunden war hinter dieser schmalen, braunen, verkratzten Tür, die zu ihrer Küche führte, blickte ich mich um. Es war alles noch wie voriges Jahr. Über der Theke hing das Bild ihres angeblichen Mannes, eines hübschen Marinesoldaten mit schwarzem Schnurrbart, ein buntes Foto, das den Burschen umrahmt von einem Rettungsring zeigte, auf den man »Patrie« gemalt hatte. Dieser Bursche hatte kalte Augen, ein brutales Kinn und einen ausgesprochenen patriotischen Mund. Ich mochte ihn nicht. Daneben hingen ein paar Blumenbilder und süßlich sich küssende Paare. Alles war wie vor einem Jahr. Vielleicht war die Einrichtung etwas schäbiger, aber hätte sie noch schäbiger werden können? An dem Barstuhl, auf dem ich hockte, war das eine Bein geleimt – ich wußte noch genau, daß es bei einer Schlägerei Friedrichs mit Hans kaputtgegangen war, einer Schlägerei um ein häßliches Mädchen namens Lisette –, und dieses Bein zeigte

noch genau die trostlose Rotznase von der Leimspur, die man vergessen hatte, mit Glaspapier wegzureiben.

»Cherry Brandy«, sagte Renée, die in der Linken eine Pulle und unter den rechten Arm geklemmt eine Spülschüssel mit Kartoffeln und Kartoffelschalen trug.

»Gut?« fragte ich.

Sie schnalzte mit den Lippen. »Beste Qualität, mein Lieber, wirklich gut.«

»Schenk ein, bitte.«

Sie stellte die Flasche auf die Theke, ließ die Schüssel auf einen kleinen Hocker hinter der Theke gleiten und nahm zwei Gläser aus dem Schrank. Dann füllte sie die flachen Schalen mit dem roten Zeug.

»Prost, Renée«, sagte ich.

»Prost, mein Junge!« sagte sie.

»Nun erzähl mir was. Nichts Neues?«

»Ach«, sagte sie, während sie flink die Kartoffeln weiterschälte, »nichts Neues. Ein paar sind wieder mit Geld durchgegangen, Gläser haben sie mir kaputtgeschmissen. Die gute Jacqueline kriegt wieder ein Kind und weiß nicht von wem. Regen hat es geregnet, und Sonne hat es geschienen, ich bin eine alte Frau geworden und mache hier weg.«

»Weg machst du, Renée?«

»Ja«, sagte sie ruhig. »Du kannst es mir glauben, es macht keinen Spaß mehr. Die Jungen haben immer weniger Geld, werden immer frecher, die Schnäpse werden schlechter und teurer. Prost, mein Junge!«

»Prost, Renée!«

Wir tranken beide das wirklich gute, feurige, rote Zeug, und ich schenkte sofort wieder ein.

»Prost!«

»Prost!«

»So«, sagte sie endlich und warf die letzte geschälte Kartoffel in einen halb mit Wasser gefüllten Kessel, »das genügt für heute. Jetzt will ich mir die Finger waschen gehen, daß dir der Kartoffelgeruch aus der Nase kommt. Stinken Kartoffeln nicht gräßlich, findest du nicht, daß Kartoffelschalen gräßlich stinken?«

»Ja«, sagte ich.

»Du bist ein guter Junge.«

Sie verschwand wieder in der Küche.

Der Cherry war wirklich großartig. Ein süßes Feuer aus Kirschen floß in mich hinein, und ich vergaß diesen dreckigen Krieg.
»So gefall ich dir besser, wie?«
Sie stand nun richtig angezogen in der Tür mit einer gelblichen Bluse, und man roch, daß sie ihre Finger mit guter Seife gewaschen hatte.
»Prost!« sagte ich.
»Prost!« sagte sie.
»Du machst wirklich weg, das ist nicht dein Ernst?«
»Doch«, sagte sie, »mein voller Ernst.«
»Prost«, sagte ich und schenkte ein.
»Nein«, sagte sie, »erlaube, daß ich Limonade trinke, ich kann so früh nicht.«
»Gut, aber erzähle.«
»Ja«, sagte sie, »ich kann nicht mehr.« Sie blickte mich an, und in ihren Augen, diesen verschwommenen, geschwollenen Augen, war eine furchtbare Angst. »Hörst du, mein Junge, ich kann nicht mehr. Das macht mich verrückt, diese Stille. Horch doch mal.« Sie faßte meinen Arm so fest, daß ich erschrak und wirklich horchte. Und es war seltsam: es war nichts zu hören, und doch war es nicht still, etwas Unbeschreibliches war in der Luft, etwas wie Gurgeln: das Geräusch der Stille.
»Hörst du«, sagte sie, und es war etwas Triumphierendes in ihrer Stimme, »das ist wie ein Misthaufen.«
»Misthaufen?« fragte ich. »Prost!«
»Ja«, sagte sie und trank einen Schluck Limonade. »Es ist genau wie ein Misthaufen, dieses Geräusch. Ich bin vom Lande, weißt du, oben aus einem Nest bei Dieppe, und wenn ich zu Hause abends im Bett lag, dann hörte ich das ganz genau: es war still und doch nicht still, und später hab ich es gewußt: das ist der Misthaufen, dieses unbestimmte Knacken und Gurgeln und Schlurfen und Schmatzen, wenn die Leute meinen, es ist still. Dann arbeitet der Misthaufen, Misthaufen arbeiten immer, es ist genau dasselbe Geräusch. Hör doch mal!« Sie faßte mich wieder so fest am Arm und blickte mich wieder mit ihren verschwommenen und geschwollenen Augen so eindringlich und flehend an...
Aber ich schenkte mir wieder ein und sagte: »Ja«, und obwohl ich sie genau verstand und auch dieses seltsame, scheinbar so

sinnlose Geräusch der gurgelnden Stille vernahm, ich fürchtete mich nicht wie sie, ich fühlte mich behütet, obwohl es trostlos war, da zu hocken in diesem dreckigen Nest, in diesem dreckigen Krieg und mit einer desperaten Kneipenwirtin morgens um elf Uhr Cherry Brandy zu trinken.
»Still«, sagte sie dann, »horch jetzt.« In der Ferne hörte ich jetzt das regelmäßige, sehr eintönige Singen der Kompanie, die vom Dienst zurückkam.
Aber sie hielt sich nur die Ohren zu.
»Nein«, sagte sie, »das nicht! Das ist das Schlimmste. Jeden Morgen um dieselbe Minute dieses lustlose Singen, das macht mich ganz verrückt.«
»Prost«, sagte ich lachend und goß ein, »hör doch mal.«
»Nein«, schrie sie, »deshalb will ich ja weg, das macht mich krank.«
Sie hielt sich standhaft die Ohren zu, während ich ihr zulächelte, weitertrank und den Gesang verfolgte, der immer näher kam und sich wirklich bedrohlich anhörte in der Stille des Dorfes. Auch das Geräusch der Stiefel wurde nun laut, das Schimpfen der Unteroffiziere in den Pausen, wenn nicht gesungen wurde, und das Rufen des Oberleutnants, der immer wieder Mut und Kraft fand, zu schreien: »Ein Lied, ein Lied!«
»Ich kann nicht mehr«, flüsterte Renée, die fast in Tränen ausbrach vor Erschöpfung und sich tapfer die Ohren zuhielt, »das macht mich ganz krank, so auf dem Misthaufen zu liegen und zu hören, wie sie singen...«
Ich stand ganz allein am Fenster diesmal, als sie vorübermarschierten, Reihe um Reihe, Gesicht um Gesicht, hungrig und müde, mit einer fast begeisterten Verbitterung in den Gesichtern, und doch lustlos und griesgrämig und in ihren Augen irgendwo die Angst...
»Komm«, sagte ich zu Renée, als sie einmarschiert waren und der Gesang verklungen war. Ich nahm ihr die Hände von den Ohren. »Sei doch nicht dumm.«
»Nein«, sagte sie hartnäckig, »ich bin nicht dumm, ich geh hier weg, ich mach irgendwo ein Kino auf, in Dieppe oder Abbéville.«
»Und was wird aus uns, denk doch an uns.«
»Meine Nichte kommt hierher«, sagte sie und blickte mich an, »ein hübsches, junges Ding, das wird Schwung in den Laden

bringen, ich habe mich entschlossen, meine Nichte den Laden zu geben.«
»Wann«, fragte ich.
»Morgen.«
»Morgen schon?« fragte ich erschreckt.
»Ach«, sagte sie lachend, »sie ist doch jung und hübsch. Sieh hier!« Sie zog ein Foto aus ihrer Schublade, aber das Mädchen auf dem Bild sah gar nicht sympathisch aus, sie war jung und hübsch, aber kalt, und sie hatte genau den patriotischen Mund wie der Mann, der auf dem Bild über der Theke war mit seinem Rettungsring...
»Prost«, sagte ich traurig, »morgen schon.«
»Prost«, sagte sie und schenkte auch sich ein.
Die Flasche war leer, und ich schien auf dem Barstuhl zu schwanken wie ein Schiff auf hoher See, und doch waren meine Gedanken klar.
»Zahlen, bitte«, sagte ich.
»Dreihundert«, sagte sie.
»Aber als ich die Scheine zückte, winkte sie ganz plötzlich und sagte: »Nein, laß nur, zum Abschied. Du bist der einzige, der mir je ein bißchen gefallen hat. Versauf es bei meiner Nichte, wenn du willst. Morgen.«
»Auf Wiedersehen«, und sie winkte mir zu, und ich sah im Hinausgehen, wie sie die Gläser in das Nickelbecken tauchte, um sie zu spülen, und ich wußte, daß die Nichte niemals so hübsche, kleine, feste Hände haben würde wie sie, denn die Hände sind fast wie der Mund, und es mußte furchtbar sein, wenn sie patriotische Hände hatte...

So ein Rummel

Die Frau ohne Unterleib erwies sich als eines der charmantesten Frauenzimmer, das ich je gesehen hatte, sie trug einen entzükkenden sombreroartigen Strohut, denn als bescheidene Hausfrau hatte sie sich an die Sonnenseite jener kleinen Terrasse gesetzt, die neben ihrem Wohnwagen angebracht war. Ihre drei Kinder spielten unter der Terrasse ein sehr originelles Spiel, das nannten sie »Neandertaler«. Die beiden jüngeren, Junge und Mädchen, mußten das Neandertalpaar abgeben, und der größere, acht Jahre alt, ein blonder Bengel, der während des Dienstes den Sohn der »dicken Susi« abgeben mußte, dieser Bursche spielte den modernen Forscher, der die Neandertaler findet. Er wollte mit aller Gewalt seinen jüngeren Geschwistern die Kinnladen aushängen, um sie in sein Museum zu bringen.
Die Frau ohne Unterleib klopfte mehrmals mit ihren Holzsohlen auf den Boden der Terrasse, denn ein wildes Geschrei drohte unsere beginnende Unterhaltung zu ersticken.
Der Kopf des Älteren erschien über der niedrigen Balustrade, die mit rotblühenden Geranien geschmückt war, und fragte mürrisch: »Ja?«
»Laß die Quälerei«, sagte seine Mutter, wobei sie in ihren sanften grauen Augen eine Belustigung unterdrückte, »spielt doch Bunker oder Totalgeschädigt.«
Der Junge murmelte mißmutig etwas, daß sich fast wie »Quatsch« anhörte, tauchte dann unter, schrie unten: »Es brennt, das ganze Haus brennt.« Leider konnte ich nicht verfolgen, wie das Spiel »Totalgeschädigt« weiterging, denn die Frau ohne Unterleib fixierte mich jetzt etwas schärfer; im Schatten ihres breitrandigen Hutes, durch den warm und rot die Sonne leuchtete, sah sie viel zu jung aus, um Mutter dreier Kinder zu sein und täglich bei fünf Vorstellungen die harten Aufgaben der Frau ohne Unterleib zu erfüllen.
»Sie sind...«, sagte sie.
»Nichts«, sagte ich, »absolut nichts. Sehen Sie mich als einen Vertreter des Nichts an...«
»Sie sind«, fuhr sie ruhig fort, »vermutlich Schwarzhändler gewesen.«
»Jawohl«, sagte ich.

Sie zuckte die Schultern. »Es wird nicht viel zu machen sein. Auf jeden Fall, wo wir Sie auch gebrauchen können, müssen Sie arbeiten, arbeiten, verstehen Sie?«
»Meine Dame«, entgegnete ich, »vielleicht stellen Sie sich das Leben eines Schwarzhändlers allzu rosig vor. Ich, ich war sozusagen an der Front.«
»Wie?« Sie klopfte wieder mit dem Holzabsatz auf den Boden der Terrasse, denn die Kinder hatten nun ein ziemlich langanhaltendes wildes Geheul angestimmt. Wieder erschien der Kopf des Jungen über der Balustrade.
»Nun?« fragte er kurz.
»Spielt jetzt Flüchtling«, sagte die Frau ruhig, »ihr müßt jetzt abhauen aus der brennenden Stadt, verstehst du?«
Wieder verschwand der Kopf des Jungen, und die Frau fragte mich: »Wie?«
Oh, sie hatte den Faden durchaus nicht verloren.
»Ganz vorne«, sagte ich, »ich war ganz vorne. Glauben Sie, das war ein leichtes Brot?«
»An der Ecke?«
»Sozusagen am Bahnhof, wissen Sie?«
»Gut. Und nun?«
»Möchte ich irgendeine Beschäftigung haben. Ich bin nicht faul, durchaus nicht faul, meine Dame.«
»Sie verzeihen«, sagte sie. Sie wandte mir jetzt ihr zartes Profil zu und rief in den Wagen hinein: »Carlino, kocht das Wasser noch nicht?«
»Moment«, rief eine gleichgültige Stimme, »ich bin schon beim Aufschütten.«
»Trinkst du mit?«
»Nein.«
»Dann bring zwei Tassen, bitte. Sie trinken doch eine Tasse mit?«
Ich nickte. »Und ich lade Sie zu einer Zigarette ein.«
Das Geschrei unter der Terrasse wurde nun so wild, daß wir kein Wort mehr hätten verstehen können. Die Frau ohne Unterleib beugte sich über den Geranienkasten und rief: »Jetzt müßt ihr fliehen, schnell, schnell... die Russen stehen schon vor dem Dorf...«
»Mein Mann«, sagte sie, sich zurückwendend, »ist nicht da, aber in Personalfragen kann ich...«

Wir wurden unterbrochen von Carlino, einem schmalen, stillen, dunklen Burschen mit einem Haarnetz über dem Kopf, der Tassen und Kaffeekanne brachte. Er blickte mich mißtrauisch an. »Warum willst du nichts trinken?« fragte ihn die Frau, da er sich ganz kurz wieder abwandte.
»Keine Lust«, murmelte er, im Wagen verschwindend.
»In Personalfragen kann ich ziemlich selbständig entscheiden, allerdings etwas müssen Sie schon können. Nichts ist nichts.«
»Meine Dame«, sagte ich demütig, »vielleicht kann ich die Räder schmieren oder die Zelte abbrechen, Traktor fahren oder dem Mann mit den Riesenkräften als Prügelknabe dienen...«
»Traktor fahren«, sagte sie, »ist nichts, und die Räder schmieren ist eine kleine Kunst.«
»Oder bremsen«, sagte ich. »Schiffschaukel bremsen...«
Sie zog hochmütig die Brauen hoch, und zum ersten Male blickte sie mich ein wenig verächtlich an. »Bremsen«, sagte sie kalt, »ist eine Wissenschaft, ich vermute, Sie würden allen Leuten die Hälse brechen. Carlino ist Bremser.«
»Oder...«, wollte ich zaghaft wieder vorschlagen, aber ein kleines dunkelhaariges Mädchen mit einer Narbe über der Stirn kam jetzt eifrig jene kleine Treppe herauf, die mich so lebhaft an ein Fallreep erinnerte.
Sie stürzte sich in den Schoß der Mutter und schluchzte empört: »Ich soll sterben...«
»Wie?« fragte die Frau ohne Unterleib entsetzt.
»Ich soll das Flüchtlingskind sein, das erfriert, und Fredi will meine Schuhe und alles verscheuern...«
»Ja«, sagte die Mutter, »wenn ihr Flüchtling spielt.«
»Aber ich«, sagte das Kind, »ich soll immer sterben. Immer bin ich es, die sterben soll. Wenn wir Bomben spielen, Krieg oder Seiltänzer, immer muß ich sterben.«
»Sag Fredi, er soll sterben, ich hätte gesagt, er sei jetzt an der Reihe mit Sterben.« Das Mädchen entlief.
»Oder?« fragte mich die Frau ohne Unterleib. Oh, sie verlor den Faden nicht so leicht.
»Oder Nägel geradeklopfen, Kartoffeln schälen, Suppe verteilen, was weiß ich«, rief ich verzweifelt, »geben Sie mir eine Chance...«
Sie drückte die Zigarette aus, goß uns beiden noch einmal ein und blickte mich an, lange und lächelnd, dann sagte sie: »Ich werde

Ihnen eine Chance geben. Sie können rechnen, nicht wahr, es gehört sozusagen zu ihrem bisherigen Beruf und« – sie druckste ein bißchen – »ich werde Ihnen die Kasse geben.«
Ich konnte nichts sagen, ich war wirklich sprachlos, ich stand nur auf und küßte ihre kleine Hand. Dann schwiegen wir, es war sehr still, und es war nichts zu hören als ein sanftes Singen von Carlino aus dem Wagen, jenes Singen, dem ich entnehmen konnte, daß er sich rasierte...

Abschied

Wir waren in jener gräßlichen Stimmung, wo man schon lange Abschied genommen hat, sich aber noch nicht zu trennen vermag, weil der Zug noch nicht abgefahren ist. Die Bahnhofshalle war wie alle Bahnhofshallen, schmutzig und zugig, erfüllt von dem Dunst der Abdämpfe und vom Lärm, Lärm von Stimmen und Wagen.

Charlotte stand am Fenster des langen Flurs, und sie wurde dauernd von hinten gestoßen und beiseite gedrängt, und es wurde viel über sie geflucht, aber wir konnten uns doch diese letzten Minuten, diese kostbaren letzten gemeinsamen unseres Lebens nicht durch Winkzeichen aus einem überfüllten Abteil heraus verständigen...

»Nett«, sagte sie schon zum drittenmal, »wirklich nett, daß du bei mir vorbeigekommen bist.«

»Ich bitte dich, wo wir uns schon so lange kennen. Fünfzehn Jahre.«

»Ja, ja, wir sind jetzt dreißig, immerhin...kein Grund...«

»Hör auf, ich bitte dich. Ja, wir sind jetzt dreißig. So alt wie die russische Revolution...«

»So alt wie der Dreck und der Hunger...«

»Ein bißchen jünger...«

«Du hast recht, wir sind furchtbar jung.« Sie lachte.

»Sagtest du etwas?« fragte sie nervös, denn sie war von hinten mit einem schweren Koffer gestoßen worden...

»Nein, es war mein Bein.«

»Du mußt was dran tun.«

»Ja, ich tu was dran, es redet wirklich zu viel...«

»Kannst du überhaupt noch stehen?«

»Ja...«, und ich wollte ihr eigentlich sagen, daß ich sie liebte, aber ich kam nicht dazu, schon seit fünfzehn Jahren...

»Was?«

»Nichts...Schweden, du fährst also nach Schweden...«

»Ja, ich schäme mich ein bißchen...eigentlich gehört das doch zu unserem Leben, Dreck und Lumpen und Trümmer, und ich schäme mich ein bißchen. Ich komme mir scheußlich vor...«

»Unsinn, du gehörst doch dahin, freu dich auf Schweden...«

»Manchmal freu ich mich auch, weißt du, das Essen, das muß

herrlich sein, und nichts, gar nichts kaputt. Er schreibt ganz begeistert...«
Die Stimme, die immer sagt, wann die Züge abfahren, erklang jetzt einen Bahnsteig näher, und ich erschrak, aber es war noch nicht unser Bahnsteig. Die Stimme kündigte nur einen internationalen Zug von Rotterdam nach Basel an, und während ich Charlottes kleines, zartes Gesicht betrachtete, kam der Geruch von Seife und Kaffee mir in den Sinn, und ich fühlte mich scheußlich elend.
Einen Augenblick lang fühlte ich den verzweifelten Mut, diese kleine Person einfach aus dem Fenster zu zerren und hier zu behalten, sie gehörte mir doch, ich liebte sie ja...
»Was ist?«
»Nichts«, sagte ich, »freu dich auf Schweden...«
»Ja. Er hat eine tolle Energie, findest du nicht? Drei Jahre gefangen in Rußland, abenteuerliche Flucht, und jetzt liest er da schon über Rubens.«
»Toll, wirklich toll...«
»Du mußt auch was tun, promovier doch wenigstens...«
»Halt die Schnauze!«
»Was?« fragte sie entsetzt. »Was?« Sie war ganz bleich geworden.
»Verzeih«, flüsterte ich, »ich meine nur das Bein, ich rede manchmal mit ihm...«
Sie sah absolut nicht nach Rubens aus, sie sah eher nach Picasso aus, und ich fragte mich dauernd, warum er sie bloß geheiratet haben mochte, sie war nicht einmal hübsch, und ich liebte sie.
Auf dem Bahnsteig war es ruhiger geworden, alle waren untergebracht, und nur noch ein paar Abschiedsleute standen herum. Jeden Augenblick würde die Stimme sagen, daß der Zug abfahren soll. Jeder Augenblick konnte der letzte sein...
»Du mußt doch etwas tun, irgend etwas tun, es geht so nicht.«
»Nein«, sagte ich.
Sie war das Gegenteil von Rubens: schlank, hochbeinig, nervös, und sie war so alt wie die russische Revolution, so alt wie der Hunger und der Dreck in Europa und der Krieg...
»Ich kann's gar nicht glauben...Schweden... es ist wie ein Traum...«
»Es ist ja alles ein Traum.«
»Meinst du?«

»Gewiß. Fünfzehn Jahre. Dreißig Jahre... Noch dreißig Jahre. Warum promovieren, lohnt sich nicht. Sei still, verdammt!«
»Redest du mit dem Bein?«
»Ja.«
»Was sagt es denn?«
»Horch.«
Wir waren ganz still und blickten uns an und lächelten, und wir sagten es uns, ohne ein Wort zu sprechen.
Sie lächelte mir zu: »Verstehst du jetzt, ist es gut?«
»Ja... ja.«
»Wirklich?«
»Ja, ja.«
»Siehst du«, fuhr sie leise fort, »das ist es ja gar nicht, daß man zusammen ist und alles. Das ist es ja gar nicht, nicht wahr?«
Die Stimme, die sagt, wann die Züge abfahren, war jetzt ganz genau über mir, amtlich und sauber, und ich zuckte zusammen, als schwinge sich eine große, graue, behördliche Peitsche durch die Halle.
»Auf Wiedersehen!«
»Auf Wiedersehen!«
Ganz langsam fuhr der Zug an und entfernte sich im Dunkel der großen Halle...

Aufenthalt in X

Als ich wach wurde, erfüllte mich das Bewußtsein fast vollkommener Verlorenheit; ich schien in der Dunkelheit zu schwimmen wie in einem träge fließenden Gewässer, dessen Strömung ohne Ziel war; wie ein Leichnam, den die Welle endgültig an die unbarmherzige Oberfläche gespült hat, trudelte ich leise schwankend hin und her in dieser Finsternis, die ohne Halt war. Meine Glieder spürte ich nicht, sie waren ohne Zusammenhang mit mir, auch meine Sinne waren erloschen; es war nichts zu sehen, nichts zu hören, kein Geruch bot mir Anhalt; einzig die sanfte Berührung des Kissens an meinem Kopf gab mir Zusammenhang mit der Wirklichkeit; ich war mir nur meines Kopfes bewußt; die Gedanken waren eisklar, leise nur getrübt von jenem peinvollen Kopfschmerz, den schlechter Wein verursacht.
Nicht einmal ihren Atem hörte ich neben mir; sie schlief so leicht wie ein Kind, und doch mußte ich glauben, daß sie neben mir lag. Es wäre sinnlos gewesen, die Hände auszustrecken und nach ihrem Gesicht oder den sanften Haaren zu tasten, ich hatte keine Hände mehr; die Erinnerung war einzig eine Erinnerung der Gedanken, ein blutloses Gefüge, das keine Spur an meinem Körper hinterlassen hatte.
So war ich oft am Rande der Wirklichkeit einhergegangen mit der Sicherheit eines Trunkenen, der auf der schmalen Kante eines Abgrundes seinen Weg macht, in unerklärlichem Gleichgewicht einem Ziele zutaumelnd, dessen Schönheit auf seinem Munde zu lesen ist; Alleen war ich entlanggeschritten, die nur von spärlichen grauen Lichtern erhellt waren, bleiernen Lichtern, die die Wirklichkeit nur anzudeuten schienen, um sie besser leugnen zu können; blinden Auges war ich in schwarze Straßen hineingesunken, die von Menschen wimmelten, während ich wußte, daß ich allein war, allein.
Allein mit meinem Kopf, nicht einmal mit meinem ganzen Kopf; Mund, Nase, Augen und Ohren waren tot; allein nur mit meinem Gehirn, das sich bemühte, die Erinnerung wiederherzustellen, so wie ein Kind aus scheinbar sinnlosen Stäbchen scheinbar sinnlose Gebilde errichtet.
Sie mußte neben mir liegen, obwohl ich nichts von ihr spürte.
Tags zuvor war ich dem Zuge entstiegen, der weiterfuhr den

Balkan hinunter bis nach Athen, während ich an dieser kleinen Station umzusteigen und auf einen Zug zu warten hatte, der mich den Karpatenpässen näher bringen sollte. Als ich über den Bahnsteig stolperte, ungewiß des Namens der Station, wankte mir ein Betrunkener entgegen, einsam in seiner grauen Uniform unter den buntgekleideten ungarischen Zivilisten; der Kumpel stieß laute Drohungen aus, die sich mir einprägten wie Ohrfeigen, deren brennendes Mal man sein Leben lang auf der Wange trägt.
»Hurenbande«, schrie er, »Schweine, die ganze Horde, ich hab den Kram satt.« Das schrie er ganz deutlich den töricht lächelnden Ungarn entgegen, während er mit einem schweren Tornister auf den Zug losging, dem ich entstiegen war.
Schon rief ein finster bestahlhelmter Kopf aus einem Abteil: »Sie da! He! Sie da!« Der Betrunkene zog die Pistole, zielte auf den Stahlhelm, die Leute schrien, ich fiel dem Kumpel in den Arm, entzog ihm die Waffe und verbarg sie, während ich den eifrig sich Wehrenden mit einem geschickten Griff umfaßt hielt. Der Stahlhelm schrie, die Leute schrien, der Kumpel schrie, doch der Zug fuhr ab, und gegen einen fahrenden Zug ist in den meisten Fällen sogar ein Stahlhelm machtlos. Ich ließ den Kumpel los, gab ihm die Pistole zurück und drängte den Verdutzten zum Ausgang.
Das kleine Nest sah öde aus. Die Leute hatte sich schnell verzogen, der Bahnhofsvorplatz war leer, ein müder und schmutziger Beamter wies uns in eine winzige Kneipe, die jenseits des verstaubten Platzes unter niedrigen Bäumen lag.
Wir legten unser Gepäck nieder, und ich bestellte Wein, jenen schlechten, die Ursache der Übelkeit, die mich nun nach dem Erwachen quälte. Der Kumpel saß stumm und böse da. Ich bot ihm Zigaretten an, wir rauchten, und ich betrachtete ihn: er war in der üblichen Weise dekoriert, war jung, meines Alters, das blonde Haar hing ihm lose aus der flachen, weißen Stirn in dunkle Augen hinein.
»Die Sache ist die«, sagte er plötzlich, »Kumpel, ich hab den Kram satt, verstehst du?«
Ich nickte.
»So satt, wie ich gar nicht sagen kann, verstehst du, ich geh stiften.«
Ich blickte ihn an.
»Ja«, sagte er nüchtern, »Ich geh stiften, in die Pußta hinein. Ich kann mit Pferden umgehen, zur Not eine manierliche Suppe ko-

chen, sie können mich alle am Arsch lecken. Machst du mit?«
Ich schüttelte den Kopf.
»Angst, wie?... Nein?... Gut, jedenfalls, ich geh stiften. Wiedersehen.«
Er stand auf, ließ sein Gepäck stehen, legte einen Schein auf den Tisch, nickte mir noch einmal zu und ging.
Ich wartete lange. Ich glaubte nicht, daß er wirklich stiftengegangen war, einfach in die Pußta hinein. Ich bewachte sein Gepäck und wartete, trank den schlechten Wein und versuchte vergebens ein Gespräch mit dem Wirt, starrte auf diesen Vorplatz, über den manchmal, in Staubwolken gehüllt, ein Gefährt mit mageren Pferden raste.
Später aß ich Beefsteak, trank immer wieder den schlechten Wein und rauchte Zigarren dazu. Es wurde dämmerig, durch die offene Tür drang manchmal eine Staubwolke in den Raum, der Wirt gähnte oder unterhielt sich mit Ungarn, die Wein tranken.
Schnell wurde es dunkler; niemals werde ich wissen, was alles ich dachte, während ich dort saß und wartete, Wein trank, Fleisch aß, den dicken Wirt betrachtete, auf den Vorplatz starrte und Zigarren paffte...
Mein Gehirn gab das alles teilnahmslos wieder, spie es aus, während ich schwindelnd auf diesem dunklen Gewässer einherschwamm, in dieser Nacht ohne Stunde, in einem Haus, das ich nicht kannte, einer namenlosen Straße, neben einem Mädchen, dessen Gesicht ich nicht recht gesehen hatte...
Später war ich schnell zum Bahnhof hinübergegangen, hatte festgestellt, daß mein Zug weggefahren und der nächste erst am Morgen fällig war; ich hatte meine Zeche bezahlt, mein Gepäck neben dem des Kumpels liegenlassen und war in der Dämmerung in dieses Städtchen hineingetaumelt. Von allen Seiten strömte es grau, dunkelgrau über mich hin, und nur spärliche Lichter ließen die Gesichter der Menschen wie die Gesichter von Lebenden erscheinen.
Irgendwo trank ich besseren Wein, blickte verloren in ein ernstes Frauengesicht hinter der Theke, roch etwas wie Essig aus einer Küchentür, bezahlte und verschwand wieder in der Dämmerung.
Dieses Leben, dachte ich, ist nicht mein Leben. Ich muß dieses Leben spielen, und ich spiele es schlecht. Es war ganz dunkel

geworden, und ein milder Himmel hing über der sommerlichen Stadt. Irgendwo war auch der Krieg, unsichtbar, unhörbar in diesen stillen Straßen, wo die niedrigen Häuser neben niedrigen Bäumen schliefen; irgendwo in dieser vollkommenen Stille war der Krieg. Ich war ganz allein in dieser Stadt, diese Menschen gehörten nicht zu mir, diese Bäumchen waren aus Spielzeugschachteln ausgepackt und auf diese sanften, grauen Bürgersteige geklebt, und der Himmel schwebte über allem wie ein lautloses Luftschiff, das stürzen würde...

Irgendwo stand ein Gesicht unter einem Baum, schwach beleuchtet aus sich selbst. Traurige Augen unter sanften Haaren, die hellbraun sein mußten, obwohl sie grau aussahen in dieser Nacht; eine blasse Haut mit einem runden Mund, der rot sein mußte, obwohl auch er grau aussah in dieser Nacht.

»Komm«, sagte ich zu diesem Gesicht.

Ich faßte ihren Arm, einen menschlichen Arm, unsere Handflächen krampften sich ineinander, unsere Finger fanden sich und schlossen sich zusammen, während wir in dieser unbekannten Stadt in eine unbekannte Straße gingen.

»Mach kein Licht«, sagte ich, als wir dieses Zimmer betraten, in dem ich nun zusammenhanglos in der Dunkelheit schwimmend lag.

Ich spürte im Dunkeln ein weinendes Gesicht und stürzte Abgründe hinab, Abgründe, wie man die Stufen einer Treppe hinunterrollt, einer schwindelerregenden Treppe aus Samt; ich stürzte, endlos, sich immer wieder erneuernde Abgründe hinab...

Meine Erinnerung sagte mir, daß dies alles geschehen war und daß ich nun auf diesem Kissen liege, in diesem Zimmer, sie neben mir, ohne daß ich ihren Atem höre; sie schläft so leicht wie ein Kind. Mein Gott, war ich nur noch Gehirn?

Oft schien das finstere Gewässer stillzustehen, dann überkam mich die Hoffnung, daß ich erwachen würde, meine Beine spüren, wieder hören, riechen und nicht nur denken würde; und schon diese leise Hoffnung war viel, während sie leise wieder abflaute, denn das finstere Gewässer kreiste wieder, nahm wieder meinen hilflosen Leichnam und ließ ihn zeitlos treiben in der vollkommenen Verlorenheit.

Meine Erinnerung sagte mir auch, daß die Nacht begrenzt war. Es mußte ja wieder Tag werden. Sie sagte auch, daß ich trinken

konnte, küssen und weinen, auch beten; aber man kann nicht bloß mit dem Gehirn beten. Während ich wußte, daß ich wach war, wach lag im Bett eines ungarischen Mädchens, auf ihrem sanften Kissen in einer sehr dunklen Nacht; während ich das alles wußte, mußte ich doch glauben, daß ich tot sei...
Es war wie eine Dämmerung, die sehr leise und langsam kam, so unsagbar langsam, daß man ihr nicht folgen kann. Erst glaubt man sich zu täuschen; wenn man in einem Erdloch steht in einer dunklen Nacht, dann kann man nicht glauben, daß das wirklich der Dämmer ist, dieser ganze, sanfte, helle Streifen hinter dem unsichtbaren Horizont; man glaubt sich zu täuschen, die müden Augen sind überreizt und scheinen sich aus irgendwelchen geheimen Lichtreserven etwas vorzuspiegeln. Und doch ist es wirklich der Dämmer, der nun sogar stärker wird. Es wird wirklich hell, heller, das Licht wird stärker, der graue Flecken dort hinter dem Horizont breitet sich langsam aus, und man muß es glauben, daß nun Tag wird.
Ich spürte plötzlich, daß ich fror; meine Füße waren durch die Decke gerutscht, bloß und kalt, und ich spürte die Wirklichkeit der Kühle; ich seufzte tief, fühlte den eigenen Atem, der mein Kinn berührte, beugte mich vor, tastete nach der Decke, bedeckte meine Füße. Ich hatte wieder Hände, hatte wieder Füße und spürte meinen eigenen Atem.
Dann griff ich links in den Abgrund, fischte meine Hose vom Boden auf und hörte in der Tasche das Geräusch der Streichholzschachtel.
»Mach kein Licht, bitte«, sagte jetzt ihre Stimme neben mir, und auch sie seufzte.
»Willst du rauchen?« fragte ich leise.
»Ja«, sagte sie.
Im Licht des Zündholzes war sie ganz gelb. Ein dunkelgelber Mund, runde, schwarze, ängstliche Augen, die Haut wie feiner, sanftgelber Sand und das Haar wie dunkler Honig.
Es war schwer zu sprechen; irgendwo anzuknüpfen. Wir hörten beide, wie die Zeit jetzt verrann, ein wunderbares dunkles Rauschen, in dem die Sekunden verschwammen.
»Was denkst du?« fragte sie ganz plötzlich. Es war wie ein sanfter, sehr sicherer Schuß, der das Ziel traf, in meinem Innern einen Damm zerbrach, und noch ehe ich Zeit fand, schnell noch einmal ihr Gesicht zu sehen im Licht der aufblakenden Glut,

sprach ich schon. »Ich denke gerade, wer in siebzig Jahren in diesem Zimmer liegen wird, wer auf diesem halben Quadratmeter hier sitzen oder liegen wird und was er wissen wird, von dir und mir. Nichts«, sagte ich, »er wird eben nur wissen, daß Krieg war.«

Wir warfen beide unsere Zigarettenstummel links neben das Bett auf die Erde; sie fielen lautlos auf meine Hose, und ich mußte sie abschütteln, so daß die beiden kleinen Gluten nebeneinanderlagen.

»Und dann habe ich gedacht, wer vor siebzig Jahren hier gewesen ist, oder was. Vielleicht war hier ein Acker, Mais oder Zwiebeln sind hier gewachsen, zwei Meter unter meinem Kopf, und der Wind strich hier rüber, und jeden Morgen kam über den Horizont der Pußta diese traurige Dämmerung. Oder vielleicht hatte jemand hier schon ein Haus.«

»Ja«, sagte sie leise. »vor siebzig Jahren war hier schon ein Haus.«

Ich schwieg.

»Ja«, sagte sie, »ich glaube, vor siebzig Jahren baute mein Großvater dieses Haus. Damals müssen sie hier die Bahn gebaut haben, und er arbeitete bei der Bahn und baute von dem Geld dieses kleine Haus. Und dann zog er in den Krieg, damals, weißt du, 1914, und er fiel in Rußland. Und dann war da mein Vater, der hatte etwas Land und arbeitete auch an der Bahn; er starb in diesem Krieg.«

»Er fiel?«

»Nein, er starb. Meine Mutter war schon früher gestorben. Und jetzt wohnt mein Bruder hier mit seiner Frau und den Kindern. Und in siebzig Jahren werden die Urenkel meines Bruders hier wohnen.«

»Vielleicht«, sagte ich, »aber sie werden nichts wissen von dir und mir.«

»Nein, kein Mensch wird wissen, daß du bei mir warst.«

Ich faßte ihre kleine Hand, diese sehr sanfte Hand, und hielt sie nahe vor mein Gesicht.

Dort, wo das Fenster war, stand jetzt im Ausschnitt eine dunkelgraue Dunkelheit, heller als die Finsternis der Nacht.

Ich spürte plötzlich, daß sie sich an mir vorbeibewegte, ohne mich zu berühren, und ich hörte die leichten Tritte ihrer nackten Füße auf dem Boden; dann hörte ich, daß sie sich anzog. Ihre

Bewegungen und die Geräusche waren so leicht; nur als sie nach hinten auf ihren Rücken griff, um die Knöpfe der Bluse zu schließen, hörte ich ein heftigeres Atmen.
»Jetzt mußt du dich anziehen«, sagte sie.
»Laß mich liegen«, sagte ich.
»Ich möchte kein Licht machen.«
»Mach kein Licht und laß mich liegen.«
»Du mußt doch etwas essen, ehe du gehst.«
»Ich gehe ja nicht.«
Ich spürte, daß sie innehielt im Zuziehen der Schuhe und erstaunt im Dunkeln dorthin blickte, wo ich lag.
»So«, sagte sie nur leise, und ich konnte nicht feststellen, ob sie erstaunt oder erschrocken war.
Wenn ich den Kopf zur Seite wandte, konnte ich jetzt in dieser dunkelgrauen Dämmerung ihre Umrisse sehen. Sie bewegte sich sehr sanft im Raum, suchte Holz und Papier zusammen und nahm die Streichholzschachtel aus meiner Hosentasche.
Diese Geräusche erreichten mich fast wie leise, ängstliche Rufe von jemand, der am Ufer steht und einem anderen nachruft, der von der Strömung in ein großes Gewässer hineingetrieben wird; und ich wußte jetzt, wenn ich nicht aufstand, nicht in den folgenden Minuten mich entschloß, dieses leise schwankende Schiff der Verlorenheit zu verlassen, würde ich in diesem Bett sterben wie ein Gelähmter oder über diesem Kissen erschossen werden von den unermüdlichen Schergen, denen nichts verborgen blieb.
Während ich ihr kleines Summen vernahm, wie sie dort am Herd stand und dem Feuer zublickte, dessen warmer Schein mit stillem Flügelschlag wuchs, schien ich durch mehr als eine Welt von ihr getrennt. Sie stand da irgendwo am Rande meines Lebens, summte leise und freute sich des wachsenden Feuers; ich verstand das alles, sah es, roch den brandigen Qualm versengten Papiers, und doch hätte sie nirgendwo ferner stehen können von mir.
»Steh doch jetzt auf«, sagte das Mädchen vom Ofen her, »du mußt ja gehen.« Ich hörte, daß sie eine Kasserolle aufs Feuer setzte und zu rühren begann, es war ein sehr schönes und stilles Geräusch, dieses sanfte Kratzen des hölzernen Löffels, und der Geruch von geröstetem Mehl erfüllte die Stube.
Ich sah jetzt alles. Die Stube war sehr klein. Ich lag in einem fla-

chen Holzbett, daneben stand ein Schrank, der den Raum bis zur Tür ausfüllte, ein brauner Schrank ohne jede Verzierung. Hinter mir mußte irgendwo ein Tisch sein, Stühle und das Öfchen am Fenster. Es war sehr still, und der Dämmer noch so dicht, daß er wie Schatten in der Stube lag.
»Ich bitte dich«, sagte sie leise, »ich muß ja gehen.«
»Du mußt gehen?«
»Ja, ich muß zur Arbeit, und vorher mußt du weg, mit mir.«
»Arbeiten«, fragte ich, »warum?«
»Oh, was du fragst.«
»Wo denn?«
»An der Bahn.«
»An der Bahn?« fragte ich. »Was macht ihr denn da?«
»Steine aufschütten, Schotter, damit nichts passiert.«
»Es wird nichts passieren«, sagte ich, »wo bist du denn? Nach Großwardein zu?«
»Nein, nach Szegedin zu.«
»Das ist gut.«
»Warum?«
»Weil ich dann nicht an dir vorbeifahren werde.«
Sie lachte leise. »Du willst also doch aufstehen.«
»Ja«, sagte ich. Ich schloß noch einmal die Augen und ließ mich zurückfallen in dieses schaukelnde Nichts, dessen Atem ohne Geruch war und ohne Spur, dessen Plätschern mich nur wie ein leises, kaum spürbares Wehen berührte; dann öffnete ich seufzend die Augen und griff nach meiner Hose, die nun säuberlich neben dem Bett auf einem Stuhl lag.
»Ja«, sagte ich noch einmal und stand auf.
Sie stand mit dem Rücken zu mir, während ich schnell die gewohnten Griffe tat, die Hose hochzog, Schuhe zuband und die graue Jacke überstreifte.
Eine Zeitlang stand ich noch still, die Zigarette kalt im Mund, und blickte auf ihre Gestalt, die klein und schmal nun deutlich sichtbar dort im Fensterausschnitt stand. Ihr Haar war schön und sanft wie eine ruhige Flamme.
Sie wandte sich um und lächelte. »Was denkst du wieder?« fragte sie.
Ich blickte ihr zum ersten Male ins Gesicht: es war so einfach, daß ich es nicht begreifen konnte: runde Augen, in denen Angst Angst und Freude Freude war.

»Was denkst du wieder?« fragte sie nochmals, und sie lächelte nicht mehr.
»Nichts«, sagte ich, »ich kann nichts denken. Ich muß weg. Es gibt kein Entrinnen.«
»Ja«, sagte sie und nickte. »Du mußt weg. Es gibt kein Entrinnen.«
»Und du mußt hierbleiben.«
»Ich muß hierbleiben«, sagte sie.
»Du mußt Steine aufschütten, Schotter, damit nichts passiert und die Züge ruhig dorthin fahren können, wo etwas passiert.«
»Ja«, sagte sie, »das muß ich.«
Wir sind eine sehr stille Straße hinuntergegangen, die zum Bahnhof führte. Alle Straßen führen zu Bahnhöfen, von denen aus es in den Krieg geht. Wir sind in eine Haustür getreten und haben uns geküßt, und ich habe gespürt, während meine Hände auf ihren Schultern lagen, dort habe ich gespürt, daß sie mein ist. Und sie ist weggegangen mit hängenden Schultern, ohne mich noch einmal anzusehen.
Sie ist ganz allein in dieser Stadt, und obwohl ich den gleichen Weg habe, zum Bahnhof, ich kann nicht mit ihr gehen. Ich muß warten, bis sie um jene Ecke verschwunden ist, hinter dem letzten Baum dieser kleinen Allee, die nun unerbittlich im Hellen liegt. Ich muß warten und kann ihr nur folgen in einem Abstand, und niemals werde ich sie wiedersehen. Ich muß in diesen Zug, in diesen Krieg...
Mein einziges Gepäck, nun, da ich zum Bahnhof gehe, sind die Hände in meinen Taschen und die letzte Zigarette zwischen meinen Lippen, die ich bald ausspucken werde; aber es ist leichter, ohne Gepäck zu sein, wenn man langsam und doch schwankend wieder an den Abgrund tritt, von dessen Rand man in einer bestimmten Sekunde stürzen wird, dorthin, wo wir uns wiedersehen...
Und es war tröstlich, daß der Zug pünktlich kam, fröhlich dampfend zwischen Maisstauden und scharf riechenden Tomatenpflanzen.

Wiedersehen mit Drüng

Der brennende Schmerz an meinem Kopf ließ mich übergangslos in die Wirklichkeit der Zeit und des Ortes treten, aus einem Traum, wo dunkle Gestalten in erdgrünen Mänteln meinen Schädel mit harten Fäusten geschlagen hatten: ich lag in einer niedrigen Bauernstube, deren Decke wie der Deckel eines Grabes aus grünem Dämmer sich auf mich herabzusenken schien; grün waren die wenigen Lichter, die den Raum als solchen überhaupt erkennen ließen; ein sanftes, gelbüberglitzertes Grün dort, wo ein schwarzer Türrahmen von einem hellen Lichtstreifen scharf umzeichnet war, und dieses Grün verdunkelte sich bis zur Farbe alten Mooses in jenen Schatten über meinem Gesicht.
Ich erwachte völlig, als eine plötzliche, würgende Übelkeit mich hochriß, ich mich aufbäumte und auf den unsichtbaren Boden erbrach. Der Inhalt meines Magens schien tief zu fallen, wie in einen bodenlosen Brunnen, ehe es endlich wie das Aufschlagen einer Flüssigkeit auf Holz zu mir drang; ich erbrach noch einmal, schmerzvoll über den Rand der Bahre gebeugt, und als ich mich erleichtert zurücklehnte, war der Zusammenhang mit dem Vergangenen so klar, daß mir sofort eine Rolle Drops einfiel, die in einer meiner Taschen von der abendlichen Verpflegung noch stecken mußte. Ich tastete mit meinen schmutzigen Fingern meine Manteltaschen ab, ließ klirrend ein paar lose Patronen in den grünen Abgrund fallen, alles durch meine Hände gleiten: Zigarettenschachtel, Pfeife, Zündhölzer, Taschentuch, einen zusammengeknüllten Brief, und als ich in den Manteltaschen das Gesuchte nicht fand, drückte ich das Koppel auf, blechern knallte das Schloß gegen das eiserne Gestänge der Bahre. Endlich fand ich die Rolle in einer Hosentasche, riß das Papier ab und steckte eins der säuerlichen Bonbons in den Mund.
Augenblicksweise, wenn der Schmerz mich bis in die letzte Phase meines Empfindens erfüllte, wurden mir die Zusammenhänge von Zeit, Ort und Geschehen wieder verwirrt, dann schien auch der Abgrund links und rechts von mir sich zu vertiefen, und ich fühlte mich schwebend auf der Bahre wie auf einem unendlich hohen Postament, das sich immer mehr der grünen Decke entgegenhob. In diesen Augenblicken auch glaubte ich

manchmal, tot zu sein, hingestellt in eine schmerzvolle Vorhölle der Ungewißheit, und die Tür – eingerahmt von ihrem Lichtstreifen – erschien mir wie eine Pforte zu Licht und Erkenntnis, die eine gütige Hand würde öffnen müssen; denn ich selbst war in diesen Augenblicken unbeweglich wie ein Denkmal, tot, und lebendig war nur der brennende Schmerz, der von meiner Kopfwunde ausstrahlte und mit einer scheußlichen, allgemeinen Übelkeit verbunden war.
Dann wieder ebbte der Schmerz ab, wie wenn jemand eine Zange locker läßt, und ich empfand die Wirklichkeit als weniger grausam: dieses sich abstufende Grün war milde den gequälten Augen, die vollkommene Stille wohltuend den gemarterten Ohren, und die Erinnerung lief in mir ab wie ein Bildstreifen, an dem ich keinen Teil hatte. Alles schien unendlich weit zurückzuliegen, während es erst eine Stunde vergangen sein konnte.
Ich versuchte, Erinnerungen aus meiner Kindheit wach werden zu lassen, schulgeschwänzte Tage in verlassenen Parks, und diese Erlebnisse schienen näher, mich betreffender als jenes Geschehnis vor einer Stunde, obwohl der Schmerz in meinem Kopf davon herrührte und mich anders hätte empfinden lassen müssen.
Was vor einer Stunde geschehen war, sah ich jetzt sehr deutlich, aber fern, als blickte ich vom Rande unseres Erdballs in eine andere Welt, die durch einen himmelweiten, glasigklaren Abgrund von der unseren geschieden war. Dort sah ich jemand, der ich selbst sein mußte, in nächtlicher Finsternis über zerwühlte Erde schleichen, manchmal wild angeleuchtet diese trostlose Silhouette durch eine fern abgeschossene Leuchtrakete; ich sah diesen Fremden, der ich selbst sein mußte, sich qualvoll mit offenbar schmerzenden Füßen über die Unebenheiten des Bodens bewegen, oft kriechen, aufstehen, wieder kriechen, wieder aufstehen; endlich einem dunklen Tale zustreben, wo mehrere dieser dunklen Gestalten sich um ein Gefährt versammelten. In diesem gespenstischen Erdteil, der nur Qual und Finsternis enthielt, reihte der Fremde sich stumm einer Schlange ein, die aus blechernen Kanistern Kaffee und Suppe in ihre Töpfe füllen ließ, von irgend jemand, den sie nicht kannten, nie gesehen hatten, einem, der von dichten Schatten verborgen war und stumm löffelte; eine ängstliche Stimme, deren Besitzer auch verborgen blieb, zählte Brot, Zigaretten, Wurststücke und Süßigkeiten in die Hände der

Wartenden. Und plötzlich wurde dieses stumme und düstere Spiel im Talgrund jäh erhellt durch eine rötliche Flamme, deren Folge Geschrei war, Wimmern und das erschreckte Wiehern eines verwundeten Pferdes; und neue düsterrote Flammen schlugen immer wieder aus der Erde, Gestank und Krach stiegen auf, dann schrie das Pferd, ich hörte, wie es anzog und mit klapperndem Geschirr davonraste; und ein neues kurzes, wildes Feuer deckte jenen zu, der ich selbst sein mußte.

Und nun lag ich hier auf meiner Bahre, sah diesen grünen, sich stetig stufenden Dämmer in der russischen Bauernstube, in der nur das helle Viereck des beleuchteten Türrandes stand.

Inzwischen war die Übelkeit geringer geworden, wohltuend hatte sich das säuerliche Bonbon in dem widerlichen Schleim, der meine Mundhöhle füllte, ausgebreitet; die Zange des Schmerzes griff nun seltener zu, und ich packte in meine Manteltasche, zog Zigaretten und Zündhölzer heraus und zündete an. Das aufflammende Licht ließ dunkle, feuchte Wände erkennen, giftiggelb beflackert, und als ich das verlöschende Holz beiseite warf, sah ich zum ersten Male, daß ich nicht allein war.

Ich sah neben mir die grauen, grünverschmierten Wülste einer schlampig übergeworfenen Decke, sah den Schirm einer Mütze wie einen sehr harten Schatten über einem blassen Gesicht, und das Hölzchen erlosch.

Jetzt auch fiel mir ein, daß ich weder an Händen noch Füßen behindert war, ich trat meine Decke beiseite, setzte mich hoch und war nun erschrocken, wie nahe ich dem Erdboden stand; kaum kniehoch war dieser unendlich scheinende Abgrund. Ich zündete ein neues Hölzchen an: mein Nachbar lag unbewegt, sein Gesicht hatte die Farbe sehr zarten Dämmers, der durch dünnes, grünes Glas fällt, doch ehe ich hatte näher treten können, um wirklich unter dem Schatten des Mützenschirms sein Gesicht zu erkennen, war das Zündholz wieder erloschen, und ich entsann mich, daß in einer meiner Taschen auch ein Kerzenrest verborgen sein mußte.

Wieder griff die Zange des Schmerzes fester zu, ich konnte mich noch eben taumelnd im Dunkeln auf den Rand meiner Bahre setzen, die Zigarette zu Boden fallen lassen, und da ich nun der Tür den Rücken zuwandte, sah ich nichts als Finsternis, grüne, dicke Finsternis, die eben Schatten genug enthielt, daß sie mir sich drehend erscheinen konnte, während der Schmerz in meinem Kopf der Motor zu sein schien, der die Drehung verursachte; je mehr der Schmerz in meinem Kopf anschwoll, um so heftiger drehten sich auch diese Finsternisse wie verschiedene Scheiben, deren Drehung sich überschnitt, bis alles wieder stillstand.

Sobald der Anfall vorüber war, tastete ich nach meinem Verband: mein Kopf kam mir sehr dick, sehr geschwollen vor in meinen Händen; ich spürte die harte fast beulenartige Kruste geronnenen Blutes, fühlte auch die peinlich empfindliche Stelle, an der der Splitter sitzen mußte. Ich wußte jetzt, daß dieser Fremde dort tot war. Es gibt eine Art von Schweigen und Stummheit, die nichts mehr mit Schlaf, nichts mit Ohnmacht mehr zu tun hat, etwas unendlich Eisiges, Feindliches, Verächtliches, das mir im Dunkeln doppelt feindselig erschien.

Ich fand nun endlich den Kerzenrest und zündete ihn an. Das Licht war gelb und milde, es schien sich mit einer Art Bescheidenheit langsam auszubreiten und zur größten Möglichkeit seiner Flamme zu entwickeln, und als die Kerze ihren Radius vollendet hatte, sah ich den festgestampften Lehmboden, die bläulich gekalkten Wände, eine Bank, den erloschenen Ofen, vor dessen ausgeleierter Tür ein Haufen Asche lag.

Dann erst klebte ich die Kerze auf den Rand meiner Bahre fest, so daß das Zentrum ihres Scheins auf des Toten Gesicht fiel. Ich war nicht erstaunt, Drüng zu sehen. Eher war ich erstaunt über mein eigenes Nichterstaunen, denn ich hätte tief erschrocken sein müssen: fünf Jahre hatte ich Drüng nicht mehr gesehen, und auch damals nur flüchtig, kaum daß wir die notwendigsten Höflichkeiten miteinander getauscht hatten. Wir waren Schulkameraden gewesen, neun Jahre lang, aber zwischen uns hatte eine so tiefe, nicht feindselige, sondern gleichgültige Abneigung bestanden, daß wir in diesen neun Jahren insgesamt kaum eine Stunde miteinander gesprochen hatten.

Es war so unverkennbar Drüngs schmales Gesicht, seine spitze Nase, die nun steif und grünlich aus der knappen Ebene seines Gesichtes hervorstieß, seine geschlitzten, stets etwas gequollenen Augen, die nun eine fremde Hand schon geschlossen hatte; so eindeutig war es Drüngs Gesicht, daß es der Bestätigung nicht bedurft hätte, zu der ich nun mich über ihn beugte und zwischen dem Wulst der Decke den Zettel hervorsuchte, der mit einer weißlichen Schnur an einem Knopf seines Mantels befestigt war. Dort las ich im Kerzenschein: Drüng, Hubert, Obergefreiter,

die Nummer eines Regiments und in der Rubrik »Art der Verletzung«: mehrere Granatsplitter, Bauch. Unter diese Notiz hatte eine flinke akademische Hand Exitus geschrieben.
Drüng war also wirklich tot, oder hätte ich jemals an dem gezweifelt, was eine flinke, akademische Hand irgendwohin schrieb? Ich las noch einmal die Nummer des Regiments, die mir völlig ungeläufig war; dann nahm ich Drüng die Mütze ab, die seinem Gesicht mit ihrem schwarzen, höhnischen Schatten etwas Grausames gab, und ich erkannte nun sein dunkelblondes, stumpfes Haar, das manchmal im Wechsel der neun Jahre nahe vor meinen Augen gewesen war.
Ich saß ganz nahe neben der Kerze, die flackernd ihren Schein rundschaukeln ließ, während der stärkste Kern ihres gelben Lichtes immer Drüngs Gesicht hielt und die matteren Ausläufer Decke, Wand und Boden streiften. Ich saß Drüng so nahe, daß mein Atem seine fahle Haut streifte, auf der die Bartstoppeln häßlich und rötlich wucherten, und plötzlich sah ich zum ersten Male Drüngs Mund. Während mir seine übrige Erscheinung in der täglichen Begegnung vieler Jahre so bekannt geworden war, daß ich ihn – wohl ohne es zu wissen – auch unter vielen erkannt hätte, sah ich jetzt, daß ich seinen Mund nie betrachtet hatte; er war mir vollkommen fremd: fein und schmal, und in seinen festverkniffenen Winkeln saß noch immer der Schmerz, so lebendig, daß ich glaubte, mich getäuscht zu haben. Dieser Mund schien die mühsam verhaltenen Schreie des Schmerzes auch jetzt noch gewaltsam zurückzuhalten, um sie nicht aufquellen zu lassen wie einen roten Sprudel, der die Welt ersäufen würde.
Neben mir flackerte warm der Atem der Kerze, die immer wieder hochzuckte, immer wieder zurückgeschlagen zu werden schien, sich immer wieder langsam ausbreitete. Ich betrachtete Drüngs Gesicht jetzt, ohne ihn zu sehen. Ich sah ihn lebend, als mickrigen, schüchternen Sextaner, den schweren Ranzen auf den mageren Schultern, wie er frierend darauf wartete, daß die Schultore sich öffneten. Dann stürzte er an dem büffeligen Hausmeister vorbei, postierte sich, ohne den Mantel auszuziehen, an den Ofen, den er mit defensiven Augen bewachte. Drüng hatte immer gefroren, denn er war blutarm, arm überhaupt, Sohn einer Witwe, deren Mann im Krieg gefallen war. Damals war er zehn Jahre alt, und er war immer so geblieben, neun Jahre lang, frierend, blutarm, arm überhaupt, Sohn einer Witwe, de-

ren Mann gefallen war. Niemals hatte er Zeit gehabt zu jenen Torheiten, die die Erinnerung erst erinnernswert machen, während der tierische Ernst der Pflicht uns später oft als Torheit erscheint; niemals war er frech geworden, neun Jahre lang brav, fleißig, immer »in der Mitte mit seinen Leistungen«. Mit vierzehn war er pickelig geworden, mit sechzehn wieder glatt und mit achtzehn wieder pickelig, und er hatte immer gefroren, auch im Sommer, denn er war blutarm, arm überhaupt, Sohn einer Witwe, deren Mann im Weltkrieg gefallen war. Ein paar Freunde hatte er gehabt, mit denen zusammen er fleißig gewesen war, brav und in der Mitte; ich hatte kaum mit ihm gesprochen, er wenig mit mir, und nur manchmal, wie es im Laufe von neun Jahren wahrscheinlich ist, hatte er vor mir gesessen, und sein stumpfes, dunkelblondes Haar war vor mir gewesen, ganz nah, und er hatte immer vorgesagt – jetzt erst fiel mir ein, daß er immer vorgesagt hatte, treu und zuverlässig, und wenn er etwas nicht gewußt hatte, hatte er auf eine ganz bestimmte, bockige Art mit den Schultern gezuckt.

Ich hatte längst angefangen zu weinen, während die Kerze nun ihr erbreitertes Licht wild und mit leisem Stöhnen umherwarf, so daß die kümmerliche Bude zu wackeln schien wie die Kajüte eines Schiffs auf hoher See. Längst spürte ich – ohne daß ich mir dessen bewußt war –, daß die Tränen über mein Gesicht liefen, oben warm und wohltuend, und unten am Kinn kalte Tropfen, die ich automatisch mit der Hand wegwischte wie ein heulendes Kind. Aber nun, als mir einfiel, daß er mir stets treu vorgesagt hatte, völlig unbedankt, pünktlich und zuverlässig, ohne die falsche Tücke von anderen, denen ihr Wissen zu wertvoll schien, es zu verschenken – nun schluchzte ich laut, und die Tränen tropften durch meinen verfilzten Bart in die lehmverschmierten Finger.

Nun auch fiel mir Drüngs Vater ein. Immer, wenn wir Geschichte hatten und die Lehrer mit erhobener Stimme vom Weltkrieg erzählten, falls das Thema auf dem Lehrplan stand und innerhalb dieses Themas wieder Verdun – dann hatten sich alle Blicke Drüng zugewandt, und Drüng erhielt in diesen Stunden einen besonderen, kurz anhaltenden Glanz, denn wir hatten nicht oft Geschichte, nicht so oft stand der Weltkrieg auf dem Lehrplan, und noch weniger war es erlaubt oder angebracht, von Verdun zu erzählen...

Die Kerze zischte jetzt, und es brodelte von heißem Wachs in dem Papptöpfchen, das nach dem großen Heerführer Hindenburg benannt war, dann kippte der haltlos gewordene Docht in den flüssigen Rest der Brühe – doch das Zimmer wurde jetzt strahlend hell, und ich schämte mich meiner Tränen, dieses Licht war kalt und nackt und gab der düsteren Bude eine falsche Helligkeit und Sauberkeit...

Erst als sie mich bei den Schultern packten, merkte ich, daß die Tür geöffnet und zwei geschickt worden waren, mich ins Operationszimmer zu tragen. Ich warf noch einen Blick auf Drüng, der mit zusammengekniffenen Lippen liegenblieb; dann hatten sie mich auf die Bahre zurückgelegt und trugen mich hinaus.

Der Arzt sah müde und ärgerlich aus. Er sah gelangweilt zu, während mich die Träger unter eine grelle Lampe auf einen Tisch legten, der übrige Raum war in rötliches Dunkel gehüllt. Dann trat der Arzt auf mich zu, und ich sah ihn deutlicher: seine dicke Haut war gelblichblaß mit violetten Schatten, und das dichte schwarze Haar lag wie eine Kappe auf dem Kopf. Es las den Zettel, der vorne an meine Brust geheftet war, und ich roch deutlich seinen Zigarettenatem, sah die blassen Wülste seines dicken Halses und die Maske einer müden Verzweiflung über seinem Gesicht.

»Dina«, rief er leise, »abmachen.«

Er trat zurück, und aus dem rötlichen Hintergrund kam eine Frauengestalt in weißem Kittel; ihr Haar war ganz mit einem blaßgrünen Tuch umwickelt, und als sie nun näher gekommen war, sich über mich beugte und den Verband über der Stirn vorsichtig entzweischnitt, sah ich an dem ruhigen und hellen Oval ihres freundlichen Gesichts, daß sie blond sein mußte. Ich weinte immer noch, und durch die Tränen hindurch erschien mir ihr Gesicht schmelzend und schwimmend, und auch ihre großen, sanften, hellbraunen Augen schienen zu weinen, während der Arzt mir hart und trocken erschienen war trotz meiner Tränen.

Sie riß mit einem Ruck die harten blutigen Lappen von meiner Wunde, ich schrie auf und ließ die Tränen weiterlaufen. Der Arzt stand mit bösem Gesicht nun am Rande des Lichtkreises, und der Rauch seiner Zigarette kam in scharfen blauen Stößen bis in unsere Nähe. Still war Dinas Gesicht, die sich nun öfter vorbeugte und mit ihren Fingern meinen Kopf berührte, da sie begonnen hatte, meine verklebten Haare aufzuweichen.

»Rasieren!« sagte der Arzt kurz und warf den Stummel wütend auf die Erde.
Nun griff die Zange des Schmerzes wieder öfter zu, als die Russin rings um die klaffende Wunde das schmutzige, verfilzte Haar zu rasieren anfing. Wieder drehten sich verschiedene Scheiben mit seltsamen Überschneidungen, für Augenblicke war ich ohne Besinnung, wachte wieder auf, und ich spürte in den wachen Sekunden, wie die Tränen immer reichlicher flossen, an meinen Wangen herunterliefen und sich zwischen Hemd und Kragenbinde sammelten, unaufhaltsam, als sei eine Quelle angebohrt.
»Weinen Sie nicht, verflucht!« schrie der Arzt ein paarmal, und da ich nicht mehr aufhören konnte, auch nicht wollte, schrie er: »Schämen Sie sich.« Ich aber schämte mich nicht, ich spürte nur, wie Dina manchmal ihre Hände liebkosend auf meinem Hals ruhen ließ, und ich wußte, daß es sinnlos gewesen wäre, dem Arzt zu erklären, warum ich weinen mußte. Was wußte ich von ihm und er von mir, von Dreck und Läusen, Drüngs Gesicht und neun Schuljahren, die pünktlich zu Ende gewesen waren, als der Krieg ausbrach.
»Verflucht«, schrie er, »seien Sie endlich still!«
Dann kam er plötzlich auf mich zu, sein Gesicht wurde unheimlich groß, zornig hart im Näherkommen, und ich spürte noch das erste Bohren des Messers, sah nichts mehr und schrie nur sehr laut.
Sie hatten hinter mir die Tür geschlossen, den Schlüssel herumgedreht, und ich sah jetzt, daß ich wieder in diesem Warteraum war. Immer noch flackerte meine Kerze, ließ ihr Licht flüchtend über alle Dinge gleiten. Ich ging sehr langsam, ich fürchtete mich, es war alles so still, und ich spürte keine Schmerzen mehr. Niemals war ich so ohne Schmerz gewesen, so leer. Ich erkannte meine Bahre an den zerwühlten Decken, blickte die Kerze an, die immer noch so brannte, wie ich sie verlassen hatte. Der Docht schwamm jetzt in dem flüssigen Wachs, nur noch eine winzige Spitze ragte senkrecht genug heraus, um zu brennen, und jeden Augenblick mußte sie versinken. Ich tastete ängstlich meine Taschen ab, aber meine Taschen waren leer, ich lief zur Tür zurück, rappelte, schrie, rappelte, schrie. Sie konnten uns doch nicht im Dunkeln lassen! Aber draußen schien niemand zu hören; und als ich zurückging, brannte die Kerze immer noch, immer noch schwamm der Docht, immer noch ragte ein kleines

Stück steil genug heraus, um zu brennen und ein unregelmäßiges, flackerndes Licht zu erzeugen; mir schien, als sei dieses Stück kleiner geworden; es konnte nur noch eine Sekunde dauern, und wir waren im Dunkeln.

»Drüng«, rief ich ängstlich, »Drüng!«

»Ja«, sagte seine Stimme, »was ist denn?«

Ich spürte, daß mein Herz stillstand, und es war kein anderes Geräusch mehr ringsum als das fürchterlich stille Fressen dieses Kerzenrestes, der kurz vor dem Verlöschen stand.

»Ja?« fragte er wieder, »was ist denn?«

Ich machte einen Schritt nach links, beugte mich über ihn und blickte ihn an: er lag da und lachte. Er lachte sehr leise und schmerzlich, auch Güte war in seinem Lächeln. Er hatte die Decken abgeworfen, und ich sah durch ein großes Loch in seinem Bauch das grünliche Zelttuch der Bahre. Er lag da ganz ruhig und schien zu warten. Ich blickte ihn lange an, den lachenden Mund, das Loch in seinem Bauch, die Haare: es war Drüng.

»Na, was ist?« fragte er noch einmal.

»Die Kerze«, sagte ich leise und blickte wieder ins Licht; es brannte immer noch, ich sah den Schein, der gelb und hastig, ewig verzuckend und immer wieder brennend, das ganze Zimmer erleuchtete. Ich hörte, wie Drüng sich aufrichtete, die Bahre knirschte leise, der Rest einer Decke wurde abgestreift, und nun sah ich ihn wieder an.

»Du brauchst keine Angst zu haben«, er schüttelte den Kopf, »das Licht geht nicht aus, es brennt immer und immer, ich weiß es.«

Aber im nächsten Augenblick verfiel sein blasses Gesicht noch mehr, er packte mich zitternd am Arm; ich fühlte seine schmalen, harten Finger. »Sieh an«, flüsterte er angstvoll, »jetzt geht sie aus.«

In dem Papptöpfchen aber schwamm immer noch der ankerlose Docht, und immer noch nicht war er ganz versunken.

»Nein«, sagte ich, »sie müßte längst aus sein, sie konnte keine zwei Minuten mehr brennen.«

»O verflucht!« schrie er, sein Gesicht verzerrte sich, und er schlug mit der flachen Hand auf das Licht, heftig, die Bahre krachte, und für einen Augenblick fiel grünliches Dunkel über uns, aber als er die zuckende Hand hochnahm, schwamm immer noch der Docht, war immer noch Licht da, und ich blickte durch das Loch in Drüngs Bauch auf einen hellen gelben Flecken an der Wand hinter ihm.

»Nichts zu machen«, sagte er und legte sich zurück, »leg dich auch, wir müssen warten.«

Ich rückte meine Bahre ganz nahe neben seine, die eisernen Stangen berührten sich, und als ich mich hinlegte, war das Licht genau zwischen uns, flackernd und schaukelnd, stets gewiß und stets ungewiß, denn es hätte längst verlöscht sein müssen, ging aber nie aus; und manchmal hoben wir gleichzeitig unsere Köpfe und blickten uns ängstlich an, wenn die zuckende Flamme kürzer zu werden schien; und vor unseren armen Augen war das schwarze Türblatt, von einem hellen Viereck sehr gelben Lichtes umzogen...

...und so lagen wir dort und warteten, erfüllt von Angst und Hoffnung frierend und doch warm von dem Schrecken, der uns in die Glieder fuhr, wenn die Flamme zu erlöschen drohte und sich unsere grünen Gesichter oben über dem Papptöpfchen trafen, hingestellt mitten hinein in diese wimmelnden Lichter, die uns umflossen wie lautlose Nebelwesen, und plötzlich sahen wir, daß das Licht verlöscht sein mußte, der Docht war versunken, kein Zipfelchen ragte mehr über die wächserne Oberfläche hinaus, und doch blieb es hell – bis unsere erstaunten Augen Dinas Gestalt sahen, die durch die verschlossene Tür zu uns getreten war, und wir wußten, daß wir nun lächeln durften, und nahmen ihre ausgestreckten Hände und folgten ihr...

Die Essenholer

Am finsteren Gewölbe des Himmels standen die Sterne wie dumpfe Punkte aus bleiernem Silber. Plötzlich geriet Bewegung in die scheinbare Unordnung; die sanft glänzenden Punkte wanderten aufeinander zu und ordneten sich zu einem spitzbogenartigen Gebilde, dessen beiderseitige, sich oben straffende Spannung durch einen glänzenden Stern gehalten wurde. Kaum war ich mir dieses milden Wunders bewußt geworden, als sich unten an jedem Ende des Bogens ein Stern löste und die beiden Punkte langsam nach unten glitten, wo sie in der unendlichen Schwärze versanken. Angst wurde in mir wach und breitete sich immer mehr aus, denn nun folgten immer zwei, je einer von links und rechts, und sanken nach unten, und manchmal glaubte ich, sie zischend verlöschen zu hören. So fielen sie alle herunter, Stern um Stern, je zwei ein gemeinsam sinkendes, matt glänzendes Paar, bis jener eine größere allein noch oben stand, der die spitzbogenartige Spannung gehalten hatte. Mir schien, als schwanke, zittere und zögere er... dann sank auch er, langsam und feierlich, mit einer niederdrückenden Feierlichkeit; und je mehr er sich dem schwarzen Untergrund näherte, um so mehr auch blähte sich in mir die Angst wie eine scheußliche Wehe, und im gleichen Augenblick, wo der große Stern unten angekommen war und ich trotz aller Angst mit Neugierde darauf wartete, nun das vollendete Dunkel des Gewölbes zu sehen, in diesem Augenblick barst die Finsternis mit einem gräßlichen Knall...

...Ich erwachte und spürte noch einen Hauch jener wirklichen Detonation, die mich geweckt hatte. Ein Teil der Böschung lag mir auf Kopf und Schultern, und der Atem der Granate schwelte noch in der schwarzen und stillen Luft. Ich streifte den Dreck von mir, beugte mich vor, um die Zeltbahn über den Kopf zu ziehen und eine Zigarette anzuzünden, da hörte ich an Hansens Gähnen, daß auch er geschlafen hatte und nun erwacht war; er hielt mir seinen Unterarm mit dem Leuchtzifferblatt der Uhr entgegen und sagte leise: »Pünktlich wie Satan selbst, auf die Sekunde zwei Uhr, du mußt gehen.« Unsere Köpfe trafen sich vorne unter der Zeltbahn. Während ich das Zündholz über Hansens Pfeife hielt, warf ich einen kurzen Blick in sein schmales und unsagbar gleichgültiges Gesicht.

Wir rauchten schweigend. Im Dunkeln war nichts zu hören, als das harmlose Brummen irgendwelcher Zugmaschinen, die Munition anschleppten. Stille und Dunkelheit schienen verschmolzen und lagen wie ein ungeheures Gewicht auf unseren Nakken...

Als meine Zigarette zu Ende war, sagte Hans wieder leise: »Du mußt jetzt gehen, und denk dran, daß ihr ihn mitnehmt, er liegt vorne an der alten Flakstellung.« Und als ich mühsam aus meinem Loch herausgeklettert war, fügte er hinzu: »Weißt du, es ist ein halber, in einer Zeltbahn.«

Ich tastete mich mit Händen und Füßen über die zerwühlte Erde, bis ich jenen Pfad erreichte, den die Melder und Essenholer im Laufe von Monaten getreten hatten. Ich hatte das Gewehr umgehängt und den alten Tuchbeutel mit der Hand in die Tasche festgeklemmt. Als ich einige hundert Schritte gegangen war, unterschied ich in der Dunkelheit schon dunklere Flecke; Bäume und Reste von Häusern und endlich die halbzerschossene Baracke der alten Flakstellung. Angstvoll lauschte ich, ob die Stimmen der anderen nicht zu hören wären, aber auch als ich näher gekommen war und deutlich das dunkle, viereckige Erdloch sah, in dem das Geschütz gestanden hatte, hörte ich noch nichts, doch ich sah sie, die anderen, auf den alten Munitionskisten hokkend wie große, stumme Vögel in der Nacht, und ich empfand es als unsagbar bedrückend, daß sie kein Wort miteinander sprachen. In ihrer Mitte lag ein Bündel in einer Zeltbahn, so wie jene Bündel, die wir mitsamt unserer Ausrüstung von den Bekleidungskammern abzuschleppen pflegten, um das nach Mottenpulver stinkende, häßliche Zeug auf unseren Buden zu sortieren und anzupassen. Es war seltsam, daß mir in dieser Nacht, mitten in der Wirklichkeit des Krieges, die Erinnerung an die Gewohnheiten der Kaserne so greifbar und deutlich wurde wie nie, und ich dachte mit Schaudern daran, daß der, der nun als formlose Masse in der Zeltbahn lag, einmal angeschnauzt worden war wie wir alle, als er ein solches Bündel von der Bekleidungskammer empfangen hatte. »'n Abend«, sagte ich leise, und ein undeutliches Murmeln antwortete mir.

Ich hockte mich auch nieder, irgendwo auf einen Stapel Papphülsen von Zweizentimetermunition, die schon seit Monaten hier herumlagen, teilweise noch mit dem Inhalt, so wie die Flak in wirrer und ängstlicher Flucht sie hatte liegenlassen müssen.

Niemand rührte sich. Wir saßen alle dort, die Hände in den Taschen, und warteten und brüteten, und wohl jeder von uns warf manchmal einen Blick auf das stumme und dunkle Bündel in unserer Mitte. Endlich sagte der Zugmelder, indem er aufstand: »Sollen wir gehen?«
Statt einer Antwort erhoben wir uns alle, es war so sinnlos, dort zu hocken, wir gewannen nichts dabei; es war ja im Grunde so gleichgültig, ob wir hier hockten oder vorne in unseren Löchern, und außerdem sollte es heute Schokolade geben, vielleicht gar Schnaps, Grund genug, möglichst schnell zum Essenempfang zu gehen.
»Erste Gruppe wieviel?«
»Fünf«, antwortete eine matte Stimme.
»Zweite?«
»Sechs.«
»Und drei?«
»Vier«, antwortete ich.
»Wir sind zwei«, rechnete der Zugmelder leise, »na, sagen wir einundzwanzig, was? Es soll nämlich Schabau geben.«
»Gut.«
Der Zugmelder trat nun als erster an das Bündel heran, wir sahen, daß er sich bückte, dann sagte er: »Jeder nimmt eine Ecke, es ist ein junger Pionier, ein halber Pionier.«
Auch wir bückten uns, und jeder ergriff eine Ecke der Zeltbahn, dann sagte der Zugmelder: »Los«, und wir hoben an und schleppten uns vorwärts, dem Dorfrand entgegen...
Jeder Tote ist so schwer wie die ganze Erde, aber dieser halbe war so schwer wie die Welt. Allen Schmerz und alle Last des ganzen Weltalls schien er in sich aufgesogen zu haben. Wir keuchten und stöhnten, und ohne ein Wort der Verständigung setzten wir nach wenigen dreißig Schritten wieder ab.
Und immer kürzer wurden die Abstände, immer schwerer und schwerer wurde der halbe Pionier, als sauge er immer neue Last in sich hinein. Es schien mir, als müßte die schwache Kruste der Erde einbrechen unter diesem Gewicht, und wenn wir erschöpft das Bündel sinken ließen, schien es mir, als würde es uns niemals wieder gelingen, den Toten aufzuheben. Zugleich dünkte mich, als wüchse das Bündel ins Unermeßliche. Die drei an den anderen Ecken schienen unendlich fern von mir, so weit, daß mein Ruf sie nicht würde erreichen können. Auch ich selber wuchs,

meine Hände wurden riesig, und mein Kopf wuchs ins Gräßliche, der Tote aber, das Totenbündel, blähte sich wie ein ungeheurer Schlauch, als sauge und sauge er das Blut aller Schlachtfelder aller Kriege in sich hinein.
Alle Gesetze der Schwere und des Maßes waren aufgehoben und hinausgehoben in die Unendlichkeit, die sogenannte Wirklichkeit war aufgeblasen von den düsteren und schattenhaften Gesetzen einer anderen Wirklichkeit, die ihrer spottete.
Der halbe Pionier schwoll und schwoll wie ein ungeheurer Schwamm, der sich mit bleiernem Blut vollsaugt. Kalter Schweiß brach aus meinem Körper und mischte sich mit jenem schaudervollen Schmutz, der sich in langen Wochen auf meinem Leibe angesammelt hatte. Ich roch mich selbst wie eine Leiche...
Während ich immer weiter und weiter den Pionier schleppte, gehorchend jenem seltsamen Drang, der uns alle gleichmäßig um eine bestimmte Sekunde wieder eine Ecke ergreifen hieß; während wir weiter und weiter, immer in kurzen Stücken, die Last der Welt dem Dorfrand zuschleiften, schwand mir fast das Bewußtsein vor einer grauenvollen Angst, die aus dem wachsenden, immer mehr wachsenden Bündel in mich überging wie ein Gift. Ich sah nichts mehr und hörte nichts, und doch war mir jede Einzelheit des Vorganges bewußt...
Abschuß und Heransausen der Granate hatte ich nicht gehört; die Explosion zerriß alle Gespinste traumhafter, halbbewußter Qual, mit leeren Händen starrte ich ins Leere, während ferne, irgendwo an einem Hügelrand, das Echo der Explosion wie ein vielfaches Gelächter widerhallte; vor mir, hinter mir und zu beiden Seiten vernahm ich jenes seltsame, hellachende Echo, als sei ich in einem Bergkessel gefangen, und es klang in meinen Ohren wie das blecherne Scheppern jener vaterländischen Lieder, die an den Mauern der Kaserne herauf und herunter gekrochen waren.
Mit einer fast wesenlosen, neugierigen Spannung wartete ich darauf, daß irgendwo an meinem Körper sich ein Schmerz melden oder das Fließen warmen Blutes spürbar werden würde; nichts, nichts von dem; aber plötzlich spürte ich, daß meine Füße halb über einem Hohlraum standen, daß meine Fußspitzen bis zur Hälfte des Fußes im Leeren schwankten, und da ich mit der nüchternen Neugierde eines Erwachenden niederblickte, sah ich, schwärzer als die Schwärze ringsum, einen großen Trichter zu meinen Füßen...

Ich ging mutig nach vorne in den Trichter hinein, aber ich fiel nicht und sank nicht; weiter, weiter ging ich, immer wieder auf wunderbar sanftem Boden unter dem vollendeten Dunkel des Gewölbes. Lange überlegte ich so im Weiterschreiten, ob ich nun dem Fourier einundzwanzig, siebzehn oder vierzehn melden sollte... bis der große, gelbe, glänzende Stern vor mir aufstieg und sich am Gewölbe des Himmels festpflanzte; und leise strahlend fanden sich auch paarweise die anderen Sterne ein, die sich nun zu einem Dreieck zusammenschlossen. Da wußte ich, daß ich an einem anderen Ziele war und wahrheitsgemäß vier und einen halben würde melden müssen, und als ich lächelnd vor mich hinsagte: viereinhalb, sprach eine große und liebevolle Stimme: Fünf!

Lohengrins Tod

Die Treppe hinauf trugen sie die Bahre etwas langsamer. Die beiden Träger waren ärgerlich, sie hatten vor einer Stunde schon ihren Dienst angefangen und noch keine Zigarette Trinkgeld gemacht, und der eine von ihnen war der Fahrer des Wagens, und Fahrer brauchen eigentlich nicht zu tragen. Aber vom Krankenhaus hatten sie keinen zum Helfen heruntergeschickt, und sie konnten den Jungen doch nicht im Wagen liegen lassen; es war noch eine eilige Lungenentzündung abzuholen und ein Selbstmörder, der in den letzten Minuten abgeschnitten worden war. Sie waren ärgerlich, und plötzlich trugen sie die Bahre wieder weniger langsam. Der Flur war nur schwach beleuchtet, und es roch natürlich nach Krankenhaus.

»Warum sie ihn nur abgeschnitten haben?« murmelte der eine, und er meinte den Selbstmörder, es war der hintere Träger, und der vordere brummte zurück: »Hast recht, wozu eigentlich?« Da er sich dabei umgewandt hatte, stieß er hart gegen die Türfüllung, und der, der auf der Bahre lag, erwachte und stieß schrille, schreckliche Schreie aus; es waren die Schreie eines Kindes.

»Ruhig, ruhig«, sagte der Arzt, ein junger mit einem studentischen Kragen, blondem Haar und einem nervösen Gesicht. Er sah zur Uhr: es war acht Uhr, und er müßte eigentlich längst abgelöst sein. Schon über eine Stunde wartete er vergebens auf Dr. Lohmeyer, aber vielleicht hatten sie ihn verhaftet; jeder konnte heute jederzeit verhaftet werden. Der junge Arzt zückte automatisch sein Hörrohr, er hatte den Jungen auf der Bahre ununterbrochen angesehen, jetzt erst fiel sein Blick auf die Träger, die ungeduldig wartend an der Tür standen; er fragte ärgerlich: »Was ist los, was wollen Sie noch?«

»Die Bahre«, sagte der Fahrer, »kann man ihn nicht umbetten? Wir müssen schnell weg.«

»Ach, klar, hier!« Der Arzt deutete auf das Ledersofa. In diesem Augenblick kam die Nachtschwester, sie sah gleichgültig aber ernst aus. Sie packte den Jungen oben an den Schultern, und einer der Träger, nicht der Fahrer, packte ihn einfach an den Beinen.

Das Kind schrie wieder wie irrsinnig, und der Arzt sagte hastig: »Still, ruhig, ruhig, wird nicht so schlimm sein...«

Die Träger warteten immer noch. Dem gereizten Blick des Arztes antwortete wieder der eine. »Die Decke«, sagte er ruhig. Die Decke gehörte ihm gar nicht, eine Frau auf der Unfallstelle hatte sie hergegeben, weil man doch den Jungen mit diesen kaputten Beinen nicht so ins Krankenhaus fahren konnte. Aber der Träger meinte, das Krankenhaus würde sie behalten, und das Krankenhaus hatte genug Decken, und die Decke würde der Frau doch nicht wiedergegeben, und dem Jungen gehörte sie ebensowenig wie dem Krankenhaus, und das hatte genug. Seine Frau würde die Decke schon sauber kriegen, und für Decken gaben sie heute eine Menge.

Das Kind schrie immer noch! Sie hatten die Decke von den Beinen gewickelt und schnell dem Fahrer gegeben. Der Arzt und die Schwester blickten sich an. Das Kind sah gräßlich aus: Der ganze Unterkörper schwamm in Blut, die kurze Leinenhose war völlig zerfetzt, die Fetzen hatten sich mit dem Blut zu einer schauerlichen Masse vermengt. Die Füße waren bloß, und das Kind schrie beständig, schrie mit einer furchtbaren Ausdauer und Regelmäßigkeit.

»Schnell«, flüsterte der Arzt, »Schwester, Spritze, schnell, schnell!« Die Schwester hantierte sehr geschickt und flink, aber der Arzt flüsterte immer wieder: »Schnell, schnell!« Sein Mund klaffte haltlos in dem nervösen Gesicht. Das Kind schrie unablässig, aber die Schwester konnte einfach die Spritze nicht schneller fertigmachen.

Der Arzt fühlte den Puls des Jungen, sein bleiches Gesicht zuckte vor Erschöpfung. »Still«, flüsterte er einige Male wie irr, »sei doch still!« Aber das Kind schrie, als sei es nur geboren, um zu schreien. Dann kam die Schwester endlich mit der Spritze, und der Arzt machte sehr flink und geschickt die Injektion.

Als er die Nadel seufzend aus der zähen, fast ledernen Haut zog, öffnete sich die Tür, und eine Nonne trat schnell und erregt ins Zimmer, aber als sie den Verunglückten sah und den Arzt, schloß sie den Mund, den sie geöffnet hatte, und trat langsam und still näher. Sie nickte dem Arzt und der blassen Laienschwester freundlich zu und legte dem Jungen die Hand auf die Stirn. Das Kind schlug die Augen ganz senkrecht auf und blickte erstaunt auf die schwarze Gestalt zu seinen Häupten. Es schien fast, als beruhige es sich durch den Druck der kühlen Hand auf seiner Stirn, aber die Spritze wirkte jetzt schon. Der Arzt hielt sie

noch in der Hand, und er seufzte noch einmal tief auf, denn es war jetzt still, wunderbar still, so still, daß alle ihren Atem hören konnten. Sie sagten kein Wort.
Das Kind spürte wohl keine Schmerzen mehr, ruhig und neugierig blickte es um sich.
»Wieviel?« fragte der Arzt die Nachtschwester leise.
»Zehn«, antwortete sie ebenso.
Der Arzt zuckte die Schultern. »Bißchen viel, mal sehen. Helfen Sie uns ein wenig, Schwester Lioba?«
»Gewiß«, sagte die Nonne hastig und schien aus tiefem Brüten aufzuschrecken. Es war sehr still. Die Nonne hielt den Jungen an Kopf und Schultern, die Nachtschwester an den Beinen, und sie zogen ihm die blutgetränkten Fetzen ab. Das Blut hatte sich, wie sie jetzt sahen, mit etwas Schwarzem gemischt, alles war schwarz, die Füße des Jungen waren voll Kohlenstaub, auch seine Hände, alles war nur Blut, Tuchfetzen und Kohlenstaub, dicker, fast öliger Kohlenstaub.
»Klar«, murmelte der Arzt, »beim Kohlenklauen vom fahrenden Zug gestürzt, was?«
»Ja«, sagte der Junge mit brüchiger Stimme, »klar.«
Seine Augen waren wach, und es war ein seltsames Glück darin. Die Spritze mußte herrlich gewirkt haben. Die Nonne zog das Hemd ganz hoch und rollte es auf der Brust des Jungen zusammen, oben unter dem Kinn. Der Oberkörper war mager, lächerlich mager wie der einer älteren Gans. Oben am Schlüsselbein waren die Löcher seltsam dunkel beschattet, große Hohlräume, worin sie ihre ganze weiße, breite Hand hätte verbergen können. Nun sahen sie auch die Beine, das, was von den Beinen noch heil war. Sie waren ganz dünn und sahen fein aus und schlank. Der Arzt nickte den Frauen zu und sagte: »Wahrscheinlich doppelte Fraktur beiderseits, müssen röntgen.«
Die Nachtschwester wusch mit einem Alkohollappen die Beine sauber, und dann sah es schon nicht mehr so schlimm aus. Das Kind war nur so gräßlich mager. Der Arzt schüttelte den Kopf, während er den Verband anlegte. Er machte sich jetzt wieder Sorgen um Lohmeyer, vielleicht hatten sie ihn doch geschnappt, und selbst wenn er nichts ausplaudern würde, es war doch eine peinliche Sache, ihn sitzenzulassen wegen dem Strophanthin und selbst in Freiheit zu sein, während man im anderen Falle am Gewinn beteiligt gewesen wäre. Verdammt, es war sicher halb

neun, und es war so unheimlich still jetzt, auf der Straße war nichts zu hören. Er hatte den Verband fertig, und die Nonne zog das Hemd wieder herunter bis über die Lenden. Dann ging sie zum Schrank, nahm eine weiße Decke heraus und legte sie über den Jungen.
Die Hände wieder auf der Stirn des Jungen, sagte sie zum Arzt, der sich die Hände wusch: »Ich kam eigentlich wegen der kleinen Schranz, Herr Doktor, ich wollte Sie nur nicht beunruhigen, während Sie den Jungen hier behandelten.«
Der Arzt hielt im Abtrocknen inne, sein Gesicht verzerrte sich ein wenig, und die Zigarette, die an der Unterlippe hing, zitterte.
»Was«, fragte er, »was ist denn mit der kleinen Schranz?«
Die Blässe in seinem Gesicht war jetzt fast gelblich.
»Ach, das Herzchen will nicht mehr, es will einfach nicht mehr, es scheint zu Ende zu gehen.«
Der Arzt nahm die Zigarette wieder in die Hand und hängte das Handtuch an den Nagel neben dem Waschbecken.
»Verdammt«, rief er hilflos, »was soll ich da tun, ich kann doch nichts tun!«
Die Nonne hielt die Hand immer noch auf der Stirn des Jungen.
Die Nachtschwester versenkte die blutigen Lappen in dem Abfalleimer, dessen Nickeldeckel flirrende Lichter an die Wand malte.
Der Arzt blickte nachdenklich zu Boden, plötzlich hob er den Kopf, sah noch einmal auf den Jungen und stürzte zur Tür: »Ich seh mir's mal an.«
»Brauchen Sie mich nicht?« fragte die Nachtschwester hinter ihm her; er steckte den Kopf noch einmal herein:
»Nein, bleiben Sie hier, machen Sie den Jungen fertig zum Röntgen und versuchen Sie schon, die Krankengeschichte aufzunehmen.«
Das Kind war noch sehr still, und auch die Nachtschwester stand jetzt neben dem Ledersofa.
»Weiß deine Mutter Bescheid?« fragte die Nonne.
»Ist tot.«
Die Schwester wagte nicht, nach dem Vater zu fragen.
»Wen muß man benachrichtigen?«
»Meinen älteren Bruder, aber der ist jetzt nicht zu Hause. Doch die Kleinen müßten es wissen, die sind jetzt allein.«
»Welche Kleinen denn?«

»Hans und Adolf, die warten ja, bis ich das Essen machen komme.«
»Und wo arbeitet dein älterer Bruder denn?«
Der Junge schwieg, und die Nonne fragte nicht weiter.
»Wollen Sie schreiben?«
Die Nachtschwester nickte und ging an den kleinen weißen Tisch, der mit Medikamenten und Reagenzgläsern bedeckt war. Sie zog das Tintenfaß näher, tauchte die Feder ein und glättete den weißen Bogen mit der linken Hand.
»Wie heißt du?« fragte die Nonne den Jungen.
»Becker.«
»Welche Religion?«
»Nix. Ich bin nicht getauft.«
Die Nonne zuckte zusammen, das Gesicht der Nachtschwester blieb unbeteiligt.
»Wann bist du geboren?«
»33...am zehnten September.«
»Noch in der Schule, ja?«
»Ja.«
»Und...den Vornamen!« flüsterte die Nachtschwester der Nonne zu.
»Ja...und der Vorname?«
»Grini.«
»Wie?« Die beiden Frauen blickten sich lächelnd an.
»Grini«, sagte der Junge langsam und ärgerlich wie alle Leute, die einen außergewöhnlichen Vornamen haben.
»Mit i?« fragte die Nachtschwester. »Ja, mit zwei i«, und er wiederholte noch einmal: »Grini.«
Er hieß eigentlich Lohengrin, denn er war 1933 geboren, damals, als die ersten Bilder Hitlers auf den Bayreuther Festspielen durch alle Wochenschauen liefen. Aber die Mutter hatte ihn immer Grini genannt.
Der Arzt stürzte plötzlich herein, seine Augen waren verschwommen vor Erschöpfung, und die dünnen blonden Haare hingen in dem jungen und doch sehr zerfurchten Gesicht.
»Kommen Sie schnell, schnell, alle beide. Ich will noch eine Transfusion versuchen, schnell.«
Die Nonne warf einen Blick auf den Jungen.
»Ja, ja«, rief der Arzt, »lassen Sie ihn ruhig einen Augenblick allein.«

Die Nachtschwester stand schon an der Tür.
»Willst du schön ruhig liegenbleiben, Grini?« fragte die Nonne.
»Ja«, sagte das Kind.
Aber als sie alle raus waren, ließ er die Tränen einfach laufen. Es war, als hätte die Hand der Nonne auf seiner Stirn sie zurückgehalten. Er weinte nicht aus Schmerz, er weinte vor Glück. Und doch auch aus Schmerz und Angst. Nur wenn er an die Kleinen dachte, weinte er aus Schmerz, und er versuchte, nicht an sie zu denken, denn er wollte aus Glück weinen. Er hatte sich noch nie im Leben so wunderbar gefühlt wie jetzt nach der Spritze. Es floß wie eine wunderbare, ein bißchen warme Milch durch ihn hin, machte ihn schwindelig und zugleich wach, und es schmeckte ihm köstlich auf der Zunge, so köstlich wie nie etwas im Leben, aber er mußte doch immer an die Kleinen denken. Hubert würde vor morgen früh nicht zurückkommen, und Vater kam ja erst in drei Wochen, und Mutter... und die Kleinen waren jetzt ganz allein, und er wußte genau, daß sie auf jeden Tritt, jeden geringsten Laut auf der Treppe lauerten, und es gab so unheimlich viele Laute auf der Treppe und so unheimlich viele Enttäuschungen für die Kleinen. Es bestand wenig Aussicht, daß Frau Großmann sich ihrer annehmen würde: sie hatte es nie getan, warum gerade heute, sie hatte es nie getan, sie konnte doch nicht wissen, daß er... daß er verunglückt war. Hans würde Adolf vielleicht trösten, aber Hans war selbst sehr schwach und weinte beim geringsten Anlaß. Vielleicht würde Adolf Hans trösten, aber Adolf war erst fünf und Hans schon acht, es war eigentlich wahrscheinlicher, daß Hans Adolf trösten würde. Aber Hans war so furchtbar schwach, und Adolf war robuster. Wahrscheinlich würden sie alle beide weinen, denn wenn es auf sieben Uhr ging, hatten sie keine Freude mehr an ihren Spielen, weil sie Hunger hatten und wußten, daß er um halb acht kommen und ihnen zu essen geben würde. Und sie würden nicht wagen, an das Brot zu gehen; nein, das würden sie nie mehr wagen, er hatte es ihnen zu streng verboten, seitdem sie ein paarmal alles, alles, die ganze Wochenration aufgegessen hatten; an die Kartoffeln hätten sie ruhig gehen können, aber das wußten sie ja nicht. Hätte er ihnen doch gesagt, daß sie an die Kartoffeln gehen durften. Hans konnte schon ganz gut Kartoffeln kochen; aber sie würden es nicht wagen, er hatte sie zu streng bestraft, ja, er hatte sie sogar schlagen müssen, denn es ging ja einfach nicht, daß sie das ganze

Brot aufaßen; es ging einfach nicht, aber er wäre jetzt froh gewesen, wenn er sie nie bestraft hätte, dann würden sie jetzt an das Brot gehen und hätten wenigstens keinen Hunger. So saßen sie da und warteten, und bei jedem Geräusch auf der Treppe sprangen sie erregt auf und steckten ihre blassen Gesichter in den Türspalt, so wie er sie so oft, oft schon, vielleicht tausendmal gesehen hatte. Oh, immer sah er zuerst ihre Gesichter, und sie freuten sich. Ja, auch nachdem er sie geschlagen hatte, freuten sie sich, wenn er kam; sie sahen ja alles ein. – Und nun war jedes Geräusch eine Enttäuschung, und sie würden Angst haben. Hans zitterte schon, wenn er nur einen Polizisten sah; vielleicht würden sie so laut weinen, daß Frau Großmann schimpfen würde, denn sie hatte abends gern Ruhe, und dann würden sie vielleicht doch weiter weinen, und Frau Großmann würde nachsehen kommen, und dann erbarmte sie sich ihrer; sie war gar nicht so übel, Frau Großmann. Aber Hans würde nie von selbst zu Frau Großmann gehen, er hatte so furchtbare Angst vor ihr, Hans hatte vor allem Angst...

Wenn sie doch wenigstens an die Kartoffeln gingen!

Seitdem er wieder an die Kleinen dachte, weinte er nur noch aus Schmerz. Er versuchte die Hand vor die Augen zu halten, um die Kleinen nicht zu sehen, dann spürte er, daß die Hand naß wurde, und er weinte noch mehr. Er versuchte sich klarzuwerden, wie spät es war. Es war sicher neun, vielleicht zehn, und das war furchtbar. Er war sonst nie nach halb acht nach Hause gekommen, aber der Zug war heute scharf bewacht gewesen, und sie mußten schwer aufpassen, die Luxemburger schossen so gern. Vielleicht hatten sie im Kriege nicht viel schießen können, und sie schossen eben gern; aber ihn kriegten sie nicht, nie, sie hatten ihn noch nie gekriegt, er war ihnen immer durchgeflutscht. Mein Gott, ausgerechnet Anthrazit, den konnte er unmöglich durchgehen lassen. Anthrazit, für Anthrazit zahlten sie glatt ihre siebzig bis achtzig Mark, und den sollte er durchgehen lassen! Aber die Luxemburger hatten ihn nicht gekriegt, er war mit den Russen fertig geworden, mit den Amis und den Tommys und den Belgiern, sollten ihn ausgerechnet die Luxemburger schnappen, diese lächerlichen Luxemburger? Er war ihnen durchgeflutscht, rauf auf die Kiste, den Sack gefüllt und runtergeschmissen, und dann nachgeschmissen, was man immer noch holen konnte. Aber dann, ratsch, hielt der Zug ganz plötzlich, und er wußte nur, daß er wahnsinnige Schmerzen gehabt hatte, bis er nichts mehr wußte, und dann wieder, als er hier in der Tür wach wurde und das weiße Zimmer sah. Und dann gaben sie ihm die Spritze. Er weinte jetzt wieder nur vor Glück. Die Kleinen waren nicht mehr da; das Glück war etwas Herrliches, er hatte es noch gar nicht gekannt; die Tränen schienen das Glück zu sein, das Glück floß aus ihm heraus, und doch wurde es nicht kleiner in seiner Brust, dieses flimmernde, süße, kreisende Stück, dieser seltsame Klumpen, der in Tränen aus ihm herausquoll, wurde nicht kleiner...

Plötzlich hörte er das Schießen der Luxemburger, sie hatten Maschinenpistolen, und es klang schauerlich in den frischen Frühlingsabend; es roch nach Feld, nach Eisenbahnqualm, Kohlen und ein bißchen auch nach richtigem Frühling. Zwei Geschosse bellten in den Himmel, der ganz dunkelgrau war, und ihr Echo kam tausendfältig auf ihn zurück, und es prickelte auf seiner Brust wie von Nadelstichen; diese verdammten Luxemburger sollten ihn nicht kriegen, sie sollten ihn nicht kaputtschießen! Die Kohlen, auf denen er jetzt flach ausgestreckt lag, waren hart und spitz, es war Anthrazit, und sie gaben achtzig, bis zu achtzig Mark für den Zentner. Ob er den Kleinen mal Schokolade kaufen sollte? Nein, es würde nicht reichen, für Schokolade nahmen sie vierzig, bis zu fünfundvierzig; so viel konnte er nicht abschleppen; mein Gott, einen Zentner für zwei Tafeln Schokolade; und die Luxemburger waren ganz verrückte Hunde, sie schossen schon wieder, und seine nackten Füße waren kalt und taten weh von dem spitzen Anthrazit, und sie waren schwarz und schmutzig, er fühlte es. Die Schüsse rissen große Löcher in den Himmel, aber den Himmel konnten sie doch nicht kaputtschießen, oder ob die Luxemburger den Himmel kaputtschießen konnten?...

Ob er der Schwester denn sagen mußte, wo sein Vater war und wo Hubert nachts hinging? Die hatten ihn nicht gefragt, und man sollte nicht antworten, wenn man nicht gefragt war. In der Schule hatten sie es gesagt... verdammt, die Luxemburger... und die Kleinen... die Luxemburger sollten aufhören zu schießen, er mußte zu den Kleinen... sie waren wohl verrückt, total übergeschnappt, diese Luxemburger. Verdammt, nein, er sagt es der Schwester einfach nicht, wo der Vater war und wo der Bruder nachts hinging, und vielleicht würden die Kleinen doch von dem Brot nehmen... oder von den Kartoffeln... oder vielleicht würde Frau Großmann doch merken, daß da etwas nicht stimmte, denn es stimmte etwas nicht; es war seltsam, eigentlich stimmte immer was nicht. Der Herr Rektor würde auch schimpfen. Die Spritze tat gut, er fühlte den Piek, und dann war plötzlich das Glück da! Diese blasse Schwester hatte das Glück in die Spritze getan, und er hatte ja ganz genau gehört, daß sie zuviel Glück in die Spritze getan hatte, viel zuviel Glück, er war gar nicht so dumm. Grini mit zwei i... nee, ist ja tot... nee, vermißt. Das Glück war herrlich, er wollte vielleicht den Kleinen mal das Glück in der Spritze kaufen; man konnte ja alles kaufen... Brot... ganze Berge von Brot...

Verdammt, mit zwei i, kennen sie denn hier die besten deutschen Namen nicht?...

»Nix«, schrie er plötzlich, »ich bin nicht getauft.«

Ob die Mutter nicht überhaupt noch lebte? Nee, die Luxemburger hatten sie erschossen, nee die Russen... nee, wer weiß, vielleicht hatten die Nazis sie erschossen, sie hatte so furchtbar geschimpft... nee, die Amis... ach, die Kleinen sollten ruhig Brot essen, Brot essen... einen ganzen Berg Brot wollte er den Kleinen kaufen... Brot in Bergen... einen ganzen Güterwagen voll Brot... voll Anthrazit; und das Glück in der Spritze.

Mit zwei i, verdammt!

Die Nonne lief auf ihn zu, griff sofort nach dem Puls und blickte unruhig um sich. Mein Gott, ob sie den Arzt rufen sollte? Aber sie konnte das phantasierende Kind nun nicht mehr allein lassen. Die kleine Schranz war tot, hinüber, Gott sei Dank, dieses kleine Mädchen mit dem Russengesicht! Wo der Arzt nur blieb... sie rannte um das Ledersofa herum...

»Nix«, schrie das Kind, »ich bin nicht getauft.«

Der Puls drohte regelrecht überzuschnappen. Der Nonne stand Schweiß auf der Stirn. »Herr Doktor, Herr Doktor!« rief sie laut, aber sie wußte ganz genau, daß kein Laut durch die gepolsterte Tür drang...

Das Kind wimmerte jetzt erbärmlich.

»Brot... einen ganzen Berg Brot für die Kleinen... Schokolade... Anthrazit... die Luxemburger, diese Schweine, sie sollen nicht schießen, verdammt, die Kartoffeln, ihr könnt ruhig an die Kartoffeln gehen... geht doch an die Kartoffeln! Frau Großmann... Vater... Mutter... Hubert... durch den Türspalt, durch den Türspalt.«

Die Nonne weinte vor Angst, sie wagte nicht wegzugehen, das Kind begann jetzt zu wühlen, und sie hielt es an den Schultern fest. Das Ledersofa war so scheußlich glatt. Die kleine Schranz war tot, das kleine Herzchen war im Himmel. Gott sei ihr gnädig; ach gnädig... sie war ja unschuldig, ein kleines Engelchen, ein kleines häßliches Russenengelchen... aber nun war sie hübsch...
»Nix«, schrie der Junge und versuchte, mit den Armen um sich zu schlagen, »ich bin nicht getauft.«
Die Nonne blickte erschreckt auf. Sie lief zum Wasserbecken, hielt den Jungen ängstlich im Auge, fand kein Glas, lief zurück, streichelte die fiebrige Stirn. Dann ging sie an das kleine weiße Tischchen und ergriff ein Reagenzglas. Das Reagenzglas war schnell voll Wasser, mein Gott, wie wenig Wasser in so ein Reagenzglas geht...
»Glück«, flüsterte das Kind, »tun Sie viel Glück in die Spritze, alles, was Sie haben, auch für die Kleinen...«
Die Nonne bekreuzigte sich feierlich, sehr langsam, dann goß sie das Wasser aus dem Reagenzglas über die Stirn des Jungen und sprach unter Tränen: »Ich taufe dich...«, aber das Kind, von dem kalten Wasser plötzlich ernüchtert, hob den Kopf so plötzlich, daß das Glas aus der Hand der Schwester fiel und auf dem Boden zerbrach. Der Junge blickte die erschreckte Schwester mit einem kleinen Lächeln an und sagte matt: »Taufen... ja...«, dann sank er so heftig zurück, daß sein Kopf mit einem dumpfen Schlag auf das Ledersofa fiel, und sein Gesicht sah nun schmal aus und alt, erschreckend gelb, wie er so regungslos dalag, die Hände zum Greifen gespreizt...
»Ist er geröntgt?« rief der Arzt, der lachend mit Dr. Lohmeyer ins Zimmer trat. Die Schwester schüttelte nur den Kopf. Der Arzt trat näher, griff automatisch nach seinem Hörrohr, ließ es aber wieder los und blickte Lohmeyer an. Lohmeyer nahm den Hut ab. Lohengrin war tot...

Geschäft ist Geschäft

Mein Schwarzhändler ist jetzt ehrlich geworden; ich hatte ihn lange nicht gesehen, schon seit Monaten nicht, und nun entdeckte ich ihn heute in einem ganz anderen Stadtteil, an einer verkehrsreichen Straßenkreuzung. Er hat dort eine Holzbude, wunderbar weißlackiert mit sehr solider Farbe; ein prachtvolles, stabiles, nagelneues Zinkdach schützt ihn vor Regen und Kälte, und er verkauft Zigaretten, Dauerlutscher, alles jetzt legal. Zuerst habe ich mich gefreut; man freut sich doch, wenn jemand in die Ordnung des Lebens zurückgefunden hat. Denn damals, als ich ihn kennenlernte, ging es ihm schlecht, und wir waren traurig. Wir hatten unsere alten Soldatenkappen über der Stirn, und wenn ich gerade Geld hatte, ging ich zu ihm, und wir sprachen manchmal miteinander, vom Hunger, vom Krieg; und er schenkte mir manchmal eine Zigarette, wenn ich kein Geld hatte; ich brachte ihm dann schon einmal Brotmarken mit, denn ich kloppte gerade Steine für einen Bäcker, damals.

Jetzt schien es ihm gut zu gehen. Er sah blendend aus. Seine Bakken hatten jene Festigkeit, die nur von regelmäßiger Fettzufuhr herrühren kann, seine Miene war selbstbewußt, und ich beobachtete, daß er ein kleines, schmutziges Mädchen mit heftigen Schimpfworten bedachte und wegschickte, weil ihm fünf Pfennig zu einem Dauerlutscher fehlten. Dabei fletschte er dauernd mit der Zunge im Mund herum, als hätte er stundenlang Fleischfasern aus den Zähnen zu zerren.

Er hatte viel zu tun; sie kauften viele Zigaretten bei ihm, auch Dauerlutscher.

Vielleicht hätte ich es nicht tun sollen – ich ging zu ihm, sagte »Ernst« zu ihm und wollte mit ihm sprechen. Damals hatten wir uns alle geduzt, und die Schwarzhändler sagten auch du zu einem.

Er war sehr erstaunt, sah mich merkwürdig an und sagte: »Wie meinen Sie?« Ich sah, daß er mich erkannte, daß ihm selber aber wenig daran lag, erkannt zu werden.

Ich schwieg. Ich tat so, als hätte ich nie Ernst zu ihm gesagt, kaufte ein paar Zigaretten, denn ich hatte gerade etwas Geld, und ging. Ich beobachtete ihn noch eine Zeitlang; meine Bahn kam nicht, und ich hatte auch gar keine Lust, nach Hause zu gehen.

Zu Hause kommen immer Leute, die Geld haben wollen; meine Wirtin für die Miete und der Mann, der das Geld für den Strom kassiert. Außerdem darf ich zu Hause nicht rauchen; meine Wirtin riecht alles, sie ist dann sehr böse, und ich bekomme zu hören, daß ich wohl Geld für Tabak, aber keins für die Miete habe. Denn es ist eine Sünde, wenn die Armen rauchen oder Schnaps trinken. Ich weiß, daß es Sünde ist, deshalb tue ich es heimlich, ich rauche draußen, und nur manchmal, wenn ich wach liege und alles still ist, wenn ich weiß, daß bis morgens der Rauch nicht mehr zu riechen ist, dann rauche ich auch zu Hause.
Das Furchtbare ist, daß ich keinen Beruf habe. Man muß ja jetzt einen Beruf haben. Sie sagen es. Damals sagten sie alle, es wäre nicht nötig, wir brauchten nur Soldaten. Jetzt sagen sie, daß man einen Beruf haben muß. Ganz plötzlich. Sie sagen, man ist faul, wenn man keinen Beruf hat. Aber es stimmt nicht. Ich bin nicht faul, aber die Arbeiten, die sie von mir verlangen, will ich nicht tun. Schutt räumen und Steine tragen und so. Nach zwei Stunden bin ich schweißüberströmt, es schwindelt mir vor den Augen, und wenn ich dann zu den Ärzten komme, sagen sie, es ist nichts. Vielleicht sind es die Nerven. Sie reden jetzt viel von Nerven. Aber ich glaub, es ist Sünde, wenn die Armen Nerven haben. Arm sein und Nerven haben, ich glaube, das ist mehr, als sie vertragen. Meine Nerven sind aber bestimmt hin; ich war zu lange Soldat. Neun Jahre, glaube ich. Vielleicht mehr, ich weiß nicht genau. Damals hätte ich gern einen Beruf gehabt. ich hatte große Lust, Kaufmann zu werden. Aber damals – wozu davon reden; jetzt habe ich nicht einmal mehr Lust Kaufmann zu werden. Am liebsten liege ich auf dem Bett und träume. Ich rechne mir dann aus, wieviel hunderttausend Arbeitstage sie an so einer Brücke bauen oder an einem großen Haus, und ich denke daran, daß sie in einer einzigen Minute Brücke und Haus kaputtschmeißen können. Wozu da noch arbeiten? Ich finde es sinnlos, da noch zu arbeiten. Ich glaube, das ist es, was mich verrückt macht, wenn ich Steine tragen muß oder Schutt räumen, damit sie wieder ein Café bauen können.
Ich sagte eben, es wären die Nerven, aber ich glaube, das ist es: daß es sinnlos ist.
Im Grunde genommen ist mir egal, was sie denken. Aber es ist schrecklich, nie Geld zu haben. Man muß einfach Geld haben. Man kommt nicht daran vorbei. Da ist ein Zähler, und man hat

eine Lampe, manchmal braucht man natürlich Licht, knipst an, und schon fließt das Geld oben aus der Birne heraus. Auch wenn man kein Licht braucht, muß man bezahlen, Zählermiete. Überhaupt: Miete. Man muß anscheinend ein Zimmer haben. Zuerst habe ich in einem Keller gewohnt, da war es nicht übel, ich hatte einen Ofen und klaute mir Briketts; aber da haben sie mich aufgestöbert, sie kamen von der Zeitung, haben mich geknipst, einen Artikel geschrieben mit einem Bild: Elend eines Heimkehrers. Ich mußte einfach umziehen. Der Mann vom Wohnungsamt sagte, es wäre eine Prestigefrage für ihn, und ich mußte das Zimmer nehmen. Manchmal verdiene ich natürlich Geld. Das ist klar. Ich mache Besorgungen, trage Briketts und stapele sie fein säuberlich in eine Kellerecke. Ich kann wunderbar Briketts stapeln, ich mache es auch billig. Natürlich verdiene ich nicht viel, es langt nie für die Miete, manchmal für den Strom, ein paar Zigaretten und Brot...

Als ich jetzt an der Ecke stand, dachte ich an alles.

Mein Schwarzhändler, der jetzt ehrlich geworden ist, sah mich manchmal mißtrauisch an. Dieses Schwein kennt mich ganz genau, man kennt sich doch, wenn man zwei Jahre fast täglich miteinander gesprochen hat. Vielleicht glaubt er, ich wollte bei ihm klauen. So dumm bin ich nicht, da zu klauen, wo es von Menschen wimmelt und wo jede Minute eine Straßenbahn ankommt, wo sogar ein Schupo an der Ecke steht. Ich klaue an ganz anderen Stellen: natürlich klaue ich manchmal, Kohlen und so. Auch Holz. Neulich habe ich sogar ein Brot in einer Bäckerei geklaut. Es ging unheimlich schnell und einfach. Ich nahm einfach das Brot und ging hinaus, ich bin ruhig gegangen, erst an der nächsten Ecke habe ich angefangen zu laufen. Man hat eben keine Nerven mehr.

Ich klaue doch nicht an einer solchen Ecke, obwohl das manchmal einfach ist, aber meine Nerven sind dahin. Es kamen viele Bahnen, auch meine, und ich habe ganz genau gesehen, wie Ernst mir zuschielte, als meine kam. Dieses Schwein weiß noch ganz genau, welche Bahn meine ist!

Aber ich warf die Kippe von der ersten Zigarette weg, machte eine zweite an und blieb stehen. So weit bin ich also schon, daß ich die Kippen wegschmeiße. Doch es schlich da jemand herum, der die Kippen aufhob, und man muß auch an die Kameraden denken. Es gibt noch welche, die Kippen aufheben. Es sind nicht immer dieselben. In der Gefangenschaft sah ich Obersten, die Kippen aufhoben, der da aber war kein Oberst. Ich habe ihn beobachtet. Er hatte sein System, wie eine Spinne, die im Netz hockt, hatte er irgendwo in einem Trümmerhaufen sein Standquartier, und wenn gerade eine Bahn angekommen oder abgefahren war, kam er heraus und ging seelenruhig am Bordstein vorbei und sammelte die Kippen ein. Am liebsten wäre ich zu ihm gegangen und hätte mit ihm gesprochen, ich fühle, daß ich zu ihm gehöre: aber ich weiß, das ist sinnlos; diese Burschen sagen nichts.

Ich weiß nicht, was mit mir los war, aber ich hatte an diesem Tage gar keine Lust, nach Hause zu fahren. Schon das Wort: zu Hause. Es war mir jetzt alles egal, ich ließ noch eine Bahn fahren und machte noch eine Zigarette an. Ich weiß nicht, was uns fehlt. Vielleicht entdeckt es eines Tages ein Professor und schreibt es in die Zeitung: sie haben für alles eine Erklärung. Ich wünsche nur, ich hätte noch die Nerven zum Klauen wie im Krieg. Damals ging es schnell und glatt. Damals, im Krieg, wenn es etwas zu klauen gab, mußten wir immer klauen gehen; da hieß es: der macht das schon, und wir sind klauen gegangen. Die anderen haben nur mitgefressen, mitgesoffen, haben es nach Hause geschickt und alles, aber sie hatten nicht geklaut. Ihre Nerven waren tadellos, und die weiße Weste war tadellos.

Und als wir nach Hause kamen, sind sie aus dem Krieg ausgestiegen wie aus einer Straßenbahn, die gerade dort etwas langsamer fuhr, wo sie wohnten, sie sind abgesprungen, ohne den Fahrpreis zu bezahlen. Sie haben eine kleine Kurve genommen, sind eingetreten, und siehe da: das Vertiko stand noch, es war nur ein bißchen Staub in der Bibliothek, die Frau hatte Kartoffeln im Keller, auch Eingemachtes; man umarmte sie ein bißchen, wie es sich gehörte, und am nächsten Morgen ging man fragen, ob die Stelle noch frei war: die Stelle war noch frei. Es war alles tadellos, die Krankenkasse lief weiter, man ließ sich ein bißchen entnazifizieren – so wie man zum Friseur geht, um den lästigen Bart abnehmen zu lassen –, man erzählte von Orden, Verwundungen, Heldentaten und fand, daß man schließlich doch ein Prachtbengel sei: man hatte letzten Endes nichts als seine Pflicht getan. Es gab sogar wieder Wochenkarten bei der Straßenbahn, das beste Zeichen, daß wirklich alles in Ordnung war.

Wir aber fuhren inzwischen weiter mit der Straßenbahn und

warteten, ob irgendwo eine Station käme, die uns bekannt genug vorgekommen wäre, daß wir auszusteigen riskiert hätten: die Haltestelle kam nicht. Manche fuhren noch ein Stück mit, aber sie sprangen auch bald irgendwo ab und taten jedenfalls so, als wenn sie am Ziel wären.
Wir aber fuhren weiter und weiter, der Fahrpreis erhöhte sich automatisch, und wir hatten außerdem für großes und schweres Gepäck den Preis zu entrichten: für die bleierne Masse des Nichts, die wir mitzuschleppen hatten; und es kamen eine Menge Kontrolleure, denen wir achselzuckend unsere leeren Taschen zeigten. Runterschmeißen konnten sie uns ja nicht, die Bahn fuhr zu schnell – »und wir sind ja Menschen« –, aber wir wurden aufgeschrieben, aufgeschrieben, immer wieder wurden wir notiert, die Bahn fuhr immer schneller; die raffiniert waren, sprangen schnell noch ab, irgendwo, immer weniger wurden wir, und immer weniger hatten wir Mut und Lust auszusteigen. Insgeheim hatten wir uns vorgenommen, das Gepäck in der Straßenbahn stehenzulassen, es dem Fundbüro zur Versteigerung zu überlassen, sobald wir an der Endstation angekommen wären; aber die Endstation kam nicht, der Fahrpreis wurde immer teurer, das Tempo immer schneller, die Kontrolleure immer mißtrauischer, wir sind eine äußerst verdächtige Sippschaft.
Ich warf auch die Kippe von der dritten Zigarette weg und ging langsam auf die Haltestelle zu; ich wollte jetzt nach Hause fahren. Mir wurde schwindelig: man sollte nicht auf den nüchternen Magen so viel rauchen, ich weiß. Ich blickte nicht mehr dorthin, wo mein ehemaliger Schwarzhändler jetzt einen legalen Handel betreibt; gewiß habe ich kein Recht, böse zu sein; er hat es geschafft, er ist abgesprungen, sicher im richtigen Augenblick, aber ich weiß nicht, ob es dazu gehört, die Kinder anzuschnauzen, denen fünf Pfennig zu einem Dauerlutscher fehlen. Vielleicht gehört das zum legalen Handel: ich weiß nicht.
Kurz bevor meine Straßenbahn kam, ging auch der Kumpel wieder seelenruhig vorne am Bordstein vorbei und schritt die Front der Wartenden ab, um die Kippen aufzusammeln. Sie sehen das nicht gern, ich weiß. Es wäre ihnen lieber, es gäbe das nicht, aber es gibt es...
Erst als ich einstieg, habe ich noch einmal Ernst angesehen, aber er hat weggeguckt und laut geschrien: Schokolade, Bonbons, Zigaretten, alles frei! Ich weiß nicht, was los ist, aber ich muß sa-

gen, daß er mir früher besser gefallen hat, wo er nicht jemand wegzuschicken brauchte, dem fünf Pfennig fehlten; aber jetzt hat er ja ein richtiges Geschäft, und Geschäft ist Geschäft.

An der Angel

Ich weiß, daß alles töricht ist. Ich sollte gar nicht mehr dorthin gehen; es ist so sinnlos, und doch lebe ich davon, dorthin zu gehen. Es ist eine einzige Minute Hoffnung und dreiundzwanzig Stunden und neunundfünfzig Minuten Verzweiflung. Davon lebe ich. Das ist nicht viel, das ist fast gar keine Substanz. Ich sollte nicht mehr dorthin gehen. Ich gehe kaputt dabei, das ist es: es macht mich kaputt. Aber ich muß, ich muß, ich muß dorthin gehen...

Es ist immer derselbe Zug, mit dem sie kommen soll. Dreizehnuhrzwanzig. Der Zug läuft immer planmäßig ein, ich beobachte alles ganz genau, sie können mir nichts vormachen.

Der Mann mit dem Winklöffel weiß schon Bescheid, wenn ich komme; wenn er aus seinem Häuschen tritt - vorher habe ich schon das Klingeln in seinem Häuschen gehört -, wenn er also hinaustritt, gehe ich auf ihn zu – er kennt mich schon: er macht ein mitleidiges Gesicht, mitleidig und etwas beunruhigt; ja, der Mann mit dem Winklöffel ist beunruhigt; vielleicht glaubt er, ich würde eines Tages über ihn herfallen; vielleicht falle ich auch eines Tages über ihn her, ich schlage ihn dann einfach tot und schmeiß ihn zwischen die Schienen, daß er von dem Dreizehnuhrzwanziger überfahren wird. Denn der Mann mit dem Winklöffel – ich traue ihm nicht. Ich weiß nicht, ob sein Mitleid gespielt ist; vielleicht ist sein Mitleid gespielt. Seine Beunruhigung ist echt, er hat auch Grund zur Beunruhigung: eines Tages werde ich ihn mit seinem eigenen Winklöffel kaltmachen. Ich traue ihm nicht. Vielleicht liegt er mit ihnen unter einer Decke. Er hat ja Telefon in seinem Häuschen – er braucht ja nur zu kurbeln und anzurufen – diese Bahnfritzen haben in einer Sekunde Anschluß; vielleicht nimmt er den Hörer ab, ruft die vorletzte Station an und sagt ihnen: »Nehmt sie raus, verhaftet sie; laßt sie nicht mitfahren... wie?... ja, die Frau mit dem braunen Haar und dem kleinen grünen Hütchen; ja, die; haltet sie fest – er lacht dann –, ja, der Verrückte ist wieder hier, er soll wieder umsonst warten. Haltet sie fest, ja.«

Er hängt dann ein und lacht; dann kommt er raus, setzt sein mitleidiges Gesicht auf, wenn er mich heranschleichen sieht, und sagt, wie immer, noch ehe ich ihn gefragt habe: »Keine Verspätung gemeldet, mein Herr, nein, auch heute keine Verspätung gemeldet.«

Die Ungewißheit, ob ich ihm trauen kann, macht mich verrückt. Vielleicht grinst er, sobald er mir den Rücken dreht. Er dreht mir nämlich immer den Rücken und tut so, als ob er etwas zu tun hätte, auf dem Bahnsteig und so; er geht hin und her, scheucht die Leute von der Bahnsteigkante weg, macht sich allerlei Arbeit, die er gar nicht zu tun braucht, denn die Leute treten schon von der Bahnsteigkante weg, wenn sie ihn kommen sehen. Er tut nur so; er tut, als ob er beschäftigt wäre, und vielleicht grinst er, sobald er mir den Rücken dreht. Einmal hab ich ihn auf die Probe stellen wollen, ich bin ganz schnell rumgesprungen und habe ihm ins Gesicht gesehen. Aber da war nichts, was meinen Verdacht bestärkt hat: nur Angst...

Trotzdem traue ich ihm nicht; diese Burschen haben sich mehr in der Gewalt als unsereiner; die bringen alles fertig; diese Clique hat Kraft und Sicherheit, während wir – wir Wartenden, wir haben nichts; wir leben auf des Messers Schneide, wir balancieren uns von einer Minute der Hoffnung zur anderen Minute der Hoffnung; dreiundzwanzig Stunden und neunundfünfzig Minuten lang balancieren wir auf des Messers Schneide, eine einzige Minute dürfen wir ausruhen. Sie haben uns fest an der Kandare, diese Brüder, diese Winklöffelfritzen, diese Schweine, sie telefonieren untereinander, ein kleines Gespräch, und unser Leben ist wieder einmal hin, wieder einmal weg für dreiundzwanzig Stunden und neunundfünfzig Minuten. Das sind die Menschen, denen das Leben gehört, diese Burschen...

Sein Mitleid ist gespielt; ich bin jetzt ganz sicher; wenn ich es recht überlege, muß ich mir sagen, daß er mich betrügt; sie betrügen alle. Sie halten sie fest; ich weiß, daß sie kommen wollte. Sie hat mir's geschrieben: »Ich liebe Dich, und ich komme mit dem Zug Dreizehnuhrzwanzig.« Dreizehnuhrzwanzig dort, hat sie geschrieben, vor drei Monaten schon, vor drei Monaten und vier Tagen genau. Sie wird festgehalten, sie wollen es nicht, sie gönnen sie mir nicht, sie gönnen mir nicht, daß ich einmal mehr als eine Minute Hoffnung habe oder gar Freude. Sie verhindern unser Rendezvous; da sitzen sie irgendwo und lachen, diese Clique; sie lachen und telefonieren, und dieser Winklöffelfritze wird gut dafür bezahlt, daß er jeden Tag mit seiner heuchlerischen Fratze zu mir sagt: »Auch heute keine Verspätung gemeldet, mein Herr.« Schon, daß er »Mein Herr« sagt, ist eine Gemeinheit. Ich bin gar kein Herr, ich bin ein abgerissenes armes Schwein, das von einer einzigen Minute Hoffnung am Tage lebt. Sonst nichts. Ich bin kein Herr, ich scheiß was auf sein »Mein Herr«. Sie sollen mich alle kreuzweise, aber sie sollen sie loslassen, sie sollen sie fahren lassen; sie müssen sie mir geben, sie ist mein, sie hat mir doch telegrafiert: »Ich liebe Dich, ankomme dreizehnuhrzwanzig dort.« Dort, das ist doch meine Heimat. Die Telegramme sind so. Man schreibt dort, und man meint die Stadt, in der der andere wohnt. »Ankomme dreizehnuhrzwanzig dort...«

Heute werde ich ihn kaltmachen. Meine Wut kennt keine Grenzen mehr. Meine Geduld ist erschöpft, auch meine Kraft. Ich kann nicht mehr. Wenn ich ihn heute sehe, ist er verloren. Es geht zu lange so. Ich habe auch kein Geld mehr. Kein Geld mehr für die Straßenbahn. Ich habe schon alles verscheuert. Drei Monate und vier Tage habe ich von der Substanz gelebt. Alles verscheuert, auch die Tischdecke; heute muß ich feststellen, daß nichts mehr da ist. Es langt gerade noch, um einmal mit der Straßenbahn zu fahren. Nicht einmal mehr zurück, zurück muß ich zu Fuß gehen...oder...oder...

Jedenfalls wird dieser Winklöffelfritze blutig zwischen den Schienen liegen, und der Dreizehnuhrzwanziger wird über ihn fahren, er wird zu nichts werden, so wie ich heute mittag um dreizehnuhrzwanzig nichts mehr sein werde...oder...Gott!

Es ist zu bitter, wenn man nicht einmal das Fahrgeld für zurück hat; sie machen es einem zu schwer. Diese Clique hält zusammen, sie verwalten die Hoffnung, sie verwalten das Paradies, den Trost. Sie haben alles in den Klauen. Wir dürfen nur dran nippen, nur eine Minute am Tage. Dreiundzwanzig Stunden und neunundfünfzig Minuten müssen wir schmachten, müssen wir lauern; nicht einmal die künstlichen Paradiese rücken sie heraus. Dabei brauchen sie sie doch gar nicht; ich frage mich, warum sie alles festhalten. Ob es ihnen nur ums Geld ist? Warum geben sie einem nichts zu saufen, nichts zu rauchen, warum machen sie den Trost so furchtbar teuer? Sie halten uns an der Angel, immer wieder beißen wir an, immer wieder lassen wir uns hochziehen bis an die Oberfläche, immer wieder atmen wir eine Minute das Licht, die Schönheit, die Freude, und immer wieder lacht so ein Schwein, läßt die Schnur locker, und wir sitzen im Dunkeln...

Sie machen es uns zu schwer; heute werde ich mich rächen; ich werde diesen Winklöffelfritzen, diesen Vorposten der Sicherheit werde ich zwischen die Schienen schmeißen; vielleicht bekommen sie doch einen Schrecken an ihrem Telefon da hinten; ach, wenn man sie nur einmal erschrecken könnte! Aber man kommt nicht gegen sie an, das ist es; sie halten alles fest, Brot, Wein und Tabak, alles haben sie, und sie haben auch sie: »Ankomme dreizehnuhrzwanzig dort.« Ohne Datum. Das ist es: sie schreibt nie ein Datum.

Sie gönnen mir nicht, daß ich sie vielleicht geküßt hätte; nein, nein, nein, wir sollen verrecken, wir sollen ersticken, wir sollen ganz verzweifeln, keinen Trost haben, wir sollen alles verscheuern, und wenn wir nichts mehr haben, sollen wir...

Denn das ist das Furchtbare: die Minute schrumpft. Ich habe es vorige Tage gemerkt: die Minute schrumpft. Vielleicht sind es nur noch dreißig Sekunden, vielleicht viel weniger, ich wage gar nicht, mir richtig klarzuwerden, wieviel es überhaupt noch ist. Gestern jedenfalls merkte ich, daß es weniger war. Immer wenn der Zug in der Biegung sichtbar wurde, schwarz und schnaubend vor dem großen Horizont der Stadt, immer dann spürte ich, daß ich glücklich war. Sie kommt, dachte ich, es ist ihr gelungen sich durchzuschlagen, sie kommt! Die ganze Zeit dachte ich das, bis der Zug stand, die Leute langsam herauskamen – sich der Bahnsteig allmählich leerte... und... nichts...

Nein, dann dachte ich es schon nicht mehr. Ich muß vor allen Dingen versuchen, ehrlich zu mir selbst zu sein. Wenn die ersten Leute ausstiegen und sie war nicht dabei, dachte ich es schon nicht mehr, dann war es aus. Dieses Glück, es war nicht so, daß es früher aufhörte, es fing später an. So war es. Man muß ehrlich und nüchtern sein. Es fing später an, so war es. Sonst fing es an, wenn der Zug sichtbar wurde, schwarz und schnaubend vor dem grauen Horizont der Stadt; gestern fing es erst an, als er stand. Als er ganz ohne Bewegung war, richtig stand, fing ich erst an zu hoffen; und als er stand, gingen auch schon die Türen auf... und sie kam nicht...

Ich frage mich, ob das überhaupt noch dreißig Sekunden waren. Ich wage nicht, ganz ehrlich zu sein und zu sagen: es ist nur eine Sekunde... und... und dreiundzwanzig Stunden neunundfünfzig Minuten und neunundfünfzig Sekunden schwarze Finsternis...

Ich wage es nicht; ich wage kaum noch hinzugehen; es wäre furchtbar, wenn nicht wenigstens diese Sekunde noch bliebe. Ob sie mir auch das noch nehmen?
Es ist zu wenig. Es gibt eine Grenze. Eine gewisse Substanz braucht auch die letzte Kreatur, auch die letzte Kreatur braucht mindestens eine Sekunde am Tage. Sie dürfen mir diese eine Sekunde nicht nehmen, sie machen es zu kurz.
Ihre Hartherzigkeit nimmt furchtbare Formen an. Nicht einmal mehr Geld, um zurückzufahren, habe ich. Nicht einmal mehr für die einfache Fahrt geradeaus zurück; dabei müßte ich eigentlich umsteigen. Es scheitert schon an einem Groschen. Ihre Härte ist grausam. Sie kaufen nicht einmal mehr. Sie wollen nicht einmal mehr Ware. Bisher schrien sie immer nach Ware. Aber ihre Habgier ist so gräßlich geworden, daß sie jetzt auf dem Geld sitzen und es fressen. Ich glaube, sie fressen Geld. Ich frage mich, wozu. Was wollen sie eigentlich? Sie haben Brot, Wein, Tabak, haben Geld, alles, sie haben ihre dicken Weiber – was wollen sie denn noch? Warum rücken sie nichts mehr heraus? Kein Geld, kein Gramm Brot, keinen Tabak, keinen Schluck Schnaps... nichts... nichts. Sie treiben mich zum Äußersten.
Ich werde den Kampf aufnehmen müssen, ich werde ihren Vorposten kaltmachen, dieses Winklöffelschwein mit der mitleidigen Fratze, der mich bescheißt, denn er telefoniert mit ihnen! Er liegt unter einer Decke mit ihnen, das weiß ich jetzt ganz sicher! Gestern habe ich ihn nämlich belauscht! Dieses Schwein verrät mich, ich weiß es jetzt ganz sicher. Ich bin viel früher gegangen gestern, viel früher, er konnte noch nicht wissen, daß ich da war, ich habe mich unters Fenster geduckt und habe gewartet, und natürlich! – er hat gekurbelt, es hat geklingelt, und ich hörte seine Stimme! »Herr Amtmann«, hat er gesagt, »Herr Amtmann, es muß etwas getan werden. Es geht nicht so weiter mit diesem Burschen. Es geht schließlich um die Sicherheit eines Beamten! Herr Amtmann«, seine Stimme flehte, eine solche Angst hat dieses Schwein. »Ja, Bahnsteig 4b. Schluß.«
Gut, ich habe ihn also überführt. Jetzt werden sie das Letzte wagen. Jetzt geht es auf mich los. Jetzt entbrennt der Kampf. Wenigstens eine klare Lage. Ich freue mich. Ich werde kämpfen wie ein Löwe. Ich werde diese ganze Clique über den Haufen rennen, zusammentreiben und vor den Dreizehnuhrzwanziger schmeißen...

Nichts mehr gönnen sie mir. Sie treiben mich zur Verzweiflung, meine letzte Sekunde wollen sie mir nehmen. Und sie kaufen auch nichts mehr. Nicht einmal mehr Uhren, bisher waren sie immer scharf auf Uhren. Für meine Bücher habe ich insgesamt drei Pfund Tee bekommen, es waren immerhin zweihundert ganz nette Bücher. Ich nehme an, daß sie ganz nett waren. Früher habe ich mich sehr für Literatur interessiert. Aber für zweihundert Bücher drei Pfund Tee, das war gemein; die Bettwäsche brachte kaum etwas Brot, der Schmuck meiner Mutter langte für einen Monat zu leben, und man braucht so wahnsinnig viel, wenn man auf des Messers Schneide lebt. Drei Monate und vier Tage sind eine lange Zeit, man braucht zu viel.
Schließlich bleibt Vaters Uhr. Die Uhr hat ihren Wert. Kein Mensch kann der Uhr ihren Wert absprechen; vielleicht langt sie für die Rückfahrt; vielleicht hat der Schaffner ein gutes Herz und läßt mich für die Uhr zurückfahren, vielleicht, vielleicht werde ich zwei Rückfahrscheine brauchen; Gott!
Es ist halb eins, und ich muß mich fertigmachen; das ist nicht viel Arbeit, eigentlich überhaupt keine Arbeit; ich brauche nur aufzustehen von meinem Bett, das ist das ganze Fertigmachen; das Zimmer ist kahl, ich habe alles verscheuert. Man muß doch leben. Die Wirtin hat die Matratzen für einen Monat Miete in Zahlung genommen. Eine anständige Frau, eine hochanständige Frau, eine der anständigsten Frauen, die mir je begegnet sind. Eine gute Frau. Auf der Drahteinlage kann man ausgezeichnet pennen. Keiner weiß, wie gut man auf einer Drahteinlage pennen kann, wenn man überhaupt pennt, ich penne nie, ich lebe von der Substanz, ich lebe von einer Sekunde Hoffnung, von der Sekunde, wenn die Türen aufgehen und niemand kommt...
Ich muß mich zusammenreißen, es geht in die Schlacht. Es ist Viertel vor eins, um zehn vor fährt die Bahn, dann bin ich pünktlich um Viertel nach am Bahnhof, um achtzehn nach auf dem Bahnsteig; wenn der Winklöffelfritze aus seinem Häuschen kommt, bin ich gerade recht, um mir von ihm sagen zu lassen: »Auch heute keine Verspätung gemeldet, mein Herr!«
Dieses Schwein sagt tatsächlich »Mein Herr« zu mir; alle anderen schnauzt er an und sagt einfach: »Sie da... gehen Sie weg von der Bahnsteigkante, Sie da!« Zu mir sagt er: »Mein Herr!« Das ist ein Kennzeichen: sie heucheln, sie heucheln ganz furchtbar; wenn man sie sieht, könnte man glauben, auch sie hätten Hun-

ger, hätten keinen Tee mehr, keinen Tabak, nichts zu saufen; sie machen ein Gesicht, daß man versucht wäre, sein letztes Hemd für sie zu verscheuern.
Sie heucheln, daß man jahrelang darüber weinen könnte. Ich muß versuchen zu weinen; ich glaube, weinen ist schön, es ist ein Ersatz für Wein, Tabak, Brot und vielleicht auch ein Ersatz, wenn die eine einzige Sekunde erlischt und mir nichts bleibt als vierundzwanzig nackte volle Stunden Verzweiflung.
In der Straßenbahn kann ich natürlich nicht weinen; ich muß mich zusammennehmen, ich muß mich schwer zusammenreißen. Sie sollen nichts merken; und am Bahnhof muß ich aufpassen. Bestimmt haben sie irgendwo Leute versteckt. »Es geht schließlich um die Sicherheit eines Beamten, Bahnsteig 4b.« Ich muß verdammt aufpassen; die Schaffnerin sieht mich beunruhigend oft an; sie fragt ein paarmal »Haben Sie schon?« und sieht dabei nur mich an; dabei habe ich wirklich schon; ich könnte den Fahrschein zücken und ihr unter die Nase halten, sie hat ihn mir selbst gegeben, aber sie weiß es schon nicht mehr. »Haben Sie schon?« Sie fragt dreimal und sieht mich dabei an, ich werde rot, dabei habe ich wirklich; sie geht, und alle Leute denken, er hat nicht; er betrügt die Straßenbahn. Dabei habe ich meine letzten zwanzig Pfennig gegeben, ich habe sogar einen Umsteigefahrschein...
Ich muß höllisch aufpassen; fast wäre ich wie früher durch die Sperre gerannt; dabei können sie überall stehen; als ich durchrennen wollte, merkte ich, daß ich keine Bahnsteigkarte hatte, keinen Groschen. Es ist siebzehn nach, in drei Minuten kommt der Zug, ich werde verrückt. »Nehmen Sie die Uhr«, sagte ich. Der Mann ist beleidigt. »Mein Gott, nehmen Sie die Uhr.« Er stößt mich zurück. Die noble Kundschaft stockt. Ich muß tatsächlich zurück, es ist siebzehneinhalb nach.
»Eine Uhr!« rufe ich. »Eine Uhr für einen Groschen. Eine ehrliche Uhr, nicht geklaut, nichts, eine Uhr von meinem Vater.« Die Leute halten mich für verrückt oder einen Verbrecher. Keine Sau will die Uhr. Vielleicht holen sie die Polizei. Ich muß zu den Kumpels. Die Kumpels wenigstens werden mir helfen. Die Kumpels stehen unten. Es ist achtzehn nach, ich werde verrückt. Soll ich ausgerechnet heute den Zug versäumen, heute, wo sie kommen wird? »Ankomme dreizehnuhrzwanzig dort.«
»Kumpel«, sage ich zum nächsten, »gib mir einen Groschen für die Uhr, aber schnell, schnell«, sage ich.

Auch er stockt, sogar der Kumpel stockt. »Kumpel«, sage ich, »ich habe noch eine Minute Zeit, verstehst du?«
Er versteht, er versteht natürlich falsch, aber er versteht wenigstens falsch, wenigstens etwas, wenn man falsch verstanden wird. Es ist doch wenigstens Verstehen. Die anderen verstehen gar nichts.
Er gibt mir eine Mark, er ist großzügig. »Kumpel«, sage ich, »ich brauche einen Groschen verstehst du, keine Mark, verstehst du?«
Er versteht wieder falsch, aber es ist so schön, wenigstens falsch verstanden zu werden; wenn ich lebend aus der Schlacht herauskomme, werde ich dich umarmen, Kumpel.
Er schenkt mir noch einen Groschen dazu, so sind die Kumpels, sie geben noch etwas zu und verstehen wenigstens falsch.
Es gelingt mir, neunzehneinhalb Minuten nach eins die Treppe heraufzurasen. Ich muß trotz allem wachsam sein, ich muß wahnsinnig aufpassen. Hinten kommt der Zug, schwarz und schnaubend vor dem grauen Horizont der Stadt. Mein Herz schweigt bei seinem Anblick, aber ich bin pünktlich, das ist es. Es ist mir gelungen, trotz allem pünktlich zu sein.
Ich halte mich ganz fern von dem Winklöffelfritzen; er steht mitten unter den Leuten, und plötzlich hat er mich erspäht, er schreit, er hat Angst, und er winkt seiner Clique, die in seinem Häuschen verborgen ist, winkt, sie sollen mich schnappen. Sie stürzen aus dem Häuschen, sie werden mich schnappen, aber ich lache sie aus, ich lache sie aus, denn der Zug ist eingelaufen, und noch ehe sie mich erreicht haben, liegt sie an meiner Brust, sie, und ich besitze nichts mehr als sie und eine Bahnsteigkarte, sie und eine gelochte Bahnsteigkarte...

Mein trauriges Gesicht

Als ich am Hafen stand, um den Möwen zuzusehen, fiel mein trauriges Gesicht einem Polizisten auf, der in diesem Viertel die Runde zu gehen hatte. Ich war ganz versunken in den Anblick der schwebenden Vögel, die vergebens aufschossen und niederstürzten, nach etwas Eßbarem zu suchen: der Hafen war verödet, grünlich das Wasser, dick von schmutzigem Öl, und in seiner krustigen Haut schwamm allerlei weggeworfener Krempel; kein Schiff war zu sehen, die Krane verrostet, Lagerhallen verfallen; nicht einmal Ratten schienen die schwarzen Trümmer am Kai zu bevölkern, still war es. Viele Jahre schon war jede Verbindung nach außen abgeschnitten.
Ich hatte eine bestimmte Möwe ins Auge gefaßt, deren Flüge ich beobachtete. Ängstlich wie eine Schwalbe, die das Unwetter ahnt, schwebte sie meist nahe der Oberfläche des Wassers, manchmal nur wagte sie kreischend den Sturz nach oben, um ihre Bahn mit der der Genossen zu vereinen. Hätte ich einen Wunsch aussprechen können, so wäre mir ein Brot das liebste gewesen, es den Möwen zu verfüttern, Brocken zu brechen und den planlosen Flügen einen weißen Punkt zu bestimmen, ein Ziel zu setzen, auf das sie zufliegen würden; dieses kreischende Geschwebe wirrer Bahnen zu straffen durch den Wurf eines Brotstückes, hineinpackend in sie wie in eine Zahl von Schnüren, die man rafft. Aber auch ich war hungrig wie sie, auch müde, doch glücklich trotz meiner Trauer, denn es war schön, dort zu stehen, die Hände in den Taschen, den Möwen zuzusehen und Trauer zu trinken.
Plötzlich aber legte sich eine amtliche Hand auf meine Schulter, und eine Stimme sagte: »Kommen Sie mit!« Dabei versuchte die Hand, mich an der Schulter zu zerren und herumzureißen. Ich blieb stehen, schüttelte sie ab und sagte ruhig: »Sie sind verrückt.«
»Kamerad«, sagte der immer noch Unsichtbare zu mir, »ich warne Sie.«
»Mein Herr«, gab ich zurück.
»Es gibt keine Herren«, rief er zornig. »Wir sind alle Kameraden.«
Und nun trat er neben mich, blickte mich von der Seite an, und

ich war gezwungen, meinen glücklich schweifenden Blick zurückzuholen und in seine braven Augen zu versenken: Er war ernst wie ein Büffel, der seit Jahrzehnten nichts anderes gefressen hat als die Pflicht.
»Welchen Grund...«, wollte ich anfangen.
»Grund genug«, sagte er, »Ihr trauriges Gesicht.«
Ich lachte.
»Lachen Sie nicht!« Sein Zorn war echt. Erst hatte ich gedacht, es sei ihm langweilig gewesen, weil keine unregistrierte Hure, kein taumelnder Seemann, nicht Dieb noch Durchbrenner zu verhaften war, aber nun sah ich, daß es Ernst war: er wollte mich verhaften.
»Kommen Sie mit...!«
»Und weshalb?« fragte ich ruhig.
Ehe ich mich versehen hatte, war mein linkes Handgelenk mit einer dünnen Kette umschlossen, und in diesem Augenblick wußte ich, daß ich wieder verloren war. Ein letztes Mal wandte ich mich zu den schweifenden Möwen, blickte in den schönen, grauen Himmel und versuchte, mich mit einer plötzlichen Wendung ins Wasser zu stürzen, denn es schien mir doch schöner, selbst in dieser schmutzigen Brühe allein zu ertrinken, als irgendwo auf einem Hinterhof von den Sergeanten erdrosselt oder wieder eingesperrt zu werden. Aber der Polizist hatte mich mit einem Ruck so nahe gezogen, daß kein Entweichen mehr möglich war.
»Und weshalb?« fragte ich noch einmal.
»Es gibt ein Gesetz, daß Sie glücklich zu sein haben.«
»Ich bin glücklich!« rief ich.
»Ihr trauriges Gesicht ..«, er schüttelte den Kopf.
»Aber dieses Gesetz ist neu«, sagte ich.
»Es ist sechsundreißig Stunden alt, und Sie wissen wohl, daß jedes Gesetz vierundzwanzig Stunden nach seiner Verkündung in Kraft tritt.«
»Aber ich kenne es nicht.«
»Kein Schutz vor Strafe. Es wurde vorgestern verkündet, durch alle Lautsprecher, in allen Zeitungen, und denjenigen«, hier blickte er mich verächtlich an, »denjenigen, die weder der Segnungen der Presse noch der des Funks teilhaftig sind, wurde es durch Flugblätter bekanntgegeben, über allen Straßen des Reiches wurden sie abgeworfen. Es wird sich also zeigen, wo Sie die

letzten sechsundreißig Stunden verbracht haben, Kamerad.«
Er zog mich fort. Jetzt erst spürte ich, daß es kalt war und ich keinen Mantel hatte, jetzt erst kam mein Hunger richtig hoch und knurrte vor der Pforte des Magens, jetzt erst begriff ich, daß ich auch schmutzig war, unrasiert, zerlumpt, und daß es Gesetze gab, nach denen jeder Kamerad sauber, rasiert, glücklich und satt zu sein hatte. Er schob mich vor sich her wie eine Vogelscheuche, die, des Diebstahls überführt, die Stätte ihrer Träume am Feldrain hat verlassen müssen. Die Straßen waren leer, der Weg zum Revier nicht weit, und obwohl ich gewußt hatte, daß sie bald wieder einen Grund finden würden, mich zu verhaften, so wurde mein Herz doch schwer, denn er führte mich durch die Stätten meiner Jugend, die ich nach der Besichtigung des Hafens hatte besuchen wollen: Gärten, die voll Sträucher gewesen waren, schön von Unordnung, überwachsene Wege – alles dieses war nun planiert, geordnet, sauber, viereckig für die vaterländischen Verbände hergerichtet, die montags, mittwochs und samstags hier ihre Aufmärsche durchzuführen hatten. Nur der Himmel war wie früher und die Luft wie in jenen Tagen, da mein Herz voller Träume gewesen war.
Hier und da im Vorübergehen sah ich, daß in mancher Liebeskaserne schon das staatliche Zeichen für jene ausgehängt wurde, die mittwochs an der Reihe waren, der hygienischen Freude teilhaftig zu werden; auch manche Kneipen schienen bevollmächtigt, das Zeichen des Trunkes schon auszuwerfen, ein aus Blech gestanztes Bierglas, das in den Farben des Reiches quergestreift war: hellbraun-dunkelbraun-hellbraun. Freude herrschte sicher schon in den Herzen derer, die in der staatlichen Liste der Mittwochstrinker geführt wurden und des Mittwochsbieres teilhaftig werden würden.
Allen Leuten, die uns begegneten, haftete das unverkennbare Zeichen des Eifers an, das dünne Fluidum der Emsigkeit umgab sie, um so mehr wohl, da sie den Polizisten erblickten; alle gingen schneller, machten ein vollkommen pflichterfülltes Gesicht, und die Frauen, die aus den Magazinen kamen, waren bemüht, ihren Gesichtern den Ausdruck jener Freude zu verleihen, die man von ihnen erwartete, denn es war geboten, Freude zu zeigen, muntere Heiterkeit über die Pflichten der Hausfrau, die abends den staatlichen Arbeiter mit gutem Mahl zu erfrischen angehalten war.

Aber alle diese Leute wichen uns geschickt aus, so, daß keiner unmittelbar unseren Weg zu kreuzen gezwungen war; wo sich Spuren von Leben auf der Straße zeigten, verschwanden sie zwanzig Schritte vor uns, jeder bemühte sich, schnell in ein Magazin einzutreten oder um eine Ecke zu biegen, und mancher mag ein ihm unbekanntes Haus betreten und hinter der Tür ängstlich gewartet haben, bis unsere Schritte verhallt waren.
Nur einmal, als wir gerade eine Straßenkreuzung passierten, begegnete uns ein älterer Mann, an dem ich flüchtig die Abzeichen des Schulmeisters erkannte; er konnte nicht mehr ausweichen und bemühte sich nun, nachdem er erst vorschriftsmäßig den Polizisten gegrüßt hatte (indem er sich selbst zum Zeichen absoluter Demut dreimal mit der flachen Hand auf den Kopf schlug), bemühte er sich also, seine Pflicht zu erfüllen, die von ihm verlangte, mir dreimal ins Gesicht zu speien und mich mit dem obligatorischen Ruf »Verräterschwein« zu belegen. Er zielte gut, doch war der Tag heiß gewesen, seine Kehle mußte trocken sein, denn es trafen mich nur einige kümmerliche, ziemlich substanzlose Flatschen, die ich – entgegen der Vorschrift – unwillkürlich mit dem Ärmel abzuwischen versuchte; daraufhin trat mich der Polizist in den Hintern und schlug mich mit der Faust in die Mitte des Rückgrates, fügte mit ruhiger Stimme hinzu: »Stufe 1«, was soviel bedeutet wie: erste mildeste Form der von jedem Polizisten anwendbaren Bestrafung.
Der Schulmeister war schnell von dannen geeilt. Sonst gelang es allen, uns auszuweichen; nur eine Frau noch, die gerade an einer Liebeskaserne vor den abendlichen Freuden die vorgeschriebene Lüftung vornahm, eine blasse, geschwollene Blondine, warf mir flüchtig eine Kußhand zu, und ich lächelte dankbar, während der Polizist sich bemühte, so zu tun, als habe er nichts bemerkt. Sie sind angehalten, diesen Frauen Freiheiten zu gestatten, die jedem anderen Kameraden unweigerlich schwere Bestrafung einbringen würden; denn da sie sehr wesentlich zur Hebung der allgemeinen Arbeitsfreude beitragen, läßt man sie als außerhalb des Gesetzes stehend gelten, ein Zugeständnis, dessen Tragweite der Staatsphilosoph Dr. Dr. Dr. Bleigoeth in der obligatorischen Zeitschrift für (Staats)Philosophie als ein Zeichen beginnender Liberalisierung gebrandmarkt hat. Ich hatte es am Tage vorher auf meinem Wege in die Hauptstadt gelesen, als ich auf dem Klo eines Bauernhofes einige Seiten der Zeitschrift fand, die ein Stu-

dent – wahrscheinlich der Sohn des Bauern – mit sehr geistreichen Glossen versehen hatte.
Zum Glück erreichten wir jetzt die Station, denn eben ertönten die Sirenen, und das bedeutete, daß die Straßen überströmen würden von Tausenden von Leuten mit einem milden Glück auf den Gesichtern (denn es war befohlen, bei Arbeitsschluß eine nicht zu große Freude zu zeigen, weil sich dann erweise, daß die Arbeit eine Last sei; Jubel dagegen sollte bei Beginn der Arbeit herrschen, Jubel und Gesang), alle diese Tausende hätten mich anspucken müssen. Allerdings bedeutete das Sirenenzeichen zehn Minuten vor Feierabend, denn jeder war angehalten, sich zehn Minuten einer gründlichen Waschung hinzugeben, gemäß der Parole des derzeitigen Staatschefs: Glück und Seife.
Die Tür zum Revier dieses Viertels, einem einfachen Betonklotz, war von zwei Posten bewacht, die mir im Vorübergehen die übliche »körperliche Maßnahme« angedeihen ließen: sie schlugen mir ihre Seitengewehre heftig gegen die Schläfe und knallten mir die Läufe ihrer Pistolen gegen das Schlüsselbein, gemäß der Präambel zum Staatsgesetz Nr. 1: »Jeder Polizist hat sich jedem Ergriffenen (sie meinen Verhafteten) gegenüber als Gewalt an sich zu dokumentieren, ausgenommen der, der ihn ergreift, da dieser des Glücks teilhaftig werden wird, bei der Vernehmung die erforderlichen körperlichen Maßnahmen vorzunehmen.« Das Staatsgesetz Nr. 1 selbst hat folgenden Wortlaut: »Jeder Polizist *kann* jeden bestrafen, er *muß* jeden bestrafen, der sich eines Vergehens schuldig gemacht hat. Es gibt für alle Kameraden keine Straffreiheit, sondern eine Straffreiheitsmöglichkeit.«
Wir durchschritten nun einen langen, kahlen Flur, der mit vielen großen Fenstern versehen war; dann öffnete sich automatisch eine Tür, denn inzwischen hatten die Posten unsere Ankunft schon durchgegeben, und in jenen Tagen, da alles glücklich war, brav, ordentlich, und jeder sich bemühte, das vorgeschriebene Pfund Seife am Tage zu verwaschen, in jenen Tagen bedeutete die Ankunft eines Ergriffenen (Verhafteten) schon ein Ereignis.
Wir betraten einen fast leeren Raum, der nur einen Schreibtisch mit Telefon und zwei Sesseln enthielt, ich selbst hatte mich in die Mitte des Raumes zu postieren; der Polizist nahm seinen Helm ab und setzte sich.
Erst war Stille und nichts geschah; sie machen es immer so; das

ist das Schlimmste; ich spürte, wie mein Gesicht immer mehr zusammenfiel, ich war müde und hungrig, und auch die letzte Spur jenes Glückes der Trauer war nun verschwunden, denn ich wußte, daß ich verloren war.
Nach wenigen Sekunden trat wortlos ein blasser langer Mensch ein, in der bräunlichen Uniform des Vorvernehmers; er setzte sich ohne ein Wort zu sagen hin und blickte mich an.
»Beruf?«
»Einfacher Kamerad.«
»Geboren?«
»1. 1. eins«, sagte ich.
»Letzte Beschäftigung?«
»Sträfling.«
Die beiden blickten sich an.
»Wann und wo entlassen?«
»Gestern, Haus 12, Zelle 13.«
»Wohin entlassen?«
»In die Hauptstadt.«
»Schein.«
Ich nahm aus meiner Tasche den Entlassungsschein und reichte ihn hinüber. Er heftete ihn an die grüne Karte, die er mit meinen Angaben zu beschreiben begonnen hatte.
»Damaliges Delikt?«
»Glückliches Gesicht.«
Die beiden blickten sich an.
»Erklären«, sagte der Vorvernehmer.
»Damals«, sagte ich, »fiel mein glückliches Gesicht einem Polizisten auf an einem Tage, da allgemeine Trauer befohlen war. Es war der Todestag des Chefs.«
»Länge der Strafe?«
»Fünf.«
»Führung?«
»Schlecht.«
»Grund?«
»Mangelhafter Arbeitseinsatz.«
»Erledigt.«
Dann erhob sich der Vorvernehmer, trat auf mich zu und schlug mir genau die drei vorderen mittleren Zähne aus: ein Zeichen, daß ich als Rückfälliger gebrandmarkt werden sollte, eine verschärfte Maßnahme, auf die ich nicht gerechnet hatte. Dann ver-

ließ der Vorvernehmer den Raum, und ein dicker Bursche in einer dunkelbraunen Uniform trat ein: der Vernehmer.
Sie schlugen mich alle: der Vernehmer, der Obervernehmer, der Hauptvernehmer, der Anrichter und der Schlußrichter, und nebenbei vollzog der Polizist alle körperlichen Maßnahmen, wie das Gesetz es befahl; und sie verurteilten mich wegen meines traurigen Gesichtes zu zehn Jahren, so wie sie mich fünf Jahre vorher wegen meines glücklichen Gesichtes zu fünf Jahren verurteilt hatten.
Ich aber muß versuchen, gar kein Gesicht mehr zu haben, wenn es mir gelingt, die nächsten zehn Jahre bei Glück und Seife zu überstehen...

Abenteuer eines Brotbeutels

Im September 1914 wurde in eine der roten Bromberger Backsteinkasernen ein Mann namens Joseph Stobski eingezogen, der zwar seinen Papieren nach deutscher Staatsbürger war, die Muttersprache seines offiziellen Vaterlandes aber wenig beherrschte. Stobski war zweiundzwanzig Jahre alt, Uhrmacher, auf Grund »konstitutioneller Schwäche« noch ungedient; er kam aus einem verschlafenen polnischen Nest, das Niestronno hieß, hatte im Hinterzimmer des väterlichen Kottens gehockt, Gravuren auf Doublé-Armbänder gekritzelt, zierliche Gravuren, hatte die Uhren der Bauern repariert, zwischendurch das Schwein gefüttert, die Kuh gemolken – und abends, wenn Dunkelheit über Niestronno fiel, war er nicht in die Kneipe, nicht zum Tanz gegangen, sondern hatte über einer Erfindung gebrütet, mit ölverschmierten Fingern an unzähligen Rädchen herumgefummelt, sich Zigaretten gerollt, die er fast alle auf der Tischkante verkohlen ließ – während seine Mutter die Eier zählte und den Verbrauch an Petroleum beklagte.
Nun zog er mit seinem Pappkarton in die rote Bromberger Backsteinkaserne, lernte die deutsche Sprache, soweit sie das Vokabularium der Dienstvorschrift, Kommandos, Gewehrteile umfaßte; außerdem wurde er mit dem Handwerk eines Infanteristen vertraut gemacht. In der Instruktionsstunde sagte er Brott statt Brot, sagte Kanonn statt Kanone, er fluchte polnisch, betete polnisch und betrachtete abends melancholisch das kleine Paket mit den ölverschmierten Rädern in seinem dunkelbraunen Spind, bevor er in die Stadt ging, um seinen berechtigten Kummer mit Schnaps hinunterzuspülen.
Er schluckte den Sand der Tucheler Heide, schrieb Postkarten an seine Mutter, bekam Speck geschickt, drückte sich sonntags vom offiziellen Gottesdienst und schlich sich in eine der polnischen Kirchen, wo er sich auf die Fliesen werfen, weinen und beten konnte, obwohl derlei Innigkeit schlecht zu einem Mann in der Uniform eines preußischen Infanteristen paßte.
Im November 1914 fand man ihn ausgebildet genug, um ihn die Reise quer durch Deutschland nach Flandern machen zu lassen. Er hatte genug Handgranaten in den Sand der Tucheler Heide geworfen, hatte oft genug in die Schießstände geknallt, und

Stobski schickte das Päckchen mit den ölverschmierten Rädern an seine Mutter, schrieb eine Postkarte dazu, ließ sich in einen Viehwaggon packen und begann die Fahrt quer durch sein offizielles Vaterland, dessen Muttersprache er, soweit sie Kommandos umfaßte, beherrschen gelernt hatte. Er ließ sich von blühenden deutschen Mädchen Kaffee einschenken, Blumen ans Gewehr stecken, nahm Zigaretten entgegen, bekam einmal sogar von einer ältlichen Frau einen Kuß, und ein Mann mit einem Kneifer, der an einem Bahnübergang auf der Schranke lehnte, rief ihm mit sehr deutlicher Stimme ein paar lateinische Worte zu, von denen Stobski nur »tandem« verstand. Er wandte sich mit diesem Wort hilfesuchend an seinen unmittelbaren Vorgesetzten, den Gefreiten Habke, der hinwiederum etwas von »Fahrrädern« murmelte, jede nähere Auskunft verweigernd. So überquerte Stobski ahnungslos, sich küssen lassend und küssend, mit Blumen, Schokolade und Zigaretten überhäuft, die Oder, die Elbe, den Rhein und wurde nach zehn Tagen im Dunkeln auf einem schmutzigen belgischen Bahnhof ausgeladen. Seine Kompanie versammelte sich im Hof eines bäuerlichen Anwesens, und der Hauptmann schrie im Dunkeln etwas, was Stobski nicht verstand. Dann gab es Gulasch mit Nudeln, die in einer schlecht erleuchteten Scheune schnell aus einer Gulaschkanone in die Gesichter hineingelöffelt wurden. Der Herr Unteroffizier Pillig ging noch einmal rund, hielt einen kurzen Appell ab, und zehn Minuten später marschierte die Kompanie ins Dunkel hinein westwärts; von diesem westlichen Himmel herüber kam das berühmte gewitterartige Grollen, manchmal blaffte es dort rötlich auf, es fing an zu regnen, die Kompanie verließ die Straße, fast dreihundert Füße tappten über schlammige Feldwege; immer näher kam dieses künstliche Gewitter, die Stimmen der Offiziere und Unteroffiziere wurden heiser, hatten einen unangenehmen Unterton. Stobski taten die Füße weh, sie taten ihm sehr weh, außerdem war er müde, er war sehr müde, aber er schleppte sich weiter, durch dunkle Dörfer, über schmutzige Wege, und das Gewitter, je näher sie ihm kamen, hörte sich immer widerwärtiger, immer künstlicher an. Dann wurden die Stimmen der Offiziere und Unteroffiziere merkwürdig sanft, fast milde, und links und rechts war auf unsichtbaren Wegen und Straßen das Getrappel unzähliger Füße zu hören.

Stobski bemerkte, daß sie jetzt mitten in diesem künstlichen Gewitter drin waren, es zum Teil hinter sich hatten, denn sowohl vor wie hinter ihnen blaffte es rötlich auf, und als der Befehl gegeben wurde, auszuschwärmen, lief er rechts vom Wege ab, hielt sich neben dem Gefreiten Habke, hörte Schreien, Knallen, Schießen, und die Stimmen der Offiziere und Unteroffiziere waren jetzt wieder heiser. Stobski taten die Füße immer noch weh, sie taten ihm sehr weh, und er ließ Habke Habke sein, setzte sich auf eine nasse Wiese, die nach Kuhdung roch, und dachte etwas, was auf polnisch ungefähr einer Übersetzung des Spruchs von Götz von Berlichingen gleichgekommen wäre. Er nahm den Stahlhelm ab, legte sein Gewehr neben sich ins Gras, löste die Haken seines Gepäcks, dachte an seine geliebten ölverschmierten Rädchen und schlief inmitten höchst kriegerischen Lärmes ein. Er träumte von seiner polnischen Mutter, die in der kleinen, warmen Küche Pfannkuchen buk, und es kam ihm im Traum merkwürdig vor, daß die Kuchen, sobald sie fertig zu werden schienen, mit einem Knall in der Pfanne zerplatzten und nichts von ihnen übrigblieb. Seine kleine Mutter füllte immer schneller mit dem Schöpflöffel Teig ein, kleine Kuchen buken sich zusammen, platzten einen Augenblick, bevor sie gar waren, und die kleine Mutter bekam plötzlich die Wut – im Traum mußte Stobski lächeln, denn seine kleine Mutter war nie richtig wütend geworden – und schüttete den ganzen Inhalt der Teigschüssel mit einem Guß in die Pfanne; ein großer, dicker, gelber Kuchen lag nun da, so groß wie die Pfanne, wurde größer, knusprig, blähte sich; schon grinste Stobskis kleine Mutter befriedigt, nahm das Pfannenmesser, schob es unter den Kuchen, und – bums! – gab es einen besonders schrecklichen Knall, und Stobski hatte keine Zeit mehr, davon zu erwachen, denn er war tot.
Vierhundert Meter von der Stelle entfernt, an der ein Volltreffer Stobski getötet hatte, fanden Soldaten aus seiner Kompanie acht Tage später in einem englischen Grabenstück Stobskis Brotbeutel mit einem Stück des zerfetzten Koppels – sonst fand man auf dieser Erde nichts mehr von ihm. Und als man nun in diesem englischen Grabenstück Stobskis Brotbeutel fand mit einem Stück heimatlicher Dauerwurst, der Eisernen Ration und einem polnischen Gebetbuch, nahm man an, Stobski sei in unwahrscheinlichem Heldenmut am Tage des Sturmes weit in die englischen Linien hineingelaufen und dort getötet worden. Und so

bekam die kleine polnische Mutter in Niestronno einen Brief des Hauptmanns Hummel, der vom großen Heldenmut des Gemeinen Stobski berichtete. Die kleine Mutter ließ sich den Brief von ihrem Pfarrer übersetzen, weinte, faltete den Brief zusammen, legte ihn zwischen die Leintücher und ließ drei Seelenmessen lesen.

Aber sehr plötzlich eroberten die Engländer das Grabenstück wieder, und Stobskis Brotbeutel fiel in die Hände des englischen Soldaten Wilkins Grayhead. Der aß die Dauerwurst, warf kopfschüttelnd das polnische Gebetbuch in den flandrischen Schlamm, rollte den Brotbeutel zusammen und verleibte ihn seinem Gepäck ein. Grayhead verlor zwei Tage später sein linkes Bein, wurde nach London transportiert, dreiviertel Jahre später aus der Royal Army entlassen, bekam eine schmale Rente und wurde, weil er dem ehrenwerten Beruf eines Trambahnführers nicht mehr nachgehen konnte, Pförtner in einer Londoner Bank.

Nun sind die Einkünfte eines Pförtners nicht großartig, und Wilkins hatte aus dem Krieg zwei Laster mitgebracht: er soff und rauchte, und weil sein Einkommen nicht ausreichte, fing er an, Gegenstände zu verkaufen, die ihm überflüssig erschienen, und ihm erschien fast alles überflüssig. Er verkaufte seine Möbel, versoff das Geld, verkaufte seine Kleider bis auf einen einzigen schäbigen Anzug, und als er nichts mehr zu verkaufen hatte, entsann er sich des schmutzigen Bündels, das er bei seiner Entlassung aus der Royal Army in den Keller gebracht hatte. Und nun verkaufte er die unterschlagene, inzwischen verrostete Armeepistole, eine Zeltbahn, ein Paar Schuhe und Stobskis Brotbeutel.

(Über Wilkins Grayhead ganz kurz folgendes: Er verkam. Hoffnungslos dem Trunke ergeben, verlor er Ehre und Stellung, wurde zum Verbrecher, wanderte trotz des verlorenen Beins, das in Flanderns Erde ruhte, ins Gefängnis und schleppte sich dort, korrupt bis ins Mark, bis zum Ende seines Lebens als Kalfaktor herum.)

Stobskis Brotbeutel aber ruhte in dem düsteren Gewölbe eines Altwarenhändlers zu Soho genau zehn Jahre – bis zum Jahre 1926. Im Sommer dieses Jahres las der Altwarenhändler Luigi Banollo sehr aufmerksam das Schreiben einer gewissen Firma Handsuppers Ltd., die ihr offenkundiges Interesse für Kriegsmaterial aller Art so deutlich kundgab, daß Banollo sich die

Hände rieb. Mit seinem Sohn durchsuchte er seine gesamten Bestände und förderte zutage: 27 Armeepistolen, 58 Kochgeschirre, mehr als hundert Zeltbahnen, 35 Tornister, 18 Brotbeutel und 28 Paar Schuhe – alles von den verschiedensten europäischen Heeren. Für die gesamte Fracht bekam Banollo einen Scheck über 810 Pfund Sterling, ausgestellt auf eine der solidesten Londoner Banken. Banollo hatte, grob gerechnet, einen Gewinn von fünfhundert Prozent erzielt. Der jugendliche Banollo aber sah vor allem das Schwinden der Schuhe mit Erleichterung, die kaum beschrieben werden kann, denn es war eines seiner Aufgabengebiete gewesen, diese Schuhe zu kneten, zu fetten, kurzum, sie zu pflegen, eine Aufgabe, deren Ausmaß jedem klar ist, der je ein einziges Paar Schuhe hat pflegen müssen.
Die Firma Handsuppers Ltd. aber verkaufte den ganzen Kram, den Banollo ihr verkauft hatte, mit einem Gewinn von achthundertfünfzig Prozent (das war ihr normaler Satz) an einen südamerikanischen Staat, der drei Wochen vorher zu der Erkenntnis gekommen war, der Nachbarstaat bedrohe ihn, und sich nun entschlossen hatte, dieser Bedrohung zuvorzukommen. Der Brotbeutel des Gemeinen Stobski aber, der die Überfahrt nach Südamerika im Bauch eines schmutzigen Schiffes bestand (die Firma Handsuppers bediente sich nur schmutziger Schiffe), kam in die Hände eines Deutschen namens Reinhold von Adams, der die Sache des südamerikanischen Staates gegen ein Handgeld von fünfundvierzig Peseten zu seiner eigenen gemacht hatte. Von Adams hatte erst zwölf von den fünfundvierzig Peseten vertrunken, als er aufgefordert wurde, Ernst mit seinem Versprechen zu machen und unter der Führung des Generals Lalango, den Ruf »Sieg und Beute« auf den Lippen, gegen die Grenze des Nachbarstaates zu ziehen. Aber Adams bekam eine Kugel mitten in den Kopf, und Stobskis Brotbeutel geriet in den Besitz eines Deutschen, der Wilhelm Habke hieß und für ein Handgeld von nur fünfunddreißig Peseten die Sache des anderen südamerikanischen Staates zu seiner eigenen gemacht hatte. Habke kassierte den Brotbeutel, die restlichen dreiunddreißig Peseten und fand außerdem ein Stück Brot und eine halbe Zwiebel, die ihren Geruch den Pesetenscheinen bereits mitgeteilt hatte. Aber Habkes ethische und ästhetische Bedenken waren gering; er tat sein Handgeld dazu, ließ sich dreißig Peseten Vorschuß geben, nachdem er zum Korporal der siegreichen Nationalarmee ernannt

worden war, und als er den Deckel des Brotbeutels aufschlug, dort den schwarzen Tuschestempel VII/2/II entdeckte, entsann er sich seines Onkels Joachim Habke, der in diesem Regiment gedient hatte und gefallen war; heftiges Heimweh befiel ihn. Er nahm seinen Abschied, bekam ein Bild des Generals Gublanez geschenkt und gelangte auf Umwegen nach Berlin, und als er vom Bahnhof Zoo mit der Straßenbahn nach Spandau fuhr, fuhr er – ohne es zu ahnen – an der Heereszeugmeisterei vorbei, in der Stobskis Brotbeutel im Jahre 1914 acht Tage gelegen hatte, bevor er nach Bromberg geschickt worden war.

Habke wurde von seinen Eltern freudig begrüßt, nahm seinen eigentlichen Beruf, den eines Expedienten, wieder auf, aber bald zeigte sich, daß er zu politischen Irrtümern neigte. Im Jahre 1929 schloß er sich der Partei mit der häßlichen, kotbraunen Uniform an, nahm den Brotbeutel, den er neben dem Bild des Generals Gublanez über seinem Bett hängen hatte, von der Wand und führte ihn praktischer Verwendung zu: Er trug ihn zu der kotbraunen Uniform, wenn er sonntags in die Heide zog, um zu üben. Bei den Übungen glänzte Habke durch militärische Kenntnisse; er schnitt ein wenig auf, machte sich zum Bataillonsführer in jenem südamerikanischen Krieg, erklärte ausführlich, wo, wie und warum er damals seine schweren Waffen eingesetzt hatte. Es war ihm ganz entfallen, daß er ja nur den armen von Adams mitten in den Kopf geschossen, seiner Peseten beraubt und den Brotbeutel an sich genommen hatte. Habke heiratete im Jahre 1929, und 1930 gebar ihm seine Frau einen Knaben, der den Namen Walter erhielt. Walter gedieh, obwohl seine beiden ersten Lebensjahre unter dem Zeichen der Arbeitslosenunterstützung standen; aber schon als er vier Jahre alt war, bekam er jeden Morgen Keks, Büchsenmilch und Apfelsinen, und als er sieben war, bekam er von seinem Vater den verwaschenen Brotbeutel überreicht mit den Worten: »Halte dieses Stück in Ehren, es stammt von deinem Großonkel Joachim Habke, der sich vom Gemeinen zum Hauptmann emporgedient, achtzehn Schlachten überstanden hatte und von roten Meuterern im Jahre 1918 erschossen wurde. Ich selbst trug ihn im südamerikanischen Krieg, in dem ich nur Oberstleutnant war, obwohl ich General hätte werden können, wenn das Vaterland meiner nicht bedurft hätte.«

Walter hielt den Brotbeutel hoch in Ehren. Er trug ihn zu seiner

eigenen kotbraunen Uniform vom Jahre 1936 bis 1944, gedachte häufig seines heldenhaften Großonkels, seines heldenhaften Vaters und legte den Brotbeutel, wenn er in Scheunen übernachtete, vorsichtig unter seinen Kopf. Er bewahrte Brot, Schmelzkäse, Butter, sein Liederbuch darin auf, bürstete, wusch ihn und war glücklich, je mehr sich die gelbliche Farbe in ein sanftes Weiß verwandelte. Er ahnte nicht, daß der sagenhafte und heldenhafte Großonkel als Gefreiter auf lehmigem flandrischem Acker gestorben war, nicht weit von der Stelle entfernt, an der ein Volltreffer den Gemeinen Stobski getötet hatte.
Walter Habke wurde fünfzehn, lernte mühsam Englisch, Mathematik und Latein auf dem Spandauer Gymnasium, verehrte den Brotbeutel und glaubte an Helden, bis er selbst gezwungen wurde, einer zu sein. Sein Vater war längst nach Polen gezogen, um dort irgendwie und irgendwo Ordnung zu schaffen, und kurz nachdem der Vater wütend aus Polen zurückgekommen war, zigarettenrauchend und »Verrat« murmelnd, im engen Spandauer Wohnzimmer auf und ab ging, kurz danach wurde Walter Habke gezwungen, ein Held zu sein.
In einer Märznacht des Jahres 1945 lag er am Rande eines pommerschen Dorfes hinter einem Maschinengewehr, hörte dem dunklen, gewitterartigen Grollen zu, das genauso klang, wie es in den Filmen geklungen hatte; er drückte den Abzug des Maschinengewehrs, schoß Löcher in die dunkle Nacht und spürte den Drang zu weinen. Er hörte Stimmen in der Nacht, Stimmen, die er nicht kannte, schoß weiter, schob einen neuen Gurt ein, schoß, und als er den zweiten Gurt verschossen hatte, fiel ihm auf, daß es sehr still war: Er war allein. Er stand auf, rückte sein Koppel zurecht, vergewisserte sich des Brotbeutels und ging langsam in die Nacht hinein westwärts. Er hatte angefangen, etwas zu tun, was dem Heldentum sehr schädlich ist: Er hatte angefangen nachzudenken – er dachte an das enge, aber sehr gemütliche Wohnzimmer, ohne zu ahnen, daß er an etwas dachte, das es nicht mehr gab; der junge Banollo, der Walters Brotbeutel einmal in der Hand gehabt hatte, war inzwischen vierzig Jahre alt geworden, war in einem Bombenflugzeug über Spandau gekreist, hatte den Schacht geöffnet und das enge, aber gemütliche Wohnzimmer zerstört, und Walters Vater ging jetzt im Keller des Nachbarhauses auf und ab, rauchte Zigaretten, murmelte »Verrat« und hatte ein unordentliches Gefühl, wenn er an die Ordnung dachte, die er in Polen geschaffen hatte.

Walter ging nachdenklich westwärts in dieser Nacht, fand endlich eine verlassene Scheune, setzte sich, schob den Brotbeutel vorne auf den Bauch, öffnete ihn, aß Kommißbrot, Margarine, ein paar Bonbons, und so fanden ihn russische Soldaten: schlafend, mit verweintem Gesicht, einen Fünfzehnjährigen, leergeschossene Patronengurte um den Hals, mit säuerlich nach Bonbon riechendem Atem. Sie schubsten ihn in eine Kolonne, und Walter Habke zog ostwärts. Nie mehr sollte er Spandau wiedersehen. Inzwischen war Niestronno deutsch gewesen, polnisch geworden, war wieder deutsch, wieder polnisch geworden, und Stobskis Mutter war fünfundsiebzig Jahre alt. Der Brief des Hauptmanns Hummel lag immer noch im Schrank, der längst kein Leinen mehr enthielt; Kartoffeln bewahrte Frau Stobski darin auf, weit hinter den Kartoffeln lag ein großer Schinken, standen in einer Porzellanschüssel die Eier, stand tief im Dunkeln ein Kanister mit Öl. Unter dem Bett war Holz gestapelt, und an der Wand brannte rötlich das Öllicht vor dem Bild der Muttergottes von Czenstochau. Hinten im Stall lungerte ein mageres Schwein, eine Kuh gab es nicht mehr, und im Hause tobten die sieben Kinder der Wolniaks, deren Haus in Warschau zerstört worden war. Und draußen auf der Straße kamen sie vorbeigezogen: schlappe Soldaten mit wunden Füßen und armseligen Gesichtern. Sie kamen fast jeden Tag. Zuerst hatte der Wolniak an der Straße gestanden, geflucht, hin und wieder einen Stein aufgehoben, sogar damit geworfen, aber nun blieb er hinten in seinem Zimmer sitzen, wo einst Joseph Stobski Uhren repariert, Armbänder graviert und abends an seinen ölverschmierten Rädchen herumgefummelt hatte.
Im Jahre 1939 waren polnische Gefangene ostwärts an ihnen vorbeigezogen, andere polnische Gefangene westwärts, später waren russische Gefangene westwärts an ihnen vorbeigezogen, und nun zogen schon lange deutsche Gefangene ostwärts an ihnen vorbei, und obwohl die Nächte noch kalt waren und dunkel, tief der Schlaf der Leute in Niestronno, sie wurden wach, wenn nachts das sanfte Getrappel über die Straßen ging.
Frau Stobski war eine der ersten, die morgens in Niestronno aufstanden. Sie zog einen Mantel über ihr grünliches Nachthemd, entzündete Feuer im Ofen, goß Öl auf das Lämpchen vor dem Muttergottesbild, brachte die Asche auf den Misthaufen, gab dem mageren Schwein zu fressen, ging dann in ihr Zimmer zu-

rück, um sich für die Messe umzuziehen. Und eines Morgens im April 1945 fand sie vor der Schwelle ihres Hauses einen sehr jungen, blonden Mann, der in seinen Händen einen verwaschenen Brotbeutel hielt, ihn fest umklammerte. Frau Stobski schrie nicht. Sie legte den gestrickten schwarzen Beutel, in dem sie ein polnisches Gebetbuch, ein Taschentuch und ein paar Krümelchen Thymian aufbewahrte – sie legte den Beutel auf die Fensterbank, beugte sich zu dem jungen Mann hinunter und sah sofort, daß er tot war. Auch jetzt schrie sie nicht. Es war noch dunkel, nur hinter den Kirchenfenstern flackerte es gelblich und Frau Stobski nahm dem Toten vorsichtig den Brotbeutel aus den Händen, den Brotbeutel, der einmal das Gebetbuch ihres Sohnes und ein Stück Dauerwurst von einem ihrer Schweine enthalten hatte, zog den Jungen auf die Fliesen des Flures, ging in ihr Zimmer, nahm den Brotbeutel – wie zufällig – mit, warf ihn auf den Tisch und suchte in einem Packen schmutziger, fast wertloser Zlotyscheine. Dann machte sie sich auf den Weg ins Dorf, um den Totengräber zu wecken.
Später, als der Junge beerdigt war, fand sie den Brotbeutel auf ihrem Tisch, nahm ihn in die Hand, zögerte – dann suchte sie den Hammer und zwei Nägel, schlug die Nägel in die Wand, hing den Brotbeutel daran auf und beschloß, ihre Zwiebeln darin aufzubewahren.
Sie hätte den Brotbeutel nur etwas weiter aufzuschlagen, seine Klappe ganz zu öffnen brauchen, dann hätte sie den schwarzen Tuschestempel entdeckt, der dieselbe Nummer zeigte wie der Stempel auf dem Briefkopf des Hauptmanns Hummel.
Aber so weit hat sie den Brotbeutel nie aufgeschlagen.

Aschermittwoch

Ihr blasses Gesicht sah hinter der beschlagenen Scheibe wächsern aus; die Regentropfen, die am Glase klebten, schienen zu ihrem Gesicht zu gehören: Schweißperlen oder Tränen, die langsam nach unten sanken, breite, blanke Rillen grabend, die sich manchmal in Kurven vereinigten und dicke Tropfen fallen ließen, die auf ihre Hände stürzten. Die unsichtbare Windquelle, die die Luftschlangen tanzen ließ, ergriff auch ihr Haar, erhob es wie ein zu schweres Segel, das immer wieder stürzte. Unten rafften die müden, betropften Hände Masken und Scherzpistolen zusammen, pralle Knallkörper aus buntem Papier, die zu platzen schienen wie zu volle Bäuche; sie nahmen größere Pappefratzen von aufgespannten Drähten, lachende, weinende große gelbe und rote Fratzen, die leise im Wind des unsichtbaren Ventilators schaukelten...

Im Dunkeln der geöffneten Fensterklappe tauchten immer zwei dicke, breite und behaarte Männerhände auf, die den Krempel entgegenahmen und nach hinten weglegten.

Die Straße war leer. Hinter den grauen Häuserfronten schien alles tot zu sein. Vor einem Fenster hing ein Luftballon, ein rötlicher, zerkrüngelter Gummilappen, dessen Gas nicht mehr ausreichte, ihn zu halten: schlapp hing er nach unten, mit einer schmutzigen Schnur an die grüne Umgitterung einer Fensterbank befestigt; neben dem Miniaturpfahl, der ihn hielt, stand eine Milchflasche, dahinter ein Glas mit Gurken, mattgrün wie die Gitterstäbe der Umzäunung.

Von einer verlassenen Betonmaschine zog sich eine breite, zertretene Dreckspur über das holprige Pflaster, und aus dem Ofenrohr der Zigarettenbude kam Qualm: bläulichschwarze Schwaden, die gleich oberhalb des Kamins vom Regen in die Breite gedrückt wurden.

Im Schaufenster über dem bläulichen Kleid der Frau, genau oberhalb ihres blonden, grünlich schimmernden Haares, sah er auch sich selbst: sein Kinn lag auf der schwarzen, harten Kante, die den Schaukasten abschloß, und im muffigen Dunkel des Ladens stand dieses Oval einsam und undeutlich, weißlichgrün wie eine vergessene Maske mit dunklen Augenhöhlen, totem Haar, aus einer Seegrasmatratze gezupft und aufgeklebt. Das einzig le-

bendige war der sehr hellgraue deutliche Qualm seiner Zigarette, der aus der dunklen Höhlung des Mundes stieg, sich in heiteren Spiralen nach oben drehte und in der dichten Dunkelheit an der Decke verflüchtigte.
Genau in den breiten, behaarten Händen tauchte jetzt plötzlich ein kleiner,ovaler Schädel auf, ganz blaß mit scharfen Linien von Mund, Nase, Augen – wie ein hart bemaltes Ei, das eine rötliche Mütze trug, dann wurde es von einer Ladung Luftschlangen verdeckt, die die Frau in die geöffneten Hände legte.
Er blickte nach rechts: neben ihm stand ein Junge, der mit wachem, pfiffigen Blick der Ausräumung zusah. Auf seiner Stirn unter dem Mützenschild war kräftig tiefschwarz, fast leuchtend das Aschenkreuz gezeichnet; es war so lebendig, daß er sich unwillkürlich den breiten Daumen eines kräftigen Priesters vorstellte, der in die Kohleschale gepackt und es mit zwei heftigen Strichen auf die Stirn des Jungen gezeichnet hatte – schwarz auf weiß. Aus der prallen linken Rocktasche des Jungen baumelte das rötliche Lesezeichen seines Lesebuches heraus. Das Kind blickte ihn jetzt an und lächelte: sein weißes Gesicht war fest und hübsch: schwarz waren die dunklen Striche der Brauen gezeichnet, und wenn er die Augen schloß, lagen die Wimpern zärtlich und sauber wie flüchtige Schmetterlinge auf der Wange. Der Mann nickte ihm zu und wandte sich ab, dann preßte er sein Gesicht plötzlich nah an die verschwommene Scheibe: drinnen kehrte die Frau mit einem Handfeger den leeren Schaukasten aus, die breiten Hände waren verschwunden, und der Mann klopfte nun leise mit dem Knöchel des rechten Zeigefingers gegen die Scheibe: er sah, wie sie aufblickte, der Besen ihrer kleinen Hand entfiel, ihre Lippen zitterten, und trat zurück.
Der Junge kniete am Rand des Bordsteins, in seiner linken Hand baumelte eine Schleuder, während seine Rechte in der Gosse nach Steinen zu suchen schien.
Der Mann ging nach rechts und lehnte sich müde in den Hauseingang. Der schwärzliche Ölanstrich war nun vollkommen zerkratzt, aber die Holztafel, in der die Namenschilder und Klingelknöpfe befestigt waren, schien unbeschädigt: das Holz war mit Schmutz und Alter getränkt, fast schwarz, die Klingelknöpfe blankgewetzt, und im Anblick der Schilder fiel er plötzlich durch die Gegenwart durch, zehn Jahre zurück, zwanzig, weit, weit in die Vergangenheit: der Name Kremer, eingestanzt

in blankes Messing, schwarzgetönt mit glänzendem, harten Lack, rief die Erinnerung an einen muffigen Flur wach, in dem der Geruch mehliger Soßen festgefressen war, das hagere, grünliche Gesicht einer ewig jammernden Frau und an den prallen Nacken eines Mannes, der mit blanken Schuhen, den Hut auf den dicken Ohren, jeden Morgen zur Straßenbahn marschierte. Die Schilder tanzten vor seinen Augen, sie schienen zu exerzieren wie ein Trupp betrunkener Rekruten, der sich hintereinanderschob, nebeneinander, quer zueinander, ein Alphabet, das sich ständig verwirrte, neu ordnete, lebendige Figuren von gleicher Größe, schwarzlackiert auf einer messingblanken Oberfläche: die schwarze Tafel wie eine dumpfe Schachtel, in der die blanken Figürchen geschüttelt werden, eine Schachtel, aus der der Geruch von Bohnerwachs mittlerer Qualität stieg, und der Mann selbst fühlte sich hilflos schwimmend in diesem Behältnis der Vergangenheit, strampelnd verloren in diesem Bad von Häßlichkeit, Trauer und der stagnierenden Langeweile unendlicher Sonntagnachmittage, in denen das fade Geklimper eines Klaviers um Hilfe rief.
Kurz nachdem der dunkle und schöne Klang der Kirchenglocke ihn weckte, hörte er ein sehr helles, schneidendes Klirr, Scherben fielen: er beugt sich vor, sah den Jungen, die flatternde Schleuder in der Hand, um eine Ecke biegen, und im gleichen Augenblick, mitten hinein in den dunklen gleichmäßigen Klang der Kirchenglocke, brach das überschnappende Keifen einer Frauenstimme; über dem welken Luftballon sah er ein mageres, fast bläuliches Gesicht, von viel zu blondem Haar umgeben: links von ihr die umgekippte Milchflasche, deren oberer Teil sich in der Umgitterung der Fensterbank gefangen hatte, und an der grünen Hausfront lief die Milch in einem silbernen Strom herunter, der sich verbreiterte, verengte und unten zwischen den Steinen zu einer kleinen Pfütze sammelte, auf deren Oberfläche sich der wesenlose Dreck der Straße mit erstaunlicher Schnelligkeit absetzte...
Eine magere Hand ergriff das Gurkenglas, riß den Luftballon von seiner Schnur, das Fenster wurde zugeknallt, und in diesem Augenblick hatte die Kirchenglocke den Höhepunkt ihres vollen schönen Klanges erreicht, und der Mann mit den dicken, breiten, behaarten Händen verließ den Laden, seine große Gestalt ging gemessenen Schrittes davon. Er verließ den Hauseingang, drückte die blanke Klinke der Ladentür hinunter und trat ein.

Sie stand hinter der Theke, zwischen ihren Händen eine Menge bunter kleiner Füllhalterkartons; ihr blasses Gesicht wurde dunkel, die Finger öffneten sich, die Kartons purzelten auf die Theke, und sie rief leise:
»Willi! Willi!«
Er ging auf sie zu und legte einen Augenblick seine Wange auf ihr Haar. »Maria«, sagte er leise.
Ihre Hände lagen ganz kurz auf seinem Rücken, und lösten sich schnell wieder. »Wie lange bleibst du?«
»Nicht lange«, sagte er hastig, »nicht lange. Wann kommt er zurück?«
»Bald, er ist nur zur Kirche. Du siehst schlecht aus, wie geht es dir?«
Er blickte sie prüfend an. »Du auch... aber du veränderst dich nicht.«
»Wie geht es dir?«
»Schlecht«, sagte er heftig, »sehr schlecht.«
»Was tust du denn?«
»Nichts.«
»Du arbeitest nicht mehr, auch nicht mehr...«
»Nein«, sagte er, »auch nicht mehr für Brecht.« Er zuckte die Schultern. »Ich habe keine Einfälle mehr, sie haben bessere Graphiker.« Er ergriff ihre Hand und strich sich langsam damit an seiner Wange vorbei.
»Brauchst du Geld?«
»Ja.«
Sie wandte sich ab und lief an der Theke vorbei ins Hinterzimmer. Er blickte ihr nachdenklich zu. Nur deswegen war er hergekommen, es fiel ihm jetzt wieder ein. Wegen Geld. Er brauchte Geld. In der Tür, die sie hinter sich zugeworfen hatte, zitterte das grüne Glas der Füllungen nach. Er starrte die Wände an, die Regale mit Blöcken, Ansichtskarten, Schulheften, Büchern, sah die uralten Reklameschilder von Zigarettenmarken, die es schon seit zwanzig Jahren nicht mehr gab, und er fiel wieder durch die sehr dünne Schicht der Gegenwart zurück in die Vergangenheit: Zehn Jahre, zwanzig, dreißig, er sauste herunter wie mit einem Lift, dessen Seile zerrissen sind, vorbei an düsteren Stockwerken, bis er aufprallte, und er sah sich stehen, den Kopf gerade über die Theke erhebend, Geld in den schmutzigen Fingern, das er der großen, breiten, behaarten Hand entgegenschob, um Bonbons zu bekommen...

Auf der grünen Glastür schien die Zahl 3 zu schweben, 30, 300, dann wälzten sich die Nullen heran, winzige, dreckige Eier, in unendlicher Kolonne, flink sich vermehrend, und wieder schrumpfte die Zahl: 30, keine 3 mehr, nur noch eine Null, eine große, ovale, saubere Null: ihr Gesicht...
»Was hast du?« fragte sie erschreckt.
»Nichts.«
Sie reichte ihm einen Packen Geldscheine, den er, ohne ihn anzusehen, zusammenklappte und in die Tasche steckte. Während er ihr Gesicht erblickte, versuchte er zu überschlagen, wie viel Geld er da in seiner Manteltasche zusammenkrampfte: es schienen mindestens zehn Scheine zu sein, und obwohl er nie viel Geld in den Händen gehabt hatte, glaubte er zu fühlen, daß es Fünfer waren, ein kleines Paket schmutziger Papierlappen.
»Du bist froh«, sagte er heiser, »wenn ich wieder weg bin, nicht wahr?« Sie schwieg und senkte den Kopf; so nahe, daß er es riechen konnte, sah er vor sich ihr Haar, dieses reizvolle Gemisch aus Silber und Gold, es roch einfach: nach Seife und Haar.
»Sei ehrlich«, sagte er.
Sie blickte auf und fing an, die bunten, kleinen Kartons wieder zusammenzusuchen, ihre Finger ordneten sie automatisch zu kleinen Sechserreihen, die sie übereinander schichtete.
»Sag es mir.«
»Ja«, sagte sie.
»Früher liebtest du mich.«
Sie blieb ruhig. »Gehst du noch zu deiner Mutter rauf?«
»Nein!«
»Sie würde sich freuen.«
»Ich schreibe ihr.«
Sie zuckte die Schultern. »Ich weiß. Die Post wird immer noch hier im Laden abgegeben.«
Die Kirchenglocke fing wieder an zu läuten, leise, sich langsam steigernd, und er sagte plötzlich: »Ich muß gehen.«
»Soll ich deine Mutter grüßen?«
»Nein, nein, ich schreibe ihr... auf Wiedersehen.«
»Auf Wiedersehen«, sagte sie.
Als er nach draußen kam, sah er den großen Mann um die Ecke biegen, er trat nahe ans Schaufenster heran und wartete: drinnen waren die Regenstriemen immer noch wie Tränenspuren auf ihrem Gesicht, und die Hände bewegten sich wie nicht dazugehö-

rig; sie ordneten still die Dinge einer anderen Zeit, die nun der Kalender anzeigte: Gebetbücher mit goldenen Kreuzen wurden auf der rötlichen Papierbespannung des Schaukastens ausgerichtet, die bunten Kartons zu zierlichen Pyramiden geschichtet, große Bleistifte, lang wie kleine Speere, wurden gleich Staketen aufgestellt, Schulhefte an Drahtstützen gelehnt und Preisschilder von den ruhigen, weißen Händen verteilt. Sie blickte nicht mehr auf.

Dann hörte er die schweren Tritte hinter sich, die Ladentür wurde geöffnet, und das Gesicht drinnen verschwand plötzlich in der dunklen Öffnung des Schaukastens, dann folgten die Hände, und er wußte, daß die Straße frei war, blickte noch einmal die ferne, grünliche Maske, die auf der schwarzen Leiste lag und lief davon; im Laufen umkrampfte er die Scheine in seiner Manteltasche noch fester...

Wiedersehen mit dem Dorf

Es ist jetzt fast alles wieder wie früher dort. Das Dorf ist in seine Stille zurückgesunken und nur die alten Geräusche sind dort zu hören: das langsame Knarren eines Wagens, der vom Felde kommt oder zum Felde fährt oder der Ruf eines Bauern, der in der mittäglichen Stille den Knecht zur Arbeit treibt; einzig erregend ist das abenteuerliche Kreischen der Kreissäge, die mit gläsernem Knirschen die Buchenknüppel durchschneidet und dabei ihre wilde Stimme bis hoch unter das stumme Gewölbe des Himmels empor erhebt, als wolle sie auch seine graue Fläche zersägen und die Stücke zusammenfallen lassen über dieser dumpfen Stille; aber es bleibt ihr nichts als immer wieder ihre Wut an dem harmlosen Holz auszulassen...

Nicht mehr das bösartige Knurren der Panzer oder das wichtigtuerische Bellen der kleinen Wagen, nicht mehr das furchtbare, allnächtliche Geräusch zurückflutender Infanterie, die vergebens dem großen Kesseltreiben zu entrinnen sucht, und am frühen Nachmittag mit neuen Waffen, neuen Vorgesetzten den gleichen Weg wieder zurücklegt, um ihn in der Nacht wieder zu fliehen; nicht mehr das erschreckende, ruhige, sich auf eine unheimliche sanfte Weise steigernde Kreisen der Jagdflieger, die sich wie Raubvögel über der Landschaft bewegen und mit plötzlichem Schrei und wildem Heulen auf die Beute stürzen...

Auch die Gerüche sind wieder wie früher: sanfte Fäulnis feuchter Erde vermischt sich mit der brennenden und erregenden Schärfe bedeckter Feuer, die das Unkraut verzehren, und manchmal süße betäubende Wolken von Heu, wo damals der üble Dunst schlechter Brennstoffe gegen Häuser und Ställe gepufft wurde, während der Lärm der Schlachten ringsum den Horizont umloderte, sich enger und enger schloß wie eine Schlinge, die ein sicherer Henker hält...

Alles, was auch nur den geringsten Nutzen versprach, ist von den Bauern aus den Wracks herausgeklaubt, abgeschraubt oder abgeschlagen worden, und die stählernen, verrosteten Gerüste vernichteter Panzer und Wagen beginnen allmählich sich zu umranken mit Gestrüpp, und nicht einmal die unermüdliche Neugierde spielender Kinder entdeckt an ihnen noch etwas, das abgelöst und zu irgendeinem Spiel verwendet werden könnte.

Schützenlöcher und Bombentrichter sind ausgeebnet, und an die Stelle der Bäume, die von Granaten zerrissen wurden, sind neue gepflanzt, und die Ablösung beginnt schon zu wachsen, neue Zweige, neue Blätter zu bilden, so daß die Lücken nicht mehr auffällig erscheinen. Mit erstaunlicher Geduld auch ist die Kirche geflickt: die neuen Dachziegel haben die gleiche Farbe wie die alten, und auch die Uhr geht wieder und pünktlich, wenn die beiden Zeiger sich auf der Zwölf treffen, wird der Angelus geläutet. Die Häuser sind in ihre frühere Bedeutungslosigkeit zurückgesunken, nachdem sie manchen scheinbar wichtigen Stab beherbergt haben, der das ungewohnte Geräusch ewig klingelnder Fernsprecher in ihnen erweckt hatte, jenes Kurbeln und anschließende Schreien, mit dem man die Geschicke der Schlachten zu lenken versucht...

Viele auch sind ausgezogen aus diesen Häusern und abgeschleppt worden in ferne, ferne Länder, deren dunkle Erde auch Kartoffeln trug, auch Bohnen und manches Gewächs, das ihnen fremd war: Sonnenblumenstengel in unermeßlicher Zahl oder Zitronensträucher, oder sie mußten sich hineinjagen lassen in die Endlosigkeit der Steppe, die keinen Horizont hatte, sondern Himmel, Erde und Horizont zugleich war: ein erdrückendes Gewölke des Nichts, erfüllt nur vom grauen Geflimmer atemloser Langeweile...

Manche sind nicht zurückgekehrt, sie schlafen in fremder Erde unter fremden Sträuchern und doch sind ihre Plätze ausgefüllt auf dem Friedhof, Fremde schlafen dort unter rostigen Stahlhelmen, deren verschiedene Formen sich immer mehr angleichen, je länger Regen, Wind und Sonne sie zärtlich oder stürmisch liebkosen...

Das Abenteuer

Fink ging auf den Seiteneingang der Kirche zu. Rechts und links von der defekten Asphaltierung waren winzige Vorgartendreiecke, von schwarzen Eisengittern umzäunt: schwärzliche, saure Erde und zwei Buchsbaumsträucher, deren Blätter zäh und welk wie Leder erschienen. Er drückte mit der Schulter eine braungepolsterte Tür auf und fand sich in einem muffigen Windfang, in dem er wieder eine gepolsterte Tür aufstoßen mußte. Diesmal puffte er die Faust dagegen und las, bevor er in die Kirche trat, auf einem Sperrholzbrett flüchtig einen Anschlag: »Dritter Orden des heiligen Franziskus – Ankündigungen...«
In der Kirche herrschte grünlicher Dämmer, und Fink entdeckte an einer ölgestrichenen Wand, deren Farbe nicht zu erkennen war, ein leuchtend weißes Pappschild mit einer schwarzgemalten Hand, die senkrecht nach unten wies. Oberhalb des sehr steifen und viel zu langen Zeigefingers stand: »Beichtklingel.« In braunen Haltern darunter waren Klingelknöpfe von dunklem Elfenbein und Schilder mit Namen. Er nahm sich nicht die Mühe, die Namen zu entziffern, sondern drückte blindlings auf einen der Knöpfe, und er hatte das Gefühl, etwas Unwiderrufliches, Endgültiges zu tun. Dann lauschte er – nichts zu hören.
Er tauchte den Finger in ein muschelförmiges, rosig bemaltes Weihwasserbecken aus Gips, das im Dämmer wie ein großer, künstlicher Gaumen erschien, dem ein paar Ecken ausgeschlagen waren. Langsam bekreuzigte er sich und ging ins Mittelschiff. Auf jeder Seite sah er zwei dunkle Beichtstühle mit zugezogenen rötlichen Vorhängen, und er entdeckte jetzt, daß die Stuckgewölbe zwischen den gotischen Pilastern eingestürzt waren: das häßliche Mauerwerk aus gelblichen Backsteinen war nackt, es erinnerte ihn irgendwie an eine altmodische Badeanstalt. Der ehemalige Eingang vorn war mit rohen Steinen zugemauert, mitten ins Mauerwerk gequetscht ein schiefer alter Fensterrahmen, von dem die weiße Farbe abgebröckelt war.
Fink kniete im Mittelschiff nieder und versuchte zu beten, aber über die gefalteten Hände hinweg mußte er die vier Beichtstühle beobachten, immer wieder ins Halbdunkel starren, um den Priester, der irgendwo auftauchen könnte, nicht zu verfehlen. Wahrscheinlich würde er durch die Sakristei kommen, von vorn, wo

Fink im Dämmer eine Messingglocke mit rotem Samtseil neben dem ewigen Licht erkannte. Zur Mitte hin wurde die Kirche heller, und er sah jetzt, daß das ganze Mittelschiff erneuert war; das zerstörte, ausgezackte Mauerwerk trug einen provisorischen, sehr flachen Dachstuhl, der mit schmutzigen, alten Brettern zugenagelt war – manche Bretter waren dunkel von Fußbodenfarbe –, und die Heiligen an den Säulen waren alle kopflos, ein hilfloses, erschütterndes Doppelspalier merkwürdiger Gipsgestalten, denen die Köpfe abgeschlagen und die Symbole aus den Händen gerissen waren, stumpfe, dunkelgetönte Torsi, die mit verstümmelten Händen zu ihm herabzuflehen schienen.
Fink wollte Reue und Vorsatz erwecken, es gelang ihm nicht, er war zu unruhig; und es entstand in seinem Innern ein Durcheinander abgehackter, flehender Stoßgebete, unterbrochen von Erinnerungen und dem immer wieder auftauchenden Wunsch, die Sache schnell hinter sich zu bringen und abzufahren, schnell wieder weg aus dieser Stadt.
Er spürte es: das, was er beichten wollte, fing schon an, Erinnerung zu werden und Glanz zu bekommen, es erhob sich unmerklich aus der Ebene eines mühseligen und dreckigen Alltags, und es schien, als würde es eines Tages, bald schon – irgendwie über ihm schweben: ein schönes, sündhaftes Abenteuer, während in Wirklichkeit – auch das wußte er – er nur aus einer Art Höflichkeit jene Spielregeln befolgt hatte, deren erdrückende Selbstverständlichkeit und tödlicher Ernst ihn mit Schrecken erfüllten. Schon vorher hatte ihn Widerwillen gepackt, aber er hatte mitgespielt, indem er sich einredete, es sei ja nur ein mechanischer Akt, ein naturnotwendiger Vorgang, während er insgeheim wußte, daß der Pfeil auf dem Bogen schon zitterte, der Schuß losgehen und ihn unfehlbar in jenes Unsichtbare treffen würde, für das ihm kein anderes Wort als Seele einfiel.
Er seufzte und fing an, ungeduldig zu werden; in seinem Innern schwebten diese Bilder – das sich langsam vergoldende und das wirkliche – nebeneinander, untereinander, verschmolzen für Augenblicke miteinander, und seine Augen gingen in qualvoller Erwartung an den kopflosen Säulenheiligen vorbei zu jenem Samtseil neben der Glocke.
Er dachte daran, daß die Glocke vielleicht gar nicht funktionierte oder der Pater, dessen Namen zu lesen ihm belanglos erschienen war, abwesend war. Er kannte diese Art von Beichten nicht, frü-

her hatten sie darüber gespottet. Als er aufstehen wollte, um noch einmal zu den Klingelknöpfen zu gehen, sah er im starren Bild der leeren Kirche eine dunkle Gestalt, die aus der Sakristei trat, vor dem Altar niederkniete und auf die Beichtstühle der rechten Seite zuging. Er beobachtete den Mönch gespannt; seine Gestalt war groß und schlank, und der Kranz von Haaren, den die Tonsur ihm gelassen hatte, war dicht und schwarz.

Fink versuchte, schnell noch einmal Reue und Vorsatz zu erwecken, er leierte im Innern jene Formel herunter, die er schon zwanzig Jahre auswendig wußte, und stand auf. Er stolperte, als er auf den Gang trat; irgendwo in dem rotweißen, lilienförmigen Muster der Fliesen mußte eine schadhafte Stelle sein; er fing sich an einer Kniebank und hörte, wie der Pater das winzige Lämpchen ausknipste und den Vorhang beiseite zog. Als er niederkniete in diesem muffigen, dunklen und sehr unbequemen Winkel und das weiße Ohr hinter dem Gitter erkannte, spürte er, daß sein Herz bis zum Halse klopfte; er konnte vor Erregung nicht sprechen.

»Gelobt sei Jesus Christus«, sagte eine Stimme, die sehr gleichgültig klang.

Er preßte heraus »In Ewigkeit Amen« und schwieg. Der Schweiß rann ihm über den Rücken und heftete sein Hemd an die Haut, dicht und unbarmherzig, als sei es in Wasser getaucht; es schien kein Raum zum Atmen zu bleiben. Der Priester räusperte sich.

»Ich habe die Ehe gebrochen«, stammelte Fink, und er wußte, daß er damit fast alles getan hatte, was er tun konnte.

»Sind Sie verheiratet?«

»Nein.«

»Aber die Frau?«

»Ja.«

»Wie oft?« Die Frage ernüchterte ihn mit einem Schlag. Alles, was vor seinen Augen verschwommen war, dieses weißliche große Ohr, das ihm riesig erschien, und das Gitter – von einem seltsamen, knusperigen Braun wie die Gitter über den Apfelkuchen –, alles sah er nun deutlich, ganz wirklich, und er blickte in den herabfallenden Ärmel des aufgestützten Priesterarmes hinein, eine dunkle Höhlung zwischen der Kutte und der weißlichen, hell behaarten Haut.

»Einmal«, und ein tiefer Seufzer, den er nicht unterdrücken konnte, kam aus seiner Brust.

»Wann?« Diese Fragen kamen kurz, knapp, ohne jede persönliche Note, wie die eines Arztes bei der Musterung.
»Heute«, sagte er. Tatsächlich hatte es ihm schon unendlich weit entfernt geschienen, aber sein Wort holte es heran wie eine Kamera, die nach ihrem Ziel schießt, um es festzulegen. Man war gezwungen, etwas nah zu sehen, was man nicht nah sehen wollte.
»Meiden Sie den Umgang mit dieser Frau.«
Jetzt erst fiel Fink ein, daß er sie wiedersehen würde; eine hübsche kleine Bürgerin mit feistem Hals und in einem roten Morgenrock, Augen, die zugleich langweilig und traurig waren, und er stellte sie sich so intensiv vor, daß er die Frage des Priesters fast überhörte.
»Lieben Sie sie?«
Er konnte nicht nein sagen; ja zu sagen erschien ihm noch ungeheuerlicher. Er dachte nach, während er spürte, daß sich der Schweiß heiß und brennend über seinen Brauen sammelte. »Nein«, sagte er schnell, und er fügte hinzu: »Ich kann schlecht den Umgang mit ihr meiden.«
Der Priester schwieg, und Fink sah für einen Augenblick die niedergeschlagenen Lider hochzucken, ein paar sehr ruhige, graue Augen.
»Ich bin Vertreter einer Firma für Fertighäuser«, sagte er, »und die – die Dame hat ein Haus bei uns bestellt.«
»Und Sie haben diesen Bezirk?«
»Ja.« Er dachte daran, daß er Verhandlungen mit ihr führen mußte, Pläne vorlegen, Kalkulationen besprechen, Einzelheiten beraten, unzählige Einzelheiten, die man, wenn man wollte, über Monate hinauszögern konnte.
»Sie müssen sich versetzen lassen.«
Fink schwieg.
Die Stimme wurde eindringlicher. »Sie müssen alles versuchen, sie nicht wiederzusehen. Die Gewohnheit ist stark, sehr stark. Sie haben den aufrichtigen Wunsch und Vorsatz, die Frau nicht wiederzusehen?«
»Ja«, sagte Fink sofort, und er wußte, daß er zum erstenmal wirklich die Wahrheit sagte.
»Versuchen Sie es; tun Sie alles. Denken Sie an das Schriftwort: Wenn deine linke Hand dich ärgert, hau sie ab. Nehmen Sie materielle Nachteile in Kauf.« Er schwieg einen Augenblick. »Ich

weiß, es ist nicht leicht, aber die Hölle macht es uns nicht leicht.«
Seine Stimme verlor wieder den persönlichen Klang, als er sagte: »Sonst noch was?«
Fink zuckte zusammen. Er kannte diese Art von Beichte nicht, obwohl er inzwischen gemerkt hatte, daß sie ernst war, ungeheuer ernst, ernster als jene gewohnheitsmäßige Hygiene, die er dreimonatlich zu Hause beim Kaplan vornahm.
»Sonst noch was?« fragte die Stimme ungeduldig. »Wann haben Sie zuletzt gebeichtet?«
»Vor acht Wochen.«
»Und kommuniziert?«
»Vor vier.«
Der Pater fing an, mit monotoner Stimme die Gebote herzusagen, wie bei den Beichtkindern, die er gewohnt war, Leuten, die kaum das Glaubensbekenntnis wußten, deren religiöser Wortschatz aus Vaterunser und Ave bestand. Fink wurde es ungemütlich, er wollte weg.
»Nein«, sagte er jedesmal leise bis zum fünften Gebot. Der Pater überging das sechste.
»Stehlen«, sagte der Priester kaltblütig, »und lügen, das siebte und achte Gebot.«
Fink wurde rot, es stieg ihm heiß in die Ohren. Um Gottes willen, er stahl doch nicht.
»Haben Sie gelogen?«
Fink schwieg. Noch nie hatte ihn jemand gefragt, ob er gelogen habe. Überhaupt schien es ihm, als habe er noch nie gebeichtet. Diese rohen Formulierungen trafen ihn wie Schläge, und während ihm einfiel, daß er das noch nie gebeichtet hatte, murmelte er: »Nun ja, die Häuser, unsere Häuser sind nicht ganz so, wie sie im Katalog aussehen – ich meine, sie – die Leute sind oft enttäuscht, wenn sie sie wirklich sehen...«
Der Priester konnte ein »Aha« nicht unterdrücken, er sagte: »Auch darin müssen wir ehrlich sein, obwohl...«, er suchte nach Worten, »obwohl es unmöglich scheint. Aber es ist eine Lüge, etwas zu verkaufen, von dessen Wert man nicht überzeugt ist.« Er räusperte sich wieder, und Fink beobachtete, daß der aufgestützte Arm verschwand, als der Pater zu flüstern anfing: »Nun wollen wir alles mit einschließen und inständig unseren Herrn Jesus Christus bitten, für uns Verzeihung zu erlangen. Er

ist am Kreuze gestorben, um uns von unseren Sünden zu befreien, und jede unserer Sünden heftet ihn wieder ans Kreuz. Erwecken Sie noch einmal Reue und Vorsatz, und beten Sie zur Buße ein Gesetz des schmerzhaften Rosenkranzes.«
Der Priester setzte sich in der Mitte des Beichtstuhls aufrecht, mit geschlossenen Augen murmelnd, bis er plötzlich sein Gesicht wieder Fink zuwandte, das »Absolvo te« deutlicher betete und das Kreuzzeichen über ihn schlug.
»Gelobt sei Jesus Christus –«
»In Ewigkeit Amen!« sagte Fink.
Er war ganz steif, und ihm schien, als müßten Stunden vergangen sein. Er setzte sich in eine Bank und zog sein Taschentuch heraus, und als er anfing, sich den Schweiß abzutrocknen, sah er, daß der Pater wieder in der Sakristei verschwand.
Fink war müde. Er versuchte zu beten, aber die Worte fielen in ihn zurück wie stumpfes Geröll, und während er gegen den Schlaf ankämpfte, sah er durch die halbgeschlossenen Lider, daß in der dunklen Ecke neben dem Seiteneingang nun Kerzen brannten vor dem Muttergottesaltar: unruhig flackerten die billigen Stearinstengel, sie verzehrten sich rastlos, und ihr Schein schaukelte die Silhouette einer alten, kleinen Frau an die Wand des Mittelschiffs, riesengroß und mit einer phantastischen Genauigkeit; einzelne vorstehende Haare über der Stirn standen hart und schwarz an der Wand, eine kindliche Nase und die müde Schlappheit ihrer Lippen, die sich stumm bewegten: ein flüchtiges Denkmal, das die stumpfen Gipsfiguren überdeckte und über den Rand des Daches hinauszuwachsen schien.

Die schwarzen Schafe

Offenbar bin ich ausersehen, dafür zu sorgen, daß die Kette der schwarzen Schafe in meiner Generation nicht unterbrochen wird. Einer muß es sein, und ich bin es. Niemand hätte es je von mir gedacht, aber es ist nichts daran zu ändern: ich bin es. Weise Leute in unserer Familie behaupten, daß der Einfluß, den Onkel Otto auf mich ausgeübt hat, nicht gut gewesen ist. Onkel Otto war das schwarze Schaf der vorigen Generation und mein Patenonkel. Irgendeiner muß es ja sein, und er war es. Natürlich hatte man ihn zum Patenonkel erwählt, bevor sich herausstellte, daß er scheitern würde; und auch mich, mich hat man zum Paten eines kleinen Jungen gemacht, den man jetzt, seitdem ich für schwarz gehalten werde, ängstlich von mir fernhält. Eigentlich sollte man uns dankbar sein; denn eine Familie, die keine schwarzen Schafe hat, ist keine charakteristische Familie.
Meine Freundschaft mit Onkel Otto fing früh an. Er kam oft zu uns, brachte mehr Süßigkeiten mit, als mein Vater für richtig hielt, redete, redete und landete zuletzt einen Pumpversuch.
Onkel Otto wußte Bescheid; es gab kein Gebiet, auf dem er nicht wirklich beschlagen war: Soziologie, Literatur, Musik, Architektur, alles; und wirklich: er wußte was. Sogar Fachleute unterhielten sich gern mit ihm, fanden ihn anregend, intelligent, außerordentlich nett, bis der Schock des anschließenden Pumpversuches sie ernüchterte; denn das war das Ungeheuerliche: er wütete nicht nur in der Verwandtschaft, sondern stellte seine tückischen Fallen auf, wo immer es ihm lohnenswert erschien.
Alle Leute waren der Meinung, er könne sein Wissen »versilbern« – so nannten sie es in der vorigen Generation, aber er versilberte es nicht, er versilberte die Nerven der Verwandtschaft.
Es bleibt sein Geheimnis, wie er es fertigbrachte, den Eindruck zu erwecken, daß er es an diesem Tage nicht tun würde. Aber er tat es. Regelmäßig. Unerbittlich. Ich glaube, er brachte es nicht über sich, auf eine Gelegenheit zu verzichten. Seine Reden waren so fesselnd, so erfüllt von wirklicher Leidenschaft, scharf durchdacht, glänzend witzig, vernichtend für seine Gegner, erhebend für seine Freunde, zu gut konnte er über alles sprechen, als daß man hätte glauben können, er würde ... ! Aber er tat es. Er wußte, wie man Säuglinge pflegt, obwohl er nie Kinder gehabt hatte,

verwickelte die Frauen in ungemein fesselnde Gespräche über Diät bei gewissen Krankheiten, schlug Pudersorten vor, schrieb Salbenrezepte auf Zettel, regelte Quantität und Qualität ihrer Trünke, ja er wußte, wie man sie hält: ein schreiendes Kind, ihm anvertraut, wurde sofort ruhig. Es ging etwas Magisches von ihm aus. Genauso gut analysierte er die Neunte Sinfonie von Beethoven, setzte juristische Schriftstücke auf, nannte die Nummer des Gesetzes, das in Frage kam, aus dem Kopf...
Aber wo immer und worüber immer das Gespräch gewesen war, wenn das Ende nahte, der Abschied unerbittlich kam, meist in der Diele, wenn die Tür schon halb zugeschlagen war, steckte er seinen blassen Kopf mit den lebhaften, schwarzen Augen noch einmal zurück und sagte, als sei es etwas Nebensächliches, mitten in die Angst der harrenden Familie hinein, zu deren jeweiligem Oberhaupt: »Übrigens, kannst du mir nicht...?«
Die Summen, die er forderte, schwankten zwischen einer und fünfzig Mark. Fünfzig war das allerhöchste, im Laufe der Jahrzehnte hatte sich ein ungeschriebenes Gesetz gebildet, daß er mehr niemals verlangen dürfe. »Kurzfristig!« fügte er hinzu. Kurzfristig war sein Lieblingswort. Er kam dann zurück, legte seinen Hut noch einmal auf den Garderobenständer, wickelte den Schal vom Hals und fing an zu erklären, wozu er das Geld brauche. Er hatte immer Pläne, unfehlbare Pläne. Er brauchte es nie unmittelbar für sich, sondern immer nur, um endlich seiner Existenz eine feste Grundlage zu geben. Seine Pläne schwankten zwischen einer Limonadenbude, von der er sich ständige und feste Einnahmen versprach, und der Gründung einer politischen Partei, die Europa vor dem Untergang bewahren würde.
Die Phrase »Übrigens, kannst du mir...« wurde zu einem Schreckenswort in unserer Familie, es gab Frauen, Tanten, Großtanten, Nichten sogar, die bei dem Wort »kurzfristig« einer Ohnmacht nahe waren.
Onkel Otto – ich nehme an, daß er vollkommen glücklich war, wenn er die Treppe hinunterraste – ging nun in die nächste Kneipe, um seine Pläne zu überlegen. Er ließ sie durch den Kopf gehen bei einem Schnaps oder drei Flaschen Wein, je nachdem, wie groß die Summe war, die er herausgeschlagen hatte.
Ich will nicht länger verschweigen, daß er trank. Er trank, doch hat ihn nie jemand betrunken gesehen. Außerdem hatte er offenbar das Bedürfnis, allein zu trinken. Ihm Alkohol anzubieten,

um dem Pumpversuch zu entgehen, war vollkommen zwecklos. Ein ganzes Faß Wein hätte ihn nicht davon abgehalten, beim Abschied, in der allerletzten Minute, den Kopf noch einmal zur Tür hereinzustecken und zu fragen: »Übrigens, kannst du mir nicht kurzfristig...?«

Aber seine schlimmste Eigenschaft habe ich bisher verschwiegen: er gab manchmal Geld zurück. Manchmal schien er irgendwie auch etwas zu verdienen; als ehemaliger Referendar machte er, glaube ich, gelegentlich Rechtsberatungen. Er kam dann an, nahm einen Schein aus der Tasche, glättete ihn mit schmerzlicher Liebe und sagte: »Du warst so freundlich, mir auszuhelfen, hier ist der Fünfer!« Er ging dann sehr schnell weg und kam nach spätestens zwei Tagen wieder, um eine Summe zu fordern, die etwas über der zurückgegebenen lag. Es bleibt sein Geheimnis, wie es ihm gelang, fast sechzig Jahre alt zu werden, ohne das zu haben, was wir einen richtigen Beruf zu nennen gewohnt sind. Und er starb keineswegs an einer Krankheit, die er sich durch seinen Trunk hätte zuziehen können. Er war kerngesund, sein Herz funktionierte fabelhaft, und sein Schlaf glich dem eines gesunden Säuglings, der sich vollgesogen hat und vollkommen ruhigen Gewissens der nächsten Mahlzeit entgegenschläft. Nein, er starb sehr plötzlich: ein Unglücksfall machte seinem Leben ein Ende, und was sich nach seinem Tode vollzog, bleibt das Geheimnisvollste an ihm.

Onkel Otto, wie gesagt, starb durch einen Unglücksfall. Er wurde von einem Lastzug mit drei Anhängern überfahren, mitten im Getriebe der Stadt, und es war ein Glück, daß ein ehrlicher Mann ihn aufhob, der Polizei übergab und die Familie verständigte. Man fand in seinen Taschen ein Portemonnaie, das eine Muttergottes-Medaille enthielt, eine Knipskarte mit zwei Fahrten und vierundzwanzigtausend Mark in bar sowie das Duplikat einer Quittung, die er dem Lotterie-Einnehmer hatte unterschreiben müssen, und er kann nicht länger als eine Minute, wahrscheinlich weniger, im Besitz des Geldes gewesen sein, denn der Lastwagen überfuhr ihn kaum fünfzig Meter vom Büro des Lotterie-Einnehmers entfernt. Was nun folgte, hatte für die Familie etwas Beschämendes. In seinem Zimmer herrschte Armut: Tisch, Stuhl, Bett und Schrank, ein paar Bücher und ein großes Notizbuch, und in diesem Notizbuch eine genaue Aufstellung aller derer, die Geld von ihm zu bekommen hatten, ein-

schließlich der Eintragung eines Pumps vom Abend vorher, der ihm vier Mark eingebracht hatte. Außerdem ein sehr kurzes Testament, das mich zum Erben bestimmte.
Mein Vater als Testamentsvollstrecker wurde beauftragt, die schuldigen Summen auszuzahlen. Tatsächlich füllten Onkel Ottos Gläubigerlisten ein ganzes Quartheft aus, und seine erste Eintragung reichte bis in jene Jahre zurück, wo er seine Referendarlaufbahn beim Gericht abgebrochen und sich plötzlich anderen Plänen gewidmet hatte, deren Überlegung ihn soviel Zeit und soviel Geld gekostet hatte. Seine Schulden beliefen sich insgesamt auf fast fünfzehntausend Mark, die Zahl seiner Gläubiger auf über siebenhundert, angefangen von einem Straßenbahnschaffner, der ihm dreißig Pfennig für ein Umsteigebillett vorgestreckt hatte, bis zu meinem Vater, der insgesamt zweitausend Mark zurückzubekommen hatte, weil ihn anzupumpen Onkel Otto wohl am leichtesten gefallen war.
Seltsamerweise wurde ich am Tage des Begräbnisses großjährig, war also berechtigt, die Erbschaft von zehntausend Mark anzutreten, und brach sofort mein eben begonnenes Studium ab, um mich anderen Plänen zu widmen. Trotz der Tränen meiner Eltern zog ich von zu Hause fort, um in Onkel Ottos Zimmer zu ziehen, es zog mich zu sehr dorthin, und ich wohne heute noch dort, obwohl meine Haare längst angefangen haben, sich zu lichten. Das Inventar hat sich weder vermehrt noch verringert. Heute weiß ich, daß ich manches falsch anfing. Es war sinnlos, zu versuchen, Musiker zu werden, gar zu komponieren, ich habe kein Talent dazu. Heute weiß ich es, aber ich habe diese Tatsache mit einem dreijährigen vergeblichen Studium bezahlt und mit der Gewißheit, in den Ruf eines Nichtstuers zu kommen, außerdem ist die ganze Erbschaft dabei draufgegangen, aber das ist lange her.
Ich weiß die Reihenfolge meiner Pläne nicht mehr, es waren zu viele. Außerdem wurden die Fristen, die ich nötig hatte, um ihre Sinnlosigkeit einzusehen, immer kürzer. Zuletzt hielt ein Plan gerade noch drei Tage, eine Lebensdauer, die selbst für einen Plan zu kurz ist. Die Lebensdauer meiner Pläne nahm so rapid ab, daß sie zuletzt nur noch kurze, vorüberblitzende Gedanken waren, die ich nicht einmal jemand erklären konnte, weil sie mir selbst nicht klar waren. Wenn ich bedenke, daß ich mich immerhin drei Monate der Physiognomik gewidmet habe, bis ich mich

zuletzt innerhalb eines einzigen Nachmittags entschloß, Maler, Gärtner, Mechaniker und Matrose zu werden, und daß ich mit dem Gedanken einschlief, ich sei zum Lehrer geboren, und aufwachte in der felsenfesten Überzeugung, die Zollkarriere sei das, wozu ich bestimmt sei...!
Kurz gesagt, ich hatte weder Onkel Ottos Liebenswürdigkeit noch seine relativ große Ausdauer, außerdem bin ich kein Redner, ich sitze stumm bei den Leuten, langweile sie und bringe meine Versuche, ihnen Geld abzuringen, so abrupt, mitten in ein Schweigen hinein, daß sie wie Erpressungen klingen. Nur mit Kindern werde ich gut fertig, wenigstens diese Eigenschaft scheine ich von Onkel Otto als positive geerbt zu haben. Säuglinge werden ruhig, sobald sie auf meinen Armen liegen, und wenn sie mich ansehen, lächeln sie, soweit sie überhaupt schon lächeln können, obwohl man sagt, daß mein Gesicht die Leute erschreckt. Boshafte Leute haben mir geraten, als erster männlicher Vertreter die Branche der Kindergärtner zu gründen und meine endlose Planpolitik durch die Realisierung dieses Plans zu beschließen. Aber ich tue es nicht. Ich glaube, das ist es, was uns unmöglich macht: daß wir unsere wirklichen Fähigkeiten nicht versilbern können – oder wie man jetzt sagt: gewerblich ausnutzen.
Jedenfalls eins steht fest: wenn ich ein schwarzes Schaf bin – und ich selbst bin keineswegs davon überzeugt, eines zu sein –, wenn ich es aber bin, so vertrete ich eine andere Sorte als Onkel Otto: ich habe nicht seine Leichtigkeit, nicht seinen Charme und außerdem, meine Schulden drücken mich, während sie ihn offenbar wenig beschwerten. Und ich tat etwas Entsetzliches: ich kapitulierte – ich bat um eine Stelle. Ich beschwor die Familie, mir zu helfen, mich unterzubringen, ihre Beziehungen spielen zu lassen, um mir einmal, wenigstens einmal, eine feste Bezahlung gegen eine bestimmte Leistung zu sichern. Und es gelang ihnen. Nachdem ich die Bitten losgelassen, die Beschwörungen schriftlich und mündlich formuliert hatte, dringend, flehend, war ich entsetzt, als sie ernst genommen und realisiert wurden, und tat etwas, was bisher noch kein schwarzes Schaf getan hat: ich wich nicht zurück, setzte sie nicht drauf, sondern nahm die Stelle an, die sie für mich ausfindig gemacht hatten. Ich opferte etwas, was ich nie hätte opfern sollen: meine Freiheit!
Jeden Abend, wenn ich müde nach Hause kam, ärgerte ich mich,

daß wieder ein Tag meines Lebens vergangen war, der mir nur Müdigkeit eintrug, Wut und ebensoviel Geld, wie nötig war, um weiterarbeiten zu können; wenn man diese Beschäftigung Arbeit nennen kann: Rechnungen alphabetisch zu sortieren, sie zu lochen und in einen nagelneuen Ordner zu klemmen, wo sie das Schicksal, nie bezahlt zu werden, geduldig erleiden; oder Werbebriefe zu schreiben, die erfolglos in die Gegend reisen und nur eine überflüssige Last für den Briefträger sind; manchmal auch Rechnungen zu schreiben, die sogar gelegentlich bar bezahlt wurden. Verhandlungen mußte ich führen mit Reisenden, die sich vergeblich bemühten, jemand jenen Schund anzudrehen, den unser Chef herstellte. Unser Chef, dieses rastlose Rindvieh, der nie Zeit hat und nichts tut, der die wertvollen Stunden des Tages zäh zerschwätzt – tödlich sinnlose Existenz –, der sich die Höhe seiner Schulden nicht einzugestehen wagt, sich von Bluff zu Bluff durchgaunert, ein Luftballonakrobat, der den einen aufzublasen beginnt, während der andere eben platzt: übrig bleibt ein widerlicher Gummilappen, der eine Sekunde vorher noch Glanz hatte, Leben und Prallheit.
Unser Büro lag unmittelbar neben der Fabrik, wo ein Dutzend Arbeiter jene Möbel herstellten, die man kauft, um sich sein Leben lang darüber zu ärgern, wenn man sich nicht entschließt, sie nach drei Tagen zu Anmachholz zu zerschlagen: Rauchtische, Nähtische, winzige Kommoden, kunstvoll bepinselte kleine Stühle, die unter dreijährigen Kindern zusammenbrechen, kleine Gestelle für Vasen oder Blumentöpfe, schundigen Krimskrams, der sein Leben der Kunst eines Schreiners zu verdanken scheint, während in Wirklichkeit nur ein schlechter Anstreicher ihnen mit Farbe, die für Lack ausgegeben wird, eine Scheinschönheit verleiht, die die Preise rechtfertigen soll.
So verbrachte ich meine Tage einen nach dem andern – es waren fast vierzehn – im Büro dieses unintelligenten Menschen, der sich selbst ernst nahm, sich außerdem für einen Künstler hielt, denn gelegentlich – es geschah nur einmal, während ich da war – sah man ihn am Reißbrett stehen, mit Stiften und Papier hantieren und irgendein wackliges Ding entwerfen, einen Blumenständer oder eine neue Hausbar, weiteres Ärgernis für Generationen.
Die tödliche Sinnlosigkeit seiner Apparate schien ihm nicht aufzugehen. Wenn er ein solches Ding entworfen hatte – es geschah,

wie gesagt, nur einmal, solange ich bei ihm war –, raste er mit seinem Wagen davon, um eine schöpferische Pause zu machen, die sich über acht Tage hinzog, während er nur eine Viertelstunde gearbeitet hatte. Die Zeichnung wurde dem Meister hingeschmissen, der sie auf seine Hobelbank legte, sie stirnrunzelnd studierte, dann die Holzbestände musterte, um die Produktion anlaufen zu lassen. Tagelang sah ich dann, wie sich hinter den verstaubten Fenstern der Werkstatt – er nannte es Fabrik – die neuen Schöpfungen türmten: Wandbretter oder Radiotischchen, die kaum den Leim wert waren, den man an sie verschwendete.

Einzig brauchbar waren die Gegenstände, die sich die Arbeiter ohne Wissen des Chefs herstellten, wenn seine Abwesenheit für einige Tage garantiert war: Fußbänkchen oder Schmuckkästen von erfreulicher Solidität und Einfachheit; die Urenkel werden auf ihnen noch reiten oder ihren Krempel darin aufbewahren: brauchbare Wäschegestelle, auf denen die Hemden mancher Generation noch flattern werden. So wurde das Tröstliche und Brauchbare illegal geschaffen.

Aber die wirklich imponierende Persönlichkeit, die mir während dieses Intermezzos beruflicher Wirksamkeit begegnete – war der Straßenbahnschaffner, der mir mit seiner Knipszange den Tag ungültig stempelte; er hob diesen winzigen Fetzen Papier, meine Wochenkarte, schob ihn in die offene Schnauze seiner Zange, und eine unsichtbar nachfließende Tinte machte zwei laufende Zentimeter darauf – einen Tag meines Lebens – hinfällig, einen wertvollen Tag, der mir nur Müdigkeit eingebracht hatte, Wut und ebensoviel Geld, wie nötig war, um weiter dieser sinnlosen Beschäftigung nachzugehen. Schicksalhafte Größe wohnte diesem Mann in der schlichten Uniform der städtischen Bahnen inne, der jeden Abend Tausende von Menschentagen für nichtig erklären konnte.

Noch heute ärgere ich mich, daß ich meinem Chef nicht kündigte, bevor ich fast gezwungen wurde, ihm zu kündigen; daß ich ihm den Kram nicht hinwarf, bevor ich fast gezwungen wurde, ihn hinzuwerfen: denn eines Tages führte mir meine Wirtin einen finster dreinblickenden Menschen ins Büro, der sich als Lotterie-Einnehmer vorstellte und mir erklärte, daß ich Besitzer eines Vermögens von 50 000 DM sei, falls ich der und der sei und sich ein bestimmtes Los in meiner Hand befände. Nun, ich war

der und der, und das Los befand sich in meiner Hand. Ich verließ sofort ohne Kündigung meine Stelle, nahm es auf mich, die Rechnungen ungelocht, unsortiert liegenzulassen, und es blieb mit nichts anderes übrig, als nach Hause zu gehen, das Geld zu kassieren und die Verwandtschaft durch den Geldbriefträger den neuen Stand der Dinge wissen zu lassen.
Offenbar erwartete man, daß ich bald sterben oder das Opfer eines Unglücksfalles werden würde. Aber vorläufig scheint kein Auto ausersehen, mich des Lebens zu berauben, und mein Herz ist vollkommen gesund, obwohl auch ich die Flasche nicht verschmähe. So bin ich nach Bezahlung meiner Schulden der Besitzer eines Vermögens von fast 30 000 DM, steuerfrei, bin ein begehrter Onkel, der plötzlich wieder Zugang zu seinem Patenkind hat. Überhaupt, die Kinder lieben mich ja, und ich darf jetzt mit ihnen spielen, ihnen Bälle kaufen, sie zu Eis einladen, Eis mit Sahne, darf ganze riesengroße Trauben von Luftballons kaufen, Schiffschaukeln und Karusselle mit der lustigen Schar bevölkern.
Während meine Schwester ihrem Sohn, meinem Patenkind, sofort ein Los gekauft hat, beschäftige ich mich jetzt damit, zu überlegen, stundenlang zu grübeln, wer mir folgen wird in dieser Generation, die dort heranwächst; wer von diesen blühenden, spielenden, hübschen Kindern, die meine Brüder und Schwestern in die Welt gesetzt haben, wird das schwarze Schaf der nächsten Generation sein? Denn wir sind eine charakteristische Familie und bleiben es. Wer wird brav sein, bis zu jenem Punkt, wo er aufhört, brav zu sein? Wer wird sich plötzlich anderen Plänen widmen wollen, unfehlbaren, besseren? Ich möchte es wissen, ich möchte ihn warnen, denn auch wir haben unsere Erfahrungen, auch unser Beruf hat seine Spielregeln, die ich ihm mitteilen könnte, dem Nachfolger, der vorläufig noch unbekannt ist und wie der Wolf im Schafspelz in der Horde der anderen spielt...
Aber ich habe das dunkle Gefühl, daß ich nicht mehr so lange leben werde, um ihn zu erkennen und einzuführen in die Geheimnisse; er wird auftreten, sich entpuppen, wenn ich sterbe und die Ablösung fällig wird, er wird mit erhitztem Gesicht vor seine Eltern treten und sagen, daß er es satt hat, und ich hoffe nur insgeheim, daß dann noch etwas übrig sein wird von meinem Geld, denn ich habe mein Testament verändert und habe den Rest mei-

nes Vermögens dem vermacht, der zuerst die untrüglichen Zeichen zeigt, daß er mir nachzufolgen bestimmt ist...
Hauptsache, daß er ihnen nichts schuldig bleibt.

Besichtigung

Die graue Flanke der Kirche war aufgerissen zwischen zwei Pfeilerstützen, und in der Öffnung stand das Tageslicht wie in einem Tor: Steinbrocken lagen herum wie nach einer Felssprengung, ringsum häufte sich Geröll, aber am Eingang war aufgeräumt, und er ging zwischen aufgehäuften Trümmern darauf zu und drückte die Brettertür auf, die ins Innere führte. Drinnen war es still. Vögel flogen durch den Raum, er hörte sie pfeifen, und irgendwo das Piepsen der Jungen. Die Kette eines verbeulten Leuchters, der noch im Gewölbe verankert war, krächzte leise, und er sah zwei fette Spatzen, die auf dem Metallkranz wippten. Sie flogen auf, als er weiterging. Nur im Umkreis der Tür war aufgeräumt; er kletterte vorsichtig über den Schutt und blieb im Mittelschiff stehen: aus dem großen Riß fiel das Licht grell in die Zerstörung. Die Heiligen oben waren alle gekippt, ihre Sockel leer; stumpfe, häßliche Reste klebten oben an der Mauer: irgendwo zwei Beine bis zu den Knien, ein einsamer Armstummel, der sorgfältig im Gewölbe befestigt zu sein schien, und ein breiter Mauerriß zeichnete sich scharf und schwarz wie das Schattenbild einer Treppe von oben bis unten ab. Im Gewölbe stand der Himmel wie ein scharf ausgezacktes Stück Grau, und er sah einen zweiten tiefen Riß, der bis in die Flanke unten lief, schmal werdend, mit hellem Licht gefüllt. Der Altar war verschüttet, das Chorgestühl umgekippt, er sah die breiten, braunen Rückwände wie zu einer höhnischen Anbetung geneigt. Auch die untere Reihe der Säulenheiligen war lückenhaft: zerkratzte Torsi und geschundener Stein, verstümmelt und verzerrt: manche Gesichter grinsten wie wilde Krüppel, weil ihnen ein Ohr fehlte oder das Kinn, Risse durchschnitten ihre Gesichter, andere waren kopflos. Schlimm waren die, denen die Hände fehlten: sie schienen fast zu bluten, stumm flehend, und eine barocke Gipsfigur war eingedrückt wie ein Ei: das blasse Gesicht des Heiligen war unversehrt, ein schmales, trauriges Jesuitengesicht, aber Bauch und Brust waren aufgerissen, und zerdrückt, der Gips war heruntergebröckelt, er lag in weißlichen Scheiben zu Füßen der Figur, und aus der düsteren Bauchhöhlung quoll Stroh heraus, mit erhärtetem Gips getränkt.

Er kletterte weiter über die Trümmer, vorbei an der Kommunionbank, in die linke der Conchen: die Fesken waren unversehrt, das Tageslicht fiel voll auf die blassen Farben. Auch der Nebenaltar war heil, schien sogar gesäubert zu sein: die Mensa war blank und ein Blumenstrauß stand vor dem steinernen Tabernakel, und als er sich umblickte und in das Nebenschiff sah, waren die Beichtstühle leicht vorgeneigt, und endlich sah er ein Licht und ging darauf zu. Die Kerze brannte vor dem Muttergottesbild, und daneben hing das Kruzifix, das früher im Gewölbe vor dem Leuchter gehangen hatte. Die Kerze flackerte unruhig vor dem Gnadenbild, dessen hölzerner Grund sich leicht geworfen hatte und den goldenen Belag abwerfen zu wollen schien. Er war stellenweise schon heruntergebröckelt und es lief wie weißliche Striemen über Mariens Gesicht. Nur die Blumen waren frisch und schön, wunderbare große Nelken mit fetten Köpfen, die in prallen Kapseln standen.

Er versuchte zu beten, erschrak aber im gleichen Augenblick: er hörte Gesang unter sich, aus der Erde kam er. Der Schauer war nur kurz: die Krypta fiel ihm ein, die wohl unbeschädigt war. Die Stimmen klangen dünn, seltsam gefiltert, es schienen nur wenige zu sein.

Der Zwerg und die Puppe

Die Routen sind uns genau vorgeschrieben. Wir verlassen jeden Morgen in verschiedenen Richtungen die Stadt, ein Trupp von sechs Ermittlern, die der Statistik dienen. Es war noch dunkel, als ich an diesem Tag in Köln einstieg; zu breit kam mir der Dom vor, breit und zerklüftet, und es war ein seltsam düsteres Spiel, als der Zug in Deutz hielt, wo keiner aus- noch einstieg, aber Zugführer, Vorsteher und Schaffner dennoch Signale austauschten: Lampen wurden geschwenkt, Rufe ertönten und Pfiffe, bis der Kolben der Lokomotive sich wieder zu drehen begann. Erst hinter Mülheim sah ich, wie es anfing, hell zu werden, hinter den Hügeln, die östlich von Köln liegen: scharf sprang ein Turm in einem plötzlichen Sonnenstrahl aus dem Dämmer heraus, und ich sah, daß es erst sechs war.

Wir versuchen, unsere Ermittlung auf möglichst vielfältige Weise durchzuführen, lassen alles Formale weg, verzichten auf Fragebogen. Nur Notizbuch und Bleistift dienen uns, und der Plan, an den uns zu halten wir verpflichtet sind. Der neueste Gedanke des Chefs ist, die Leute so früh wie möglich aufzusuchen, »im Anblick des Alltags sozusagen«, eine undankbare und schwierige Geschichte .

So hatte ich bald wieder meinen Mantel zuzuknöpfen und nach meiner Mütze zu greifen, denn eine Stimme rief draußen: »Opladen, Opladen!«

Ich hatte vom Bahnhof aus etwa acht Minuten zu gehen, ehe ich die vorgeschriebene Anschrift erreicht hatte: ein kleines Haus aus roten Backsteinen.

Ich drückte auf den Klingelknopf und wartete. Ich wartete lange. Aber alles blieb still. Leute gingen auf der Straße an mir vorüber, seltsame Blicke trafen mich, aber drinnen war nichts zu hören, und der gelbliche Vorhang bewegte sich nicht: nur ein Porzellanzwerg mit einer Ziehharmonika auf dem Schoß saß auf der Fensterbank zwischen Scheibe und Vorhang und suchte mit seinen stumpfen Fingern nach einer Melodie, die er nicht zu finden schien. Er grinste ins Unbestimmte hinein, und erst als ich länger hinsah, bemerkte ich, daß er auf einem Aschenbecher hockte und in seiner hohlen Mütze eine Zigarette stak.

Ich klingelte noch einmal, aber da trat eine Frau an mich heran,

die kurz vorher mit der Milchkanne an mir vorübergegangen war. Sie sah müde aus.
»Zu wem wollen Sie?«
»Meixner«, sagte ich.
Sie schüttelte den Kopf: »Der ist doch tot.«
»Und seine Frau?«
»Im Krankenhaus.«
Sie ging kopfschüttelnd weg und blickte sich einmal um, weil ich noch stehenblieb und dem Zwerg ins Gesicht blickte. Dann ging ich langsam zum Bahnhof zurück. Wir sind nicht ermächtigt, in solchen Fällen eigene Initiative zu ergreifen und andere Adressen aufzusuchen. Der Tote bleibt tot und geht in die Konzentrationslisten als Strich in einer bestimmten Rubrik ein.
Ich stieg in den Zug nach Düsseldorf, malte vorsichtig ein Kreuz hinter die Opladener Adresse und las die Zeitung, aber immer sah ich vor mir das hoffnunglose Porzellangesicht des Zwerges, dessen Grinsen mir nicht zufällig erschien.
In Düsseldorf verließ ich den Bahnhof schnell. Irrtümer sind bei unserer Arbeit fast ausgeschlossen. Selbst die Straßenbahnen sind uns vorgeschrieben und fahren uns unfehlbar so nahe wie möglich an die Häuser heran, die wir aufzusuchen haben. Ich stieg in die Bahn, gab dem Schaffner Geld und verließ nach zehn Minuten die Bahn vor einem Zigarrengeschäft – dort trat ich ein. Hinter einem Berg von Zigarettenkisten erhob sich eine Frau; sie war groß und steif, und es entstand der Eindruck von Künstlichkeit, weil sie ihre Arme nur vom Ellenbogen an abwärts bewegte, die obere Hälfte an den Leib gepreßt hielt. Ich blickte ihr ins Gesicht.
»Bitte?« fragte sie.
Ich holte tief Atem, um meinen Spruch zu sagen, nahm gleichzeitig meinen Ausweis aus der Tasche und hielt ihn in der Hand. Ich habe die Gewohnheit, die Einleitung absichtlich herunterzurasseln, auch die Fragen abzuleiern, um den Eindruck des Unpersönlichen zu erhöhen. Außerdem blicke ich die Leute nicht an. So sah ich über ihre Schulter auf einen Türken mit Fes, der seine Zigarette sinnlos zwischen den Fingern verqualmen ließ und einer Moschee zugrinste.
»Ich komme vom Intelligenz-Institut«, sagte ich, »wir sind bemüht, durch Befragen aller Bevölkerungsschichten, in allen Gegenden, zu jeder Tageszeit die Meinung der Menschen über ge-

wisse Dinge zu erforschen. Wir wären Ihnen dankbar, wenn Sie ein paar Fragen gestatten würden. Ich brauche nicht zu betonen, daß Diskretion . . . «
»Fragen Sie«, sagte sie ruhig. Ihr Mund hatte sich geöffnet, und ein Lächeln flog über ihr Gesicht, das große Müdigkeit hervorzurufen schien.
»Glauben Sie an Gott?« fragte ich.
Ihre Hände lösten sich von der Theke, sie griff sich zum Herzen, dann an den Kopf, hob die schweren Lider ganz, so daß ich die großen, ruhigen, grauen Augen sah. Dann nickte sie.
»Wie stellen Sie sich Gott vor?«
»Gott ist traurig«, sagte sie still, »wir müssen ihn trösten.«
Ich schwieg einen Augenblick, sagte »Danke« und ging.
Die gleichen Fragen stellte ich zwanzig Minuten später einem Mann, der unbeweglich hinter der Gardine stand und dem Straßenverkehr zusah. Er hieß Baluhn, sein stumpfes Gebiß wirkte bläulich, seine Arme waren stark behaart. Er spielte mit den Fransen des Vorhanges, und sein fahler Kopf mit der Glatze sah tödlich traurig aus, als er sich mir zuwandte und sagte: »Es hat Gott gegeben, aber sie haben ihn getötet, und er ist nicht auferstanden.«
Das dritte Haus war halb zerstört. Im Flur spielte ein Kind in einer Pfütze, die noch vom letzten Regen her dort stand. Das Kind war blaß und still, und ich hörte im Aufgang eine Frauenstimme singen. Die Frau sang schön. Das Kind summte leise mit. Ich stieg vorsichtig die Treppe hinauf. Im ersten Stock stand eine Tür offen: ich sah den Rücken einer Frau, die über den Tisch gebeugt war, um Teig zu rollen. Es war die, die gesungen hatte. Sie schwieg beim Geräusch meiner Tritte, wandte sich um: ihr blasses Gesicht, von strähnigem schwarzem Haar umgeben, blickte mich ruhig an. »Frau Dietz?« fragte ich.
Sie nickte, und ich leierte meinen Spruch ab, selbst berührt von diesem faszinierenden Rhythmus, der sich durch betontes Leiern gebildet hat.
Die Frau schwieg erst. Sie wischte sich die Hände an der Schürze ab und starrte mich mit offenem Munde an: »Gott«, sagte sie, »es gibt zwei Götter, einen Gott der Reichen und einen Gott der Armen.«
Mühsam atmend stellte ich die zweite Frage.
Sie überlegte nicht lange. »Der eine ist hart und machtlos«, sagte sie, »und der andere ist sanft, aber gewaltig – gewaltig.«

»Ich danke Ihnen«, sagte ich, aber ich ging nicht. Wir blickten uns an, es war still für einen Augenblick, dann lächelten wir, und ich ging die Treppe hinunter.
Ich mußte zum Bahnhof laufen, um meinen Anschluß zu bekommen. Wahrscheinlich hatte ich zu lange gelächelt, und es war spät geworden. Ich suchte einen Sitzplatz, nahm mein Notizbuch heraus und schrieb die Düsseldorfer Ergebnisse ein. An sich mißtraut der Chef dem geschriebenen Wort noch mehr als dem gesprochenen – er plant, uns kleine Aufnahmegeräte mitzugeben, die den Dialog wörtlich wiedergeben, während für uns nur eine kurze Schilderung des Milieus bliebe. Aber offenbar haben seine Auftraggeber bisher die Kosten gescheut.
Gegen zwölf war ich in Gelsenkirchen. Es hatte angefangen zu regnen, und ich ging langsam im Regen durch die Stadt; die herbe Luft glich dem Fahrgeruch der Eisenbahn, bitter und würzig, auch als ich in ein stilleres Stadtviertel kam. Löwenzahn wuchs auf den Trümmern in dichter Kolonie, und auf der Suche nach der Hausnummer blieb ich vor einem Kolonialwarenladen stehen: die Reklameschilder glänzten trübe im Regen, und die Waren schienen hinter den feuchten Scheiben zu schwimmen wie in einem Aquarium. Ich trat im Nebenhaus ein: es war ein Friseursalon. Alles war still, und der Laden lag wie im Dämmer. Im Hintergrund schimmerte bläulich ein Transparent, das Gummiwaren anpries, neben dem Gesicht eines sehr zufrieden lächelnden Herrn, der über eine Rasiercreme entzückt schien. In den Spiegeln über den Waschbecken sah ich mich selbst: ich sah hilflos aus. Ich rief: »Hallo!«, wartete, aber nichts rührte sich. In einem Nebenzimmer schienen Kinder zu spielen, ich hörte ihr Kreischen gedämpft. Ich setzte mich, stopfte meine Pfeife, zündete sie an und nahm eine Illustrierte vom Haken. Die Illustrierte war fast drei Wochen alt. Eine Filmschauspielerin zierte das Titelblatt, die längst schon vergessen war, hier aber noch als die schönste Frau des Jahrhunderts galt, und auf der zweiten Seite sah ich das humane Gesicht eines Generals, der beteuerte, daß er unschuldig sei; woran, stand nicht da.
In diesem Augenblick wurde die Ladentür aufgerissen, und ein junges Mädchen stürmte herein. Ihr heiteres, eifriges Gesicht kam mir bekannt vor. Der Notizblock in ihrer Hand klärte mich vollkommen auf.
»Guten Tag, Meister!« schrie sie mich an. »Ich komme vom Intelligenz-Institut, gestatten Sie ein paar Fragen?«

»Gern«, sagte ich, nahm meine Pfeife in den Mund und stieß dicke Wolken aus.
»Glauben Sie an Gott?«
»Ja«, sagte ich.
»Wie stellen Sie sich Gott vor?«
»Ich bin Christ.«
»Oh«, rief sie, »schön – wirklich?«
»Wirklich«, sagte ich.
»Vielen Dank.« Sie steckte ihr Notizbuch weg, rannte die Stufen hinauf und knallte die Tür hinter sich zu. Ich stand langsam auf und war nun erschrocken, als der Ladenbesitzer plötzlich neben mir stand. Er war ein junger Mann, sein Haar zerrauft, und er schien erhitzt zu sein. Er lächelte.
»Verzeihung«, sagte er, »warten Sie schon lange?«
»Nein, nein«, sagte ich lächelnd.
»Was wünschen Sie?«
»Rasierklingen, bitte«, sagte ich, »zehn Stück. Aber schnell.«
Er lief zum Regal, gab mir ein Päckchen, ich warf Geld hin und lief hinaus. Ich holte die Kollegin an der Straßenecke ein und folgte ihr. Ich ging sehr lange im Regen hinter ihr, fast durch die ganze Stadt – vorbei an Eisenwerken, Riesenanlagen, Zechen –, durch belebte Straßen und einen großen Park. Sie suchte genau die Adressen auf, die mir für den Nachmittag bestimmt waren. Offenbar lag ein Irrtum der Abteilung »Reisepläne« vor.
Es war schon spät, als ich endlich müde hinter ihr her zum Bahnhof ging. Aber ich hatte keine Lust nach Hause zu fahren. Ich setzte mich nahe am Bahnhof in ein Kino, dort war es warm und still, und ich schlief kurz nach Beginn des Hauptfilms ein. Als ich hinaustrat, regnete es immer noch.
Ich stieg in einen Zug, der südwärts fuhr, schlief im Sitzen ein und wurde nur wach, wenn der Zug hielt. So döste ich hin, bis eine Stimme im Dunkeln »Opladen« rief: »Opladen – hier ist Opladen.« Ich sprang auf, nahm meine Mütze aus dem Netz und stieg schnell aus. Erst als ich an der Sperre stand und der Zug weiterfuhr, sich langsam im Dunkeln an mir vorbeischiebend, begriff ich, daß ich in Opladen nichts mehr zu suchen hatte. Der nächste Zug fuhr erst in einer Stunde, und ich wußte nichts anderes, als langsam hinauszugehen zu dem Haus, wo ich morgens gewesen war. Schon von weitem sah ich, daß es erleuchtet war. Ich ging schnell näher, las auf dem Schild, daß der Name Meix-

ner schon überklebt war. Von der anderen Straßenseite aus sah ich mir den Zwerg an: von hinten beleuchtet sah er fast lebendig aus. Eine junge Frau ging durchs Zimmer, mit einem rötlichen Mantel bekleidet, und plötzlich hob sich der Vorhang, und ein kleines Mädchen im Nachthemd stützte sich auf die Fensterbank und drückte seine Puppe fest an die Scheiben. Die Puppe war alt und schmutzig, aber ich hob die Hand und winkte ihr zu. Das Kind erschrak, machte eine heftige Bewegung, der Zwerg bekam einen Stoß und fiel auf den Boden. Ich hörte, wie er zerschellte, es klirrte nur kurz. Das Kind verschwand, die Puppe stand noch da, schief gegen die Scheiben gelehnt, ein struppiges Ding. Ich winkte ihr noch einmal zu und ging langsam weg: aus einem anderen Zimmer kam jetzt Geschrei, und ich wußte, daß das Mädchen Prügel bekam. Kinder bekommen immer Prügel, fast immer unschuldig und immer umsonst, und ich hoffte, daß sie nicht zuviel bekam.
Als ich noch einmal stehenblieb, war es schon still, und ich betete, daß der Vater sie nicht noch einmal schlagen sollte. Vielleicht war er tot, oder er hatte Nachtschicht, vielleicht auch würde er glauben, daß draußen wirklich ein schwarzer Mann gestanden und der Puppe zugewinkt hatte.
Ich ging sehr langsam zum Bahnhof zurück.

Mein Onkel Fred

Mein Onkel Fred ist der einzige Mensch, der mir die Erinnerung an die Jahre nach 1945 erträglich macht. Er kam an einem Sommernachmittag aus dem Kriege heim, schmucklos gekleidet, als einzigen Besitz eine Blechbüchse an einer Schnur um den Hals tragend sowie beschwert durch das unerhebliche Gewicht einiger Kippen, die er sorgfältig in einer kleinen Dose aufbewahrte. Er umarmte meine Mutter, küßte meine Schwester und mich, murmelte die Worte »Brot, Schlaf, Tabak« und rollte sich auf unser Familiensofa, und so entsinne ich mich seiner als eines Menschen, der bedeutend länger war als unser Sofa, ein Umstand, der ihn zwang, seine Beine entweder anzuwinkeln oder sie einfach überhängen zu lassen. Beide Möglichkeiten veranlaßten ihn, sich wütend über das Geschlecht unserer Großeltern auszulassen, dem wir die Anschaffung dieses wertvollen Möbelstücks verdankten. Er nannte diese biedere Generation muffig und pyknisch, verachtete ihren Geschmack für jenes säuerliche Rosa des Stoffes, mit dem das Sofa überzogen war, fühlte sich aber keineswegs gehindert, einem sehr ausgiebigen Schlaf zu frönen.

Ich selbst übte damals eine undankbare Funktion in unserer unbescholtenen Familie aus: ich war vierzehn Jahre alt und das einzige Bindeglied zu jener denkwürdigen Institution, die wir Schwarzmarkt nannten. Mein Vater war gefallen, meine Mutter bezog eine winzige Pension, und so bestand meine Aufgabe darin, fast täglich kleine Teile unseres geretteten Besitzes zu verscheuern oder sie gegen Brot, Kohle und Tabak zu tauschen. Die Kohle war damals Anlaß zu erheblichen Verletzungen des Eigentumsbegriffs, die man heute mit dem harten Wort Diebstahl bezeichnen muß. So ging ich fast täglich zum Diebstahl oder Verscheuern aus, und meine Mutter, obwohl ihr die Notwendigkeit eines solch anrüchigen Tuns einleuchtete, sah mich morgens nur mit Tränen in den Augen meinen komplizierten Pflichten entgegengehen. So hatte ich die Aufgabe, ein Kopfkissen zu Brot, eine Sammeltasse zu Grieß oder drei Bände Gustav Freytag zu fünfzig Gramm Kaffe zu machen, Aufgaben, denen ich zwar mit sportlichem Eifer, aber nicht ganz ohne Erbitterung und Angst oblag. Denn die Wertbegriffe – so nannten es die Erwach-

senen damals – waren erheblich verschoben, und ich kam hin und wieder unberechtigterweise in den Verdacht der Unehrlichkeit, weil der Wert eines zu verscheuernden Objektes keineswegs dem entsprach, den meine Mutter für angemessen hielt. Es war schon eine bittere Aufgabe, als Vermittler zwischen zwei Wertwelten zu stehen, die sich inzwischen angeglichen zu haben scheinen.
Onkel Freds Ankunft weckte in uns allen die Erwartung starker männlicher Hilfe. Aber zunächst enttäuschte er uns. Schon vom ersten Tage an erfüllte mich sein Appetit mit großer Sorge, und als ich diese meiner Mutter ohne Zögern mitteilte, bat sie mich, ihn erst einmal »zu sich kommen zu lassen«. Es dauerte fast acht Wochen, ehe er zu sich kam. Trotz aller Flüche über das unzulängliche Sofa schlief er dort recht gut, verbrachte den Tag dösend oder indem er uns mit leidender Stimme erklärte, welche Stellung er im Schlaf bevorzuge.
Ich glaube, es war die Stellung eines Sprinters vor dem Start, die er damals allen anderen vorzog. Er liebte es, nach dem Essen auf dem Rücken liegend, mit angezogenen Beinen, ein großes Stück Brot genußvoll in sich hineinzubröckeln, dann eine Zigarette zu drehen und dem Abendessen entgegenzuschlafen. Er war sehr groß und blaß und hatte am Kinn eine kranzförmige Narbe, die seinem Gesicht etwas von einem angeschlagenen Marmordenkmal gab. Obwohl mich sein Appetit und sein Schlafbedürfnis weiterhin beunruhigten, mochte ich ihn sehr gern. Er war der einzige, mit dem ich wenigstens über den Schwarzmarkt theoretisieren konnte, ohne Streit zu bekommen. Offenbar war er über das Zerwürfnis zwischen den beiden Wertwelten informiert.
Unserem Drängen, vom Kriege zu erzählen, gab er nie nach; er behauptete, es lohne sich nicht. Er beschränkte sich darauf, uns hin und wieder von seiner Musterung zu berichten, die offenbar überwiegend darin bestanden hatte, daß ein uniformierter Mensch Onkel Fred mit heftiger Stimme aufgefordert hatte, in ein Reagenzglas zu urinieren, eine Aufforderung, der Onkel Fred nicht gleich hatte nachkommen können, womit seine militärische Laufbahn von vornherein unter einem ungünstigen Zeichen stand.
Er behauptete, daß das lebhafte Interesse des Deutschen Reiches für seinen Urin ihn mit erheblichem Mißtrauen erfüllt habe, mit einem Mißtrauen, das er in sechs Jahren Krieg bedenklich bestätigt fand.

Er war früher Buchhalter gewesen, und als die ersten vier Wochen auf unserem Sofa vorüber waren, forderte meine Mutter ihn mit schwesterlicher Sanftmut auf, sich nach seiner alten Firma zu erkundigen – er gab diese Aufforderung behutsam an mich weiter, aber alles, was ich ermitteln konnte, war ein absoluter Trümmerhaufen von zirka acht Meter Höhe, den ich nach einstündiger mühsamer Pilgerschaft in einem zerstörten Stadtteil auffand, Onkel Fred war über das Ergebnis meiner Ermittlung sehr beruhigt.

Er lehnte sich zurück, drehte sich eine Zigarette, nickte meiner Mutter triumphierend zu und bat sie, seine Habseligkeiten herauszusuchen. In einer Ecke unseres Schlafraumes fand sich eine sorgfältig vernagelte Kiste, die wir unter großer Spannung mit Hammer und Zange öffneten; es kamen heraus: zwanzig Romane mittleren Umfangs und mittlerer Qualität, eine goldene Taschenuhr, verstaubt aber unbeschädigt, zwei Paar Hosenträger, einige Notizbücher, das Diplom der Handelskammer und ein Sparkassenbuch über zwölfhundert Mark. Das Sparkassenbuch wurde mir zum Abholen des Geldes, alles andere zum Verscheuern übergeben, einschließlich des Diploms von der Handelskammer, das aber keinen Abnehmer fand, weil Onkel Freds Name mit schwarzer Tusche geschrieben war.

So waren wir vier Wochen jegliche Sorge um Brot, Tabak und Kohlen los, ein Umstand, den ich sehr erleichternd fand, zumal alle Schulen wieder einladend ihre Tore öffneten und ich aufgefordert wurde, meine Bildung zu vervollständigen.

Noch heute, wo meine Bildung längst komplett ist, bewahre ich den Suppen, die es damals gab, eine zärtliche Erinnerung, vor allem, weil man fast kampflos zu dieser zusätzlichen Mahlzeit kam, die dem gesamten Bildungswesen eine erfreuliche, zeitgemäße Note gab.

Aber das Ereignis in dieser Zeit war die Tatsache, daß Onkel Fred gut acht Wochen nach seiner erfreulichen Heimkehr die Initiative ergriff.

Er erhob sich an einem Spätsommertag morgens von seinem Sofa, rasierte sich so umständlich, daß wir erschraken, verlangte saubere Wäsche, lieh sich mein Fahrrad und verschwand.

Seine späte Heimkehr stand unter dem Zeichen großen Lärms und eines heftigen Weingeruchs; der Weingeruch entströmte dem Munde meines Onkels, der Lärm rührte von einem halben

Dutzend Zinkeimern, die er mit einem großen Seil zusammengebunden hatte. Unsere Verwirrung legte sich erst, als wir erfuhren, daß er entschlossen sei, den Blumenhandel in unserer arg zerstörten Stadt zum Leben zu erwecken. Meine Mutter, voller Mißtrauen gegen die Wertwelt, verwarf den Plan und behauptete, für Blumen bestehe kein Bedürfnis. Aber sie täuschte sich.
Es war ein denkwürdiger Morgen, als wir Onkel Fred halfen, die frischgefüllten Eimer an die Straßenbahnhaltestelle zu bringen, wo er sein Geschäft startete. Und ich habe den Anblick der gelben und roten Tulpen, der feuchten Nelken noch heute im Gedächtnis und werde nie vergessen, wie schön er aussah, als er inmitten der grauen Gestalten und der Trümmerhaufen stand und mit schallender Stimme anfing zu rufen: »Blumen ohne!« Über die Entwicklung seines Geschäftes brauche ich nichts zu sagen: sie war kometenhaft. Schon nach vier Wochen war er Besitzer von drei Dutzend Zinkeimern, Inhaber zweier Filialen, und einen Monat später war er Steuerzahler. Die ganze Stadt schien mir verändert: an vielen Ecken tauchten nun Blumenstände auf, der Bedarf war nicht zu decken; immer mehr Zinkeimer wurden angeschafft, Bretterbuden errichtet und Karren zusammengezimmert.
Jedenfalls waren wir nicht nur dauernd mit frischen Blumen, sondern auch mit Brot und Kohlen versehen, und ich konnte meine Vermittlertätigkeit niederlegen, eine Tatsache, die viel zu meiner moralischen Festigung beigetragen hat. Onkel Fred ist längst ein gemachter Mann: seine Filialen blühen immer noch, er hat ein Auto, und ich bin als sein Erbe vorgesehen und habe den Auftrag, Volkswirtschaft zu studieren, um die steuerliche Betreuung des Unternehmens schon vor Antritt der Erbschaft übernehmen zu können.
Wenn ich ihn heute sehe, einen massigen Menschen am Steuer seines rotlackierten Wagens, kommt es mir merkwürdig vor, daß es wirklich eine Zeit in meinem Leben gab, in der mir sein Appetit schlaflose Nächte bereitete.

Nicht nur zur Weihnachtszeit

I

In unserer Verwandtschaft machen sich Verfallserscheinungen bemerkbar, die man eine Zeitlang stillschweigend zu übergehen sich bemühte, deren Gefahr ins Auge zu blicken man nun aber entschlossen ist. Noch wage ich nicht, das Wort Zusammenbruch anzuwenden, aber die beunruhigenden Tatsachen häufen sich derart, daß sie eine Gefahr bedeuten und mich zwingen, von Dingen zu berichten, die den Ohren der Zeitgenossen zwar befremdlich klingen werden, deren Realität aber niemand bestreiten kann. Schimmelpilze der Zersetzung haben sich unter der ebenso dicken wie harten Kruste der Anständigkeit eingenistet, Kolonien tödlicher Schmarotzer, die das Ende der Unbescholtenheit einer ganzen Sippe ankündigen. Heute müssen wir es bedauern, die Stimme unseres Vetters Franz überhört zu haben, der schon früh begann, auf die schrecklichen Folgen aufmerksam zu machen, die ein »an sich« harmloses Ereignis haben werde. Dieses Ereignis selbst war so geringfügig, daß uns das Ausmaß der Folgen nun erschreckt. Franz hat schon früh gewarnt. Leider genoß er zu wenig Reputation. Er hat einen Beruf erwählt, der in unserer gesamten Verwandtschaft bisher nicht vorgekommen ist, auch nicht hätte vorkommen dürfen: er ist Boxer geworden. Schon in seiner Jugend schwermütig und von einer Frömmigkeit, die immer als »inbrünstiges Getue« bezeichnet wurde, ging er früh auf Bahnen, die meinem Onkel Franz – diesem herzensguten Menschen – Kummer bereiteten. Er liebte es, sich der Schulpflicht in einem Ausmaß zu entziehen, das nicht mehr als normal bezeichnet werden kann. Er traf sich mit fragwürdigen Kumpanen in abgelegenen Parks und dichten Gebüschen vorstädtischen Charakters. Dort übten sie die harten Regeln des Faustkampfes, ohne sich bekümmert darum zu zeigen, daß das humanistische Erbe vernachlässigt wurde. Diese Burschen zeigten schon früh die Untugenden ihrer Generation, von der sich ja inzwischen herausgestellt hat, daß sie nichts taugt. Die erregenden Geisteskämpfe früherer Jahrhunderte interessierte sie nicht, zu sehr waren sie mit den fragwürdigen Aufregungen ihres eigenen Jahrhunderts beschäftigt. Zunächst schien mir, Franzens

Frömmigkeit stehe im Gegensatz zu diesen regelmäßigen Übungen in passiver und aktiver Brutalität. Doch heute beginne ich manches zu ahnen. Ich werde darauf zurückkommen müssen.
Franz also war es, der schon frühzeitig warnte, der sich von der Teilnahme an gewissen Feiern ausschloß, das Ganze als Getue und Unfug bezeichnete, sich vor allem später weigerte, an Maßnahmen teilzunehmen, die zur Erhaltung dessen, was er Unfug nannte, sich als erforderlich erwiesen. Doch – wie gesagt – besaß er zu wenig Reputation, um in der Verwandtschaft Gehör zu finden.
Jetzt allerdings sind die Dinge in einer Weise ins Kraut geschossen, daß wir ratlos dastehen, nicht wissend, wie wir ihnen Einhalt gebieten sollen.
Franz ist längst ein berühmter Faustkämpfer geworden, doch weist er heute das Lob, das ihm in der Familie gespendet wird, mit derselben Gleichgültigkeit zurück, mit der er sich damals jede Kritik verbat.
Sein Bruder aber – mein Vetter Johannes –, ein Mensch, für den ich jederzeit meine Hand ins Feuer gelegt hätte, dieser erfolgreiche Rechtsanwalt, Lieblingssohn meines Onkels – Johannes soll sich der kommunistischen Partei genähert haben, ein Gerücht, das zu glauben ich mich hartnäckig weigere. Meine Kusine Lucie, bisher eine normale Frau, soll sich nächtlicherweise in anrüchigen Lokalen, von ihrem hilflosen Gatten begleitet, Tänzen hingeben, für die ich kein anderes Beiwort als existentialistisch finden kann, Onkel Franz selbst, dieser herzensgute Mensch, soll geäußert haben, er sei lebensmüde, er, der in der gesamten Verwandtschaft als ein Muster an Vitalität galt und als ein Vorbild dessen, was man uns einen christlichen Kaufmann zu nennen gelehrt hat.
Arztrechnungen häufen sich, Psychiater, Seelentestler werden einberufen. Einzig meine Tante Milla, die als Urheberin all dieser Erscheinungen bezeichnet werden muß, erfreut sich bester Gesundheit, lächelt, ist wohl und heiter, wie sie es fast immer war. Ihre Frische und Munterkeit beginnen jetzt langsam uns aufzuregen, nachdem uns ihr Wohlergehen lange Zeit so sehr am Herzen lag. Denn es gab eine Krise in ihrem Leben, die bedenklich zu werden drohte. Gerade darauf muß ich näher eingehen.

2

Es ist einfach, rückwirkend den Herd einer beunruhigenden Entwicklung auszumachen – und merkwürdig, erst jetzt, wo ich es nüchtern betrachte, kommen mir die Dinge, die sich seit fast zwei Jahren bei unseren Verwandten begeben, außergewöhnlich vor.
Wir hätten früher auf die Idee kommen können, es stimme etwas nicht. Tatsächlich, es stimmt etwas nicht, und wenn überhaupt jemals irgend etwas gestimmt hat – ich zweifle daran –, hier gehen Dinge vor sich, die mich mit Entsetzen erfüllen. Tante Milla war in der ganzen Familie von jeher wegen ihrer Vorliebe für die Ausschmückung des Weihnachtsbaumes bekannt, eine harmlose, wenn auch spezielle Schwäche, die in unserem Vaterland ziemlich verbreitet ist. Ihre Schwäche wurde allgemein belächelt, und der Widerstand, den Franz von frühester Jugend an gegen diesen »Rummel« an den Tag legte, war immer Gegenstand heftigster Entrüstung, zumal Franz ja sowieso eine beunruhigende Erscheinung war. Er weigerte sich, an der Ausschmückung des Baumes teilzunehmen. Das alles verlief bis zu einem gewissen Zeitpunkt normal. Meine Tante hatte sich daran gewöhnt, daß Franz den Vorbereitungen in der Adventszeit fernblieb, auch der eigentlichen Feier, und erst zum Essen erschien. Man sprach nicht einmal mehr darüber.
Auf die Gefahr hin, mich unbeliebt zu machen, muß ich hier eine Tatsache erwähnen, zu deren Verteidigung ich nur sagen kann, daß sie wirklich eine ist. In den Jahren 1939 bis 1945 hatten wir Krieg. Im Krieg wird gesungen, geschossen, geredet, gekämpft, gehungert und gestorben – und es werden Bomben geschmissen – lauter unerfreuliche Dinge, mit deren Erwähnung ich meine Zeitgenossen in keiner Weise langweilen will. Ich muß sie nur erwähnen, weil der Krieg Einfluß auf die Geschichte hatte, die ich erzählen will. Denn der Krieg wurde von meiner Tante Milla nur registriert als eine Macht, die schon Weihnachten 1939 anfing, ihren Weihnachtsbaum zu gefährden. Allerdings war ihr Weihnachtsbaum von einer besonderen Sensibilität.
Die Hauptattraktion am Weihnachtsbaum meiner Tante Milla waren gläserne Zwerge, die in ihren hocherhobenen Armen einen Korkhammer hielten und zu deren Füßen glockenförmige Ambosse hingen. Unter den Fußsohlen der Zwerge waren Ker-

zen befestigt, und wenn ein gewisser Wärmegrad erreicht war, geriet ein verborgener Mechanismus in Bewegung, eine hektische Unruhe teilte sich den Zwergenarmen mit, sie schlugen wie irr mit ihren Korkhämmern auf die glockenförmigen Ambosse und riefen so, ein Dutzend an der Zahl, ein konzertantes, elfenhaft feines Gebimmel hervor. Und an der Spitze des Tannenbaumes hing ein silbrig gekleideter rotwangiger Engel, der in bestimmten Abständen seine Lippen voneinander hob und »Frieden« flüsterte. »Frieden«. Das mechanische Geheimnis dieses Engels ist, konsequent gehütet, mir später erst bekannt geworden, obwohl ich damals fast wöchentlich Gelegenheit hatte, ihn zu bewundern. Außerdem gab es am Tannenbaum meiner Tante natürlich Zuckerkringel, Gebäck, Engelhaar, Marzipanfiguren und – nicht zu vergessen – Lametta, und ich weiß noch, daß die sachgemäße Anbringung des vielfältigen Schmuckes erhebliche Mühe kostete, die Beteiligung aller erforderte und die ganze Familie am Weihnachtsabend vor Nervosität keinen Appetit hatte, die Stimmung dann – wie man so sagt – einfach gräßlich war, ausgenommen bei meinem Vetter Franz, der an diesen Vorbereitungen ja nicht teilgenommen hatte und sich als einziger Braten und Spargel, Sahne und Eis schmecken ließ. Kamen wir dann am zweiten Weihnachtstag zu Besuch und wagten die kühne Vermutung, das Geheimnis des sprechenden Engels beruhe auf dem gleichen Mechanismus, der gewisse Puppen veranlaßt, »Mama« oder »Papa« zu sagen, so ernteten wir nur höhnisches Gelächter. Nun wird man sich denken können, daß in der Nähe fallende Bomben einen solch sensiblen Baum aufs höchste gefährdeten. Es kam zu schrecklichen Szenen, wenn die Zwerge vom Baum gefallen waren, einmal stürzte sogar der Engel. Meine Tante war untröstlich. Sie gab sich unendliche Mühe, nach jedem Luftangriff den Baum komplett wiederherzustellen, ihn wenigstens während der Weihnachtstage zu erhalten. Aber schon im Jahre 1940 war nicht mehr daran zu denken. Wieder auf die Gefahr hin, mich sehr unbeliebt zu machen, muß ich hier kurz erwähnen, daß die Zahl der Luftangriffe auf unsere Stadt tatsächlich erheblich war, von ihrer Heftigkeit ganz zu schweigen. Jedenfalls wurde der Weihnachtsbaum meiner Tante ein Opfer – von anderen Opfern zu sprechen, verbietet mir der rote Faden – der modernen Kriegführung; fremdländische Ballistiker löschten seine Existenz vorübergehend aus.

Wir alle hatten wirklich Mitleid mit unserer Tante, die eine reizende und liebenswürdige Frau war. Es tat uns leid, daß sie nach harten Kämpfen, endlosen Disputen, nach Tränen und Szenen sich bereit erklären mußte, für Kriegsdauer auf ihren Baum zu verzichten.
Glücklicherweise – oder soll ich sagen unglücklicherweise? – war dies fast das einzige, was sie vom Krieg zu spüren bekam. – Der Bunker, den mein Onkel baute, war einfach bombensicher, außerdem stand jederzeit ein Wagen bereit, meine Tante Milla in Gegenden zu entführen, wo von der unmittelbaren Wirkung des Krieges nichts zu sehen war; es wurde alles getan, um ihr den Anblick der gräßlichen Zerstörungen zu ersparen. Meine beiden Vettern hatten das Glück, den Kriegsdienst nicht in seiner härtesten Form zu erleben. Johannes trat schnell in die Firma seines Onkels ein, die in der Gemüseversorgung unserer Stadt eine entscheidende Rolle spielte. Zudem war er gallenleidend. Franz hingegen wurde zwar Soldat, war aber nur mit der Bewachung von Gefangenen betraut, ein Posten, den er zur Gelegenheit nahm, sich auch bei seinen militärischen Vorgesetzten unbeliebt zu machen, indem er Russen und Polen wie Menschen behandelte. Meine Kusine Lucie war damals noch nicht verheiratet und half im Geschäft. Einen Nachmittag in der Woche half sie im freiwilligen Kriegsdienst in einer Hakenkreuzstickerei. Doch will ich hier nicht die politischen Sünden meiner Verwandten aufzählen.
Aufs Ganze gesehen jedenfalls fehlte es weder an Geld noch an Nahrungsmitteln und jeglicher erforderlichen Sicherheit, und meine Tante empfand nur den Verzicht auf ihren Baum als bitter.
Mein Onkel Franz, dieser herzensgute Mensch, hat sich fast fünfzig Jahre hindurch erhebliche Verdienste erworben, indem er in tropischen und subtropischen Ländern Apfelsinen und Zitronen aufkaufte und sie gegen einen entsprechenden Aufschlag weiter in den Handel gab. Im Kriege dehnte er sein Geschäft auch auf weniger wertvolles Obst und Gemüse aus. Aber nach dem Kriege kamen die erfreulichen Früchte, denen sein Hauptinteresse galt, als Zitrusfrüchte wieder auf und wurden Gegenstand des schärfsten Interesses aller Käuferschichten. Hier gelang es Onkel Franz, sich wieder maßgebend einzuschalten, und er brachte die Bevölkerung in den Genuß von Vitaminen und sich in den eines ansehnlichen Vermögens.

Aber er war fast siebzig, wollte sich nun zur Ruhe setzen, das Geschäft seinem Schwiegersohn übergeben. Da fand jenes Ereignis statt, das wir damals belächelten, das uns heute aber als Ursache der ganzen unseligen Entwicklung erscheint.
Meine Tante Milla fing wieder mit dem Weihnachtsbaum an. Das war an sich harmlos; sogar die Zähigkeit, mit der sie darauf bestand, daß alles »so sein sollte wie früher«, entlockte uns nur ein Lächeln. Zunächst bestand wirklich kein Grund, diese Sache allzu ernst zu nehmen. Zwar hatte der Krieg manches zerstört, das wiederherzustellen mehr Sorge bereitete, aber warum – so sagten wir uns – einer charmanten alten Dame diese kleine Freude nehmen?
Jedermann weiß, wie schwer es war, damals Butter und Speck zu bekommen. Aber sogar für meinen Onkel Franz, der über die besten Beziehungen verfügte, war die Beschaffung von Marzipanfiguren, Schokoladenkringeln und Kerzen im Jahre 1945 unmöglich. Erst im Jahre 1946 konnte alles bereitgestellt werden. Glücklicherweise war noch eine komplette Garnitur von Zwergen und Ambossen sowie ein Engel erhalten geblieben.
Ich entsinne mich des Tages noch gut, an dem wir eingeladen waren. Es war im Januar 1947, Kälte herrschte draußen. Aber bei meinem Onkel war es warm, und es herrschte kein Mangel an Eßbarem. Und als die Lampen gelöscht, die Kerzen angezündet waren, als die Zwerge anfingen zu hämmern, der Engel »Frieden« flüsterte, »Frieden«, fühlte ich mich lebhaft zurückversetzt in eine Zeit, von der ich angenommen hatte, sie sei vorbei.
Immerhin, dieses Erlebnis war, wenn auch überraschend, so doch nicht außergewöhnlich. Außergewöhnlich war, was ich drei Monate später erlebte. Meine Mutter – es war Mitte März geworden – hatte mich hinübergeschickt, nachzuforschen, ob bei Onkel Franz »nichts zu machen« sei. Es ging ihr um Obst. Ich schlenderte in den benachbarten Stadtteil – die Luft war mild, es dämmerte. Ahnungslos schritt ich an bewachsenen Trümmerhalden und verwilderten Parks vorbei, öffnete das Tor zum Garten meines Onkels, als ich plötzlich bestürzt stehenblieb. In der Stille des Abends war sehr deutlich zu hören, daß im Wohnzimmer meines Onkels gesungen wurde. Singen ist eine gute deutsche Sitte, und es gibt viele Frühlingslieder – hier aber hörte ich deutlich:

holder Knabe im lockigen Haar...

Ich muß gestehen, daß ich verwirrt war. Ich ging langsam näher, wartete das Ende des Liedes ab. Die Vorhänge waren zugezogen, ich beugte mich zum Schlüsselloch. In diesem Augenblick drang das Gebimmel der Zwergenglocken an mein Ohr, und ich hörte deutlich das Flüstern des Engels. Ich hatte nicht den Mut, einzudringen, und ging langsam nach Hause zurück. In der Familie rief mein Bericht allgemeine Belustigung hervor. Aber erst als Franz auftauchte und Näheres berichtete, erfuhren wir, was geschehen war:

Um Mariä Lichtmeß herum, zu der Zeit also, wo man in unseren Landen die Christbäume plündert, sie dann auf den Kehricht wirft, wo sie von nichtsnutzigen Kindern aufgegriffen, durch Asche und sonstigen Unrat geschleift und zu mancherlei Spiel verwendet werden, um Lichtmeß herum war das Schreckliche geschehen. Als mein Vetter Johannes am Abend des Lichtmeßtages, nachdem ein letztes Mal der Baum gebrannt hatte – als Johannes begann, die Zwerge von den Klammern zu lösen, fing meine bis dahin so milde Tante jämmerlich zu schreien an, und zwar so heftig und plötzlich, daß mein Vetter erschrak, die Herrschaft über den leise schwankenden Baum verlor, und schon war es geschehen: es klirrte und klingelte, Zwerge und Glocken, Ambosse und der Spitzenengel, alles stürzte hinunter, und meine Tante schrie.

Sie schrie fast eine Woche lang, Neurologen wurden herbeitelegraphiert, Psychiater kamen in Taxen herangerast – aber alle, auch Kapazitäten, verließen achselzuckend, ein wenig erschreckt auch, das Haus. Keiner hatte diesem unerfreulich schrillen Konzert ein Ende bereiten können. Nur die stärksten Mittel brachten einige Stunden Ruhe, doch ist die Dosis Luminal, die man einer Sechzigjährigen täglich verabreichen kann, ohne ihr Leben zu gefährden, leider gering. Es ist aber eine Qual, eine aus allen Leibeskräften schreiende Frau im Hause zu haben: schon am zweiten Tage befand sich die Familie in völliger Auflösung. Auch der Zuspruch des Priesters, der am Heiligen Abend der Feier beizuwohnen pflegte, blieb vergeblich: meine Tante schrie.

Franz machte sich besonders unbeliebt, weil er riet, einen regelrechten Exorzismus anzuwenden. Der Pfarrer schalt ihn, die Familie war bestürzt über seine mittelalterlichen Anschauungen, der Ruf seiner Brutalität überwog für einige Wochen seinen Ruf als Faustkämpfer.

Inzwischen wurde alles versucht, meine Tante aus ihrem Zustand zu erlösen. Sie verweigerte die Nahrung, sprach nicht, schlief nicht; man wandte kaltes Wasser an, heiße Fußbäder, Wechselbäder, die Ärzte schlugen in Lexika nach, suchten nach dem Namen dieses Komplexes, fanden ihn nicht.
Und meine Tante schrie. Sie schrie so lange, bis mein Onkel Franz – dieser wirklich herzensgute Mensch – auf die Idee kam, einen neuen Tannenbaum aufzustellen.

3

Die Idee war ausgezeichnet, aber sie auszuführen, erwies sich als äußerst schwierig. Es war fast Mitte Februar geworden, und es ist verhältnismäßig schwer, um diese Zeit einen diskutablen Tannenbaum auf dem Markt zu finden. Die gesamte Geschäftswelt hat sich längst – mit erfreulicher Schnelligkeit übrigens – auf andere Dinge eingestellt. Karneval ist nahe: Masken und Pistolen, Cowboyhüte und verrückte Kopfbedeckungen für Czardasfürstinnen füllen die Schaufenster, in denen man sonst Engel und Engelhaar, Kerzen und Krippen hat bewundern können. Die Zuckerwarenläden haben längst den Weihnachtskrempel in ihre Lager zurücksortiert, während Knallbonbons nun ihre Fenster zieren. Jedenfalls, Tannenbäume gibt es um diese Zeit auf dem regulären Markt nicht.
Es wurde schließlich eine Expedition raublustiger Enkel mit Taschengeld und einem scharfen Beil ausgerüstet: sie fuhren in den Staatsforst und kamen gegen Abend, offenbar in bester Stimmung, mit einer Edeltanne zurück. Aber inzwischen war festgestellt worden, daß vier Zwerge, sechs glockenförmige Ambosse und der Spitzenengel völlig zerstört waren. Die Marzipanfiguren und das Gebäck waren den gierigen Enkeln zum Opfer gefallen. Auch diese Generation, die dort heranwächst, taugt nichts, und wenn je eine Generation etwas getaugt hat – ich zweifle daran –, so komme ich doch zu der Überzeugung, daß es die Generation unserer Väter war.
Obwohl es an Barmitteln, auch an den nötigen Beziehungen nicht fehlte, dauerte es weitere vier Tage, bis die Ausrüstung komplett war. Währenddessen schrie meine Tante ununterbrochen. Telegramme an die deutschen Spielzeugzentren, die gerade im Aufbau begriffen waren, wurden durch den Äther gejagt, Blitzgespräche geführt, von jungen, erhitzten Postgehilfen wur-

den in der Nacht Expreßpakete angebracht, durch Bestechung wurde kurzfristig eine Einfuhrgenehmigung aus der Tschechoslowakei durchgesetzt.
Diese Tage werden in der Chronik der Familie meines Onkels als Tage mit außerordentlich hohem Verbrauch an Kaffee, Zigaretten und Nerven erhalten bleiben. Inzwischen fiel meine Tante zusammen: ihr rundliches Gesicht wurde hart und eckig, der Ausdruck der Milde wich dem einer unnachgiebigen Strenge, sie aß nicht, trank nicht, schrie dauernd, wurde von zwei Krankenschwestern bewacht, und die Dosis Luminal mußte täglich erhöht werden.
Franz erzählte uns, daß in der ganzen Familie eine krankhafte Spannung geherrscht habe, als endlich am 12. Februar die Tannenbaumausrüstung wieder vollständig war. Die Kerzen wurden entzündet, die Vorhänge zugezogen, meine Tante wurde aus dem Krankenzimmer herübergebracht, und man hörte unter den Versammelten nur Schluchzen und Kichern. Der Gesichtsausdruck meiner Tante milderte sich schon im Schein der Kerzen, und als deren Wärme den richtigen Grad erreicht hatte, die Glasburschen wie irr zu hämmern anfingen, schließlich auch der Engel »Frieden« flüsterte, »Frieden«, ging ein wunderschönes Lächeln über ihr Gesicht, und kurz darauf stimmte die ganze Familie das Lied *O Tannenbaum* an. Um das Bild zu vervollständigen, hatte man auch den Pfarrer eingeladen, der ja üblicherweise den Heiligen Abend bei Onkel Franz zu verbringen pflegte; auch er lächelte, auch er war erleichtert und sang mit.
Was kein Test, kein tiefenpsychologisches Gutachten, kein fachmännisches Aufspüren verborgener Traumata vermocht hatte: das fühlende Herz meines Onkels hatte das Richtige getroffen. Die Tannenbaumtherapie dieses herzensguten Menschen hatte die Situation gerettet.
Meine Tante war beruhigt und fast – so hoffte man damals – geheilt, und nachdem man einige Lieder gesungen, einige Schüsseln Gebäck geleert hatte, war man müde und zog sich zurück, und siehe da: meine Tante schlief ohne jedes Beruhigungsmittel. Die beiden Krankenschwestern wurden entlassen, die Ärzte zuckten die Schultern, alles schien in Ordnung zu sein. Meine Tante aß wieder, trank wieder, war wieder liebenswürdig und milde. Aber am Abend darauf, als die Dämmerstunde nahte, saß mein Onkel zeitunglesend neben seiner Frau unter dem Baum,

als diese plötzlich sanft seinen Arm berührte und zu ihm sagte: »So wollen wir denn die Kinder zur Feier rufen, ich glaube, es ist Zeit.« Mein Onkel gestand uns später, daß er erschrak, aber aufstand, um in aller Eile seine Kinder und Enkel zusammenzurufen und einen Boten zum Pfarrer zu schicken. Der Pfarrer erschien, etwas abgehetzt und erstaunt, aber man zündete die Kerzen an, ließ die Zwerge hämmern, den Engel flüstern, man sang, aß Gebäck – und alles schien in Ordnung zu sein.

4

Nun ist die gesamte Vegetation gewissen biologischen Gesetzen unterworfen, und Tannenbäume, dem Mutterboden entrissen, haben bekanntlich die verheerende Neigung, Nadeln zu verlieren, besonders, wenn sie in warmen Räumen stehen, und bei meinem Onkel war es warm. Die Lebensdauer der Edeltanne ist etwas länger als die der gewöhnlichen, wie die bekannte Arbeit *Abies vulgaris und abies nobilis* von Dr. Hergenring ja bewiesen hat. Doch auch die Lebensdauer der Edeltanne ist nicht unbeschränkt. Schon als Karneval nahte, zeigte es sich, daß man versuchen mußte, meiner Tante neuen Schmerz zu bereiten: der Baum verlor rapide an Nadeln, und beim abendlichen Singen der Lieder wurde ein leichtes Stirnrunzeln bei meiner Tante bemerkt. Auf Anraten eines wirklich hervorragenden Psychologen wurde nun der Versuch unternommen, in leichtem Plauderton von einem möglichen Ende der Weihnachtszeit zu sprechen, zumal die Bäume schon angefangen hatten, auszuschlagen, was ja allgemein als ein Zeichen des herannahenden Frühlings gilt, während man in unseren Breiten mit dem Wort Weihnachten unbedingt winterliche Vorstellungen verbindet. Mein sehr geschickter Onkel schlug eines Abends vor, die Lieder *Alle Vögel sind schon da* und *Komm, lieber Mai, und mache* anzustimmen, doch schon beim ersten Vers des erstgenannten Liedes machte meine Tante ein derart finsteres Gesicht, daß man sofort abbrach und *O Tannenbaum* intonierte. Drei Tage später wurde mein Vetter Johannes beauftragt, einen milden Plünderungszug zu unternehmen, aber schon, als er seine Hände ausstreckte und einem der Zwerge den Korkhammer nahm, brach meine Tante in so heftiges Geschrei aus, daß man den Zwerg sofort wieder komplettierte, die Kerzen anzündete und etwas hastig, aber sehr laut in das Lied *Stille Nacht* ausbrach.

Aber die Nächte waren nicht mehr still; singende Gruppen jugendlicher Trunkenbolde durchzogen die Stadt mit Trompeten und Trommeln, alles war mit Luftschlangen und Konfetti bedeckt, maskierte Kinder bevölkerten tagsüber die Straßen, schossen, schrien, manche sangen auch, und einer privaten Statistik zufolge gab es mindestens sechzigtausend Cowboys und vierzigtausend Czardasfürstinnen in unserer Stadt: kurzum, es war Karneval, ein Fest, das man bei uns mit ebensolcher, fast mit mehr Heftigkeit zu feiern gewohnt ist als Weihnachten. Aber meine Tante schien blind und taub zu sein: sie bemängelte karnevalistische Kleidungsstücke, wie sie um diese Zeit in den Garderoben unserer Häuser unvermeidlich sind; mit trauriger Stimme beklagte sie das Sinken der Moral, da man nicht einmal an den Weihnachtstagen in der Lage sei, von diesem unsittlichen Treiben zu lassen, und als sie im Schlafzimmer meiner Kusine einen Luftballon entdeckte, der zwar eingefallen war, aber noch deutlich einen mit weißer Farbe aufgemalten Narrenhut zeigte, brach sie in Tränen aus und bat meinen Onkel, diesem unheiligen Treiben Einhalt zu gebieten.
Mit Schrecken mußte man feststellen, daß meine Tante sich wirklich in dem Wahn befand, es sei »Heiliger Abend«. Mein Onkel berief jedenfalls eine Familienversammlung ein, bat um Schonung für seine Frau, Rücksichtnahme auf ihren merkwürdigen Geisteszustand, und rüstete zunächst wieder eine Expedition aus, um wenigstens den Frieden des abendlichen Festes garantiert zu wissen.
Während meine Tante schlief, wurde der Schmuck vom alten Baum ab- und auf den neuen montiert, und ihr Zustand blieb erfreulich.

5

Aber auch der Karneval ging vorüber, der Frühling kam wirklich, statt des Liedes *Komm, lieber Mai* hätte man schon singen können »Lieber Mai, du bist gekommen«. Es wurde Juni. Vier Tannenbäume waren schon verschlissen, und keiner der neuerlich zugezogenen Ärzte konnte Hoffnung auf Besserung geben. Meine Tante blieb fest. Sogar der als internationale Kapazität bekannte Dr. Bless hatte sich achselzuckend wieder in sein Studierzimmer zurückgezogen, nachdem er als Honorar die Summe

von 1365 Mark kassiert hatte, womit er zum wiederholten Male seine Weltfremdheit bewies. Einige weitere sehr vage Versuche, die Feier abzubrechen oder ausfallen zu lassen, wurden mit solchem Geschrei von seiten meiner Tante quittiert, daß man von derlei Sakrilegien endgültig Abstand nehmen mußte.
Das Schreckliche war, daß meine Tante darauf bestand, alle ihr nahestehenden Personen müßten anwesend sein. Zu diesen gehörten auch der Pfarrer und die Enkelkinder. Selbst die Familienmitglieder waren nur mit äußerster Strenge zu veranlassen, pünktlich zu erscheinen, aber mit dem Pfarrer wurde es schwierig. Einige Wochen hielt er zwar ohne Murren mit Rücksicht auf seine alte Pönitentin durch, aber dann versuchte er unter verlegenem Räuspern, meinem Onkel klarzumachen, daß es so nicht weiterging. Die eigentliche Feier war zwar kurz – sie dauerte etwa achtunddreißig Minuten – aber selbst diese kurze Zeremonie sei auf die Dauer nicht durchzuhalten, behauptete der Pfarrer. Er habe andere Verpflichtungen, abendliche Zusammenkünfte mit seinen Konfratres, seelsorgerische Aufgaben, ganz zu schweigen vom samstäglichen Beichthören. Immerhin hatte er einige Wochen Terminverschiebungen in Kauf genommen, aber gegen Ende Juni fing er an, energisch Befreiung zu erheischen. Franz wütete in der Familie herum, suchte Komplizen für seinen Plan, die Mutter in eine Anstalt zu bringen, stieß aber überall auf Ablehnung.
Jedenfalls: es machten sich Schwierigkeiten bemerkbar. Eines Abends fehlte der Pfarrer, war weder telefonisch noch durch einen Boten aufzutreiben, und es wurde klar, daß er sich einfach gedrückt hatte. Mein Onkel fluchte fürchterlich, er nahm dieses Ereignis zum Anlaß, die Diener der Kirche mit Worten zu bezeichnen, die zu wiederholen ich mich weigern muß. In alleräußerster Not wurde einer der Kapläne, ein Mensch einfacher Herkunft, gebeten, auszuhelfen. Er tat es, benahm sich aber so fürchterlich, daß es fast zur Katastrophe gekommen wäre. Immerhin, man muß bedenken, es war Juni, also heiß, trotzdem waren die Vorhänge zugezogen, um winterliche Dunkelheit wenigstens vorzutäuschen, außerdem brannten Kerzen. Dann ging die Feier los; der Kaplan hatte zwar von diesem merkwürdigen Ereignis schon gehört, aber keine rechte Vorstellung davon. Zitternd stellte man meiner Tante den Kaplan vor, er vertrete den Pfarrer. Unerwarteterweise nahm sie die Veränderung des Pro-

gramms hin. Also: die Zwerge hämmerten, der Engel flüsterte, es wurde *O Tannenbaum* gesungen, dann aß man Gebäck, sang noch einmal das Lied, und plötzlich bekam der Kaplan einen Lachkrampf. Später hat er gestanden, die Stelle »... nein, auch im Winter, wenn es schneit« habe er einfach nicht ohne zu lachen ertragen können. Er plusterte mit klerikaler Albernheit los, verließ das Zimmer und ward nicht mehr gesehen. Alles blickte gespannt auf meine Tante, doch die sagte nur resigniert etwas vom »Proleten im Priestergewande« und schob sich ein Stück Marzipan in den Mund. Auch wir erfuhren damals von diesem Vorfall mit Bedauern – doch bin ich heute geneigt, ihn als einen Ausbruch natürlicher Heiterkeit zu bezeichnen.

Ich muß hier – wenn ich der Wahrheit die Ehre lassen will – einflechten, daß mein Onkel seine Beziehungen zu den höchsten Verwaltungsstellen der Kirche ausgenutzt hat, um sich sowohl über den Pfarrer wie den Kaplan zu beschweren. Die Sache wurde mit äußerster Korrektheit angefaßt, ein Prozeß wegen Vernachlässigung seelsorgerischer Pflichten wurde angestrengt, der in erster Instanz von den beiden Geistlichen gewonnen wurde. Ein zweites Verfahren schwebt noch.

Zum Glück fand man einen pensionierten Prälaten, der in der Nachbarschaft wohnte. Dieser reizende alte Herr erklärte sich mit liebenswürdiger Selbstverständlichkeit bereit, sich zur Verfügung zu halten und täglich die abendliche Feier zu vervollständigen. Doch ich habe vorgegriffen. Mein Onkel Franz, der nüchtern genug war, zu erkennen, daß keinerlei ärztliche Hilfe zum Ziel gelangen würde, sich auch hartnäckig weigerte, einen Exorzismus zu versuchen, war Geschäftsmann genug, sich nun auf Dauer einzustellen und die wirtschaftlichste Art herauszukalkulieren. Zunächst wurden schon Mitte Juni die Enkelexpeditionen eingestellt, weil sich herausstellte, daß sie zu teuer wurden. Mein findiger Vetter Johannes, der zu allen Kreisen der Geschäftswelt die besten Beziehungen unterhält, spürte den Tannenbaum-Frischdienst der Firma Söderbaum auf, eines leistungsfähigen Unternehmens, das sich nun schon fast zwei Jahre um die Nerven meiner Verwandtschaft hohe Verdienste erworben hat. Nach einem halben Jahr schon wandelte die Firma Söderbaum die Lieferung des Baumes in ein wesentlich verbilligtes Abonnement um und erklärte sich bereit, die Lieferfrist von ihrem Nadelbaumspezialisten, Dr. Alfast, genauestens festlegen zu lassen, so daß schon drei Tage bevor der alte Baum indiskutabel wird, der neue anlangt und mit Muße geschmückt werden kann. Außerdem werden vorsichtshalber zwei Dutzend Zwerge auf Lager gehalten, und drei Spitzenengel sind in Reserve gelegt. Ein wunder Punkt sind bis heute die Süßigkeiten geblieben. Sie zeigen die verheerende Neigung, vom Baume schmelzend herunterzutropfen, schneller und endgültiger als schmelzendes Wachs. Jedenfalls in den Sommermonaten. Jeder Versuch, sie durch geschickt getarnte Kühlvorrichtungen in weihnachtlicher Starre zu erhalten, ist bisher gescheitert, ebenso eine Versuchsreihe, die begonnen wurde, um die Möglichkeiten der Präparierung eines Baumes zu prüfen. Doch ist die Familie für jeden fortschrittlichen Vorschlag, der geeignet ist, dieses stetige Fest zu verbilligen, dankbar und aufgeschlossen.

6

Inzwischen haben die abendlichen Feiern im Hause meines Onkels eine fast professionelle Starre angenommen: man versammelt sich unter dem Baum oder um den Baum herum. Meine Tante kommt herein, man entzündet die Kerzen, die Zwerge beginnen zu hämmern, und der Engel flüstert »Frieden, Frieden«, dann singt man einige Lieder, knabbert Gebäck, plaudert ein wenig und zieht sich gähnend mit dem Glückwunsch »Frohes Fest auch« zurück – und die Jugend gibt sich den jahreszeitlich bedingten Vergnügungen hin, während mein herzensguter Onkel Franz mit Tante Milla zu Bett geht. Kerzenrauch bleibt im Raum, der sanfte Geruch erhitzter Tannenzweige und das Aroma von Spezereien. Die Zwerge, ein wenig phosphoreszierend, bleiben starr in der Dunkelheit stehen, die Arme bedrohlich erhoben, und der Engel läßt ein silbriges, offenbar ebenfalls phosphoreszierendes Gewand sehen.
Es erübrigt sich vielleicht, festzustellen, daß die Freude am wirklichen Weihnachtsfest in unserer gesamten Verwandtschaft erhebliche Einbuße erlitten hat: wir können, wenn wir wollen, bei unserem Onkel jederzeit einen klassischen Weihnachtsbaum bewundern – und es geschieht oft, wenn wir sommers auf der Veranda sitzen und uns nach des Tages Last und Müh Onkels milde Apfelsinenbowle in die Kehle gießen, daß von drinnen der sanfte Klang gläserner Glocken kommt, und man kann im

Dämmer die Zwerge wie flinke kleine Teufelchen herumhämmern sehen, während der Engel »Frieden« flüstert, »Frieden«. Und immer noch kommt es uns befremdlich vor, wenn mein Onkel mitten im Sommer seinen Kindern plötzlich zuruft: »Macht bitte den Baum an, Mutter kommt gleich.« Dann tritt, meist pünktlich, der Prälat ein, ein milder alter Herr, den wir alle in unser Herz geschlossen haben, weil er seine Rolle vorzüglich spielt, wenn er überhaupt weiß, daß er eine und welche er spielt. Aber gleichgültig: er spielt sie, weißhaarig, lächelnd, und der violette Rand unterhalb seines Kragens gibt seiner Erscheinung den letzten Hauch von Vornehmheit. Und es ist ein ungewöhnliches Erlebnis, in lauen Sommernächten den erregten Ruf zu hören: »Das Löschhorn, schnell wo ist das Löschhorn?« Es ist schon vorgekommen, daß während eines heftigen Gewitters die Zwerge sich plötzlich bewogen fühlten, ohne Hitzeeinwirkung die Arme zu erheben und sie wild zu schwingen, gleichsam ein Extrakonzert zu geben, eine Tatsache, die man ziemlich phantasielos mit dem trockenen Wort Elektrizität zu deuten versuchte. Eine nicht ganz unwesentliche Seite dieses Arrangements ist die finanzielle. Wenn auch in unserer Familie im allgemeinen kein Mangel an Barmitteln herrscht, solch außergewöhnliche Ausgaben stürzen die Kalkulation um. Denn trotz aller Vorsicht ist natürlich der Verschleiß an Zwergen, Ambossen und Hämmern enorm, und der sensible Mechanismus, der den Engel zu einen sprechenden macht, bedarf der stetigen Sorgfalt und Pflege und muß hin und wieder erneuert werden. Ich habe das Geheimnis übrigens inzwischen entdeckt: der Engel ist durch ein Kabel mit einem Mikrophon im Nebenzimmer verbunden, vor dessen Metallschnauze sich eine ständig rotierende Schallplatte befindet, die, mit gewissen Pausen dazwischen, »Frieden« flüstert, »Frieden«. Alle diese Dinge sind um so kostspieliger, als sie für den Gebrauch an nur wenigen Tagen des Jahres erdacht sind, nun aber das ganze Jahr strapaziert werden. Ich war erstaunt, als mein Onkel mir eines Tages erklärte, daß die Zwerge tatsächlich alle drei Monate erneuert werden müssen und daß ein kompletter Satz nicht weniger als 128 Mark kostet. Er habe einen befreundeten Ingenieur gebeten, sie durch einen Kautschuküberzug zu verstärken, ohne jedoch ihre Klangschönheit zu beeinträchtigen. Dieser Versuch ist gescheitert. Der Verbrauch an Kerzen, Spekulatius, Marzipan, das Baumabonnement, Arztrechnungen und die vierteljährliche Aufmerksamkeit, die man dem Prälaten zukommen lassen muß, alles zusammen, sagte meine Onkel, komme ihm täglich im Durchschnitt auf elf Mark, ganz zu schweigen von dem Verschleiß an Nerven und von sonstigen gesundheitlichen Störungen, die damals anfingen sich bemerkbar zu machen. Doch war das im Herbst, und man schrieb die Störungen einer gewissen herbstlichen Sensibilität zu, wie sie ja allgemein beobachtet wird.

7

Das wirkliche Weihnachtsfest verlief ganz normal. Es ging etwas wie ein Aufatmen durch die Familie meines Onkels, da man auch andere Familien nun unter Weihnachtsbäumen versammelt sah, andere auch singen und Spekulatius essen mußten. Aber die Erleichterung dauerte nur so lange an, wie die weihnachtliche Zeit dauerte. Schon Mitte Januar brach bei meiner Kusine Lucie ein merkwürdiges Leiden aus: beim Anblick der Tannenbäume, die auf den Straßen und Trümmerhaufen herumlagen, brach sie in ein hysterisches Geschluchze aus. Dann hatte sie einen regelrechten Anfall von Wahnsinn, den man als Nervenzusammenbruch zu kaschieren versuchte. Sie schlug einer Freundin, bei der sie zum Kaffeeklatsch war, die Schüssel aus der Hand, als diese ihr milde lächelnd Spekulatius anbot. Meine Kusine ist allerdings das, was man eine temperamentvolle Frau nennt; sie schlug also ihrer Freundin die Schüssel aus der Hand, nahte sich dann deren Weihnachtsbaum, riß ihn vom Ständer und trampelte auf Glaskugeln, künstlichen Pilzen, Kerzen und Sternen herum, während ein anhaltendes Gebrüll ihrem Munde entströmte. Die versammelten Damen entflohen, einschließlich der Hausfrau, man ließ Lucie toben, wartete in der Diele auf den Arzt, gezwungen, zuzuhören, wie drinnen Porzellan zerschlagen wurde. Es fällt mir schwer, aber ich muß hier berichten, daß Lucie in einer Zwangsjacke abtransportiert wurde.
Anhaltende hypnotische Behandlung brachte das Leiden zwar zum Stillstand, aber die eigentliche Heilung ging nur sehr langsam vor sich. Vor allem schien ihr die Befreiung von der abendlichen Feier, die der Arzt erzwang, zusehends wohl zu tun; nach einigen Tagen schon begann sie aufzublühen. Schon nach zehn Tagen konnte der Arzt riskieren, mit ihr über Spekulatius wenig-

stens zu reden, ihn zu essen, weigerte sich sie sich jedoch hartnäckig. Dem Arzt kam dann die geniale Idee, sie mit sauren Gurken zu füttern, ihr Salate und kräftige Fleischspeisen anzubieten. Das war wirklich die Rettung für die arme Lucie. Sie lachte wieder, und sie begann die endlosen therapeutischen Unterredungen, die ihr Arzt mit ihr pflegte, mit ironischen Bemerkungen zu würzen.
Zwar war die Lücke, die durch ihr Fehlen bei der abendlichen Feier entstand, schmerzlich für meine Tante, wurde aber durch einen Umstand erklärt, der für alle Frauen als hinlängliche Entschuldigung gelten kann, durch Schwangerschaft.
Aber Lucie hatte das geschaffen, was man einen Präzedenzfall nennt: sie hatte bewiesen, daß die Tante zwar litt, wenn jemand fehlte, aber nicht sofort zu schreien begann, und meine Vetter Johannes und sein Schwager Karl versuchten nun, die strenge Disziplin zu durchbrechen, indem sie Krankheit vorschützten, geschäftliche Verhinderung oder andere, recht durchsichtige Gründe angaben. Doch blieb mein Onkel hier erstaunlich hart: mit eiserner Strenge setzte er durch, daß nur in Ausnahmefällen Atteste eingereicht, sehr kurze Beurlaubungen beantragt werden konnten. Denn meine Tante merkte jede weitere Lücke sofort und brach in stilles, aber anhaltendes Weinen aus, was zu den bittersten Bedenken Anlaß gab.
Nach vier Wochen kehrte auch Lucie zurück und erklärte sich bereit, an der täglichen Zeremonie wieder teilzunehmen, doch hat ihr Arzt durchgesetzt, daß für sie ein Glas Gurken und ein Teller mit kräftigen Butterbroten bereitgehalten wird, da sich ihr Spekulatiustrauma als unheilbar erwies. So waren eine Zeitlang durch meinen Onkel, der hier eine unerwartete Härte bewies, alle Disziplinschwierigkeiten aufgehoben.

8

Schon kurz nach dem ersten Jahrestag der ständigen Weihnachtsfeier gingen beunruhigende Gerüchte um: mein Vetter Johannes sollte sich von einem befreundeten Arzt ein Gutachten haben ausstellen lassen, auf wie lange wohl die Lebenszeit meiner Tante noch zu bemessen wäre, ein wahrhaft finsteres Gerücht, das ein bedenkliches Licht auf eine allabendlich friedlich versammelte Familie wirft. Das Gutachten soll vernichtend für

Johannes gewesen sein. Sämtliche Organe meiner Tante, die zeitlebens sehr solide war, sind völlig intakt, die Lebensdauer ihres Vaters hat achtundsiebzig, die ihrer Mutter sechsundachtzig Jahre betragen. Meine Tante selbst ist zweiundsechzig, und so besteht kein Grund, ihr ein baldiges seliges Ende zu prophezeien. Noch weniger, so finde ich, es ihr zu wünschen. Als meine Tante dann mitten im Sommer einmal erkrankte – Erbrechen und Durchfall suchten diese arme Frau heim –, wurde gemunkelt, sie sei vergiftet worden, aber ich erkläre hier ausdrücklich, daß dieses Gerücht einfach eine Erfindung übelmeinender Verwandter ist. Es ist eindeutig erwiesen, daß es sich um eine Infektion handelte, die von einem Enkel eingeschleppt wurde. Analysen, die mit den Exkrementen meiner Tante vorgenommen wurden, ergaben aber auch nicht die geringste Spur von Gift.
Im gleichen Sommer zeigten sich bei Johannes die ersten gesellschaftsfeindlichen Bestrebungen: er trat aus seinem Gesangverein aus, erklärte, auch schriftlich, daß er an der Pflege des deutschen Liedes nicht mehr teilzunehmen gedenke. Allerdings, ich darf hier einflechten, daß er immer, trotz des akademischen Grades, den er errang, ein ungebildeter Mensch war. Für die *Virhymnia* war es ein großer Verlust, auf seinen Baß verzichten zu müssen.
Mein Schwager Karl fing an, sich heimlich mit Auswanderungsbüros in Verbindung zu setzen. Das Land seiner Träume mußte besondere Eigenschaften haben: es durften dort keine Tannenbäume gedeihen, deren Import mußte verboten oder durch hohe Zölle unmöglich gemacht sein; außerdem – das seiner Frau wegen – mußte dort das Geheimnis der Spekulatiusherstellung unbekannt und das Singen von Weihnachtsliedern verboten sein. Karl erklärte sich bereit, harte körperliche Arbeit auf sich zu nehmen.
Inzwischen sind seine Versuche vom Fluche der Heimlichkeit befreit, weil sich auch in meinem Onkel eine vollkommene und sehr plötzliche Wandlung vollzogen hat. Diese geschah auf so unerfreulicher Ebene, daß wir wirklich Grund hatten, zu erschrecken. Dieser biedere Mensch, von dem ich nur sagen kann, daß er ebenso hartnäckig wie herzensgut ist, wurde auf Wegen beobachtet, die einfach unsittlich sind, es auch bleiben werden, solange die Welt besteht. Es sind von ihm Dinge bekanntgeworden, auch durch Zeugen belegt, auf die nur das Wort Ehebruch

angewandt werden kann. Und das Schrecklichste ist, er leugnet es schon nicht mehr, sondern stellt für sich den Anspruch, in Verhältnissen und Bedingungen zu leben, die moralische Sondergesetze berechtigt erscheinen lassen müssen. Ungeschickterweise wurde diese plötzliche Wandlung gerade zu dem Zeitpunkt offenbar, wo der zweite Termin gegen die beiden Geistlichen seiner Pfarre fällig geworden war. Onkel Franz muß als Zeuge, als verkappter Kläger einen solch minderwertigen Eindruck gemacht haben, daß es ihm allein zuzuschreiben ist, wenn auch der zweite Termin güstig für die beiden Geistlichen auslief. Aber das alles ist Onkel Franz inzwischen gleichgültig geworden: bei ihm ist der Verfall komplett, schon vollzogen.
Er war auch der erste, der die Idee hatte, sich von einem Schauspieler bei der abendlichen Feier vertreten zu lassen. Er hatte einen arbeitslosen Bonvivant aufgetrieben, der ihn vierzehn Tage lang so vorzüglich nachahmte, daß nicht einmal seine Frau die ausgewechselte Identität bemerkte. Auch seine Kinder bemerkten es nicht. Es war einer der Enkel, der während einer kleinen Singpause plötzlich in den Ruf ausbrach: »Opa hat Ringelsocken an«, wobei er triumphierend das Hosenbein des Bonvivants hochhob. Für den armen Künstler muß diese Szene schrecklich gewesen sein, auch die Familie war bestürzt, und um Unheil zu vermeiden, stimmte man, wie so oft schon in peinlichen Situationen, schnell ein Lied an. Nachdem die Tante zu Bett gegangen, war die Identität des Künstlers schnell festgestellt. Es war das Signal zum fast völligen Zusammenbruch.

9

Immerhin: man muß bedenken, eineinhalb Jahre, das ist eine lange Zeit, und der Hochsommer war wieder gekommen, eine Jahreszeit, in der meinen Verwandten die Teilnahme an diesem Spiel am schwersten fällt. Lustlos knabbern sie in dieser Hitze an Printen und Pfeffernüssen, lächeln starr vor sich hin, während sie ausgetrocknete Nüsse knacken, sie hören den unermüdlich hämmernden Zwergen zu und zucken zusammen, wenn der rotwangige Engel über ihre Köpfe hinweg »Frieden« flüstert, »Frieden«, aber sie harren aus, während ihnen trotz sommerlicher Kleidung der Schweiß über Hals und Wangen läuft und ihnen die Hemden festkleben. Vielmehr: sie haben ausgeharrt.

Geld spielt vorläufig noch keine Rolle – fast im Gegenteil. Man beginnt sich zuzuflüstern, daß Onkel Franz nun auch geschäftlich zu Methoden gegriffen hat, die die Bezeichnung »christlicher Kaufmann« kaum noch zulassen. Er ist entschlossen, keine wesentliche Schwächung des Vermögens zuzulassen, eine Versicherung, die uns zugleich beruhigt und erschreckt.
Nach der Entlarvung des Bonvivants kam es zu einer regelrechten Meuterei, deren Folge ein Kompromiß war: Onkel Franz hat sich bereit erklärt, die Kosten für ein kleines Ensemble zu übernehmen, das ihn, Johannes, meinen Schwager Karl und Lucie ersetzt, und es ist ein Abkommen getroffen worden, daß immer einer von den vieren im Original an der abendlichen Feier teilzunehmen hat, damit die Kinder in Schach gehalten werden. Der Prälat hat bisher nichts von diesem Betrug gemerkt, den man keineswegs mit dem Adjektiv fromm wird belegen können. Abgesehen von meiner Tante und den Kindern ist er die einzige originale Figur bei diesem Spiel.
Es ist ein genauer Plan aufgestellt worden, der in unserer Verwandtschaft Spielplan genannt wird, und durch die Tatsache, daß einer immer wirklich teilnimmt, ist auch für die Schauspieler eine gewisse Vakanz gewährleistet. Inzwischen hat man auch gemerkt, daß diese sich nicht ungern zu der Feier hergeben, sich gerne zusätzlich etwas Geld verdienen, und man hat mit Erfolg die Gage gedrückt, da ja glücklicherweise an arbeitslosen Schauspielern kein Mangel herrscht. Karl hat mir erzählt, daß man hoffen könne, diesen »Posten« noch ganz erheblich herunterzusetzen, zumal ja den Schauspielern eine Mahlzeit geboten wird und die Kunst bekanntlich, wenn sie nach Brot geht, billiger wird.

10

Lucies verhängnisvolle Entwicklung habe ich schon angedeutet: sie treibt sich fast nur noch in Nachtlokalen herum, und besonders an den Tagen, wo sie gezwungenermaßen an der häuslichen Feier hat teilnehmen müssen, ist sie wie toll. Sie trägt Kordhosen, bunte Pullover, läuft in Sandalen herum und hat sich ihr prachtvolles Haar abgeschnitten, um eine schmucklose Fransenfrisur zu tragen, von der ich jetzt erfahre, daß sie unter dem Namen Pony schon einige Male modern war. Obwohl ich offenkundige Unsittlichkeit bei ihr bisher nicht beobachten konnte,

nur eine gewisse Exaltation, die sie selbst als Existentialismus bezeichnet, trotzdem kann ich mich nicht entschließen, diese Entwicklung erfreulich zu finden; ich liebe die milden Frauen mehr, die sich sittsam im Takte des Walzers bewegen, die angenehme Verse zitieren und deren Nahrung nicht ausschließlich aus sauren Gurken und mit Paprika überwürztem Gulasch besteht. Die Auswanderungspläne meines Schwagers Karl scheinen sich zu realisieren: er hat ein Land entdeckt, nicht weit vom Äquator, das seinen Bedingungen gerecht zu werden verspricht, und Lucie ist begeistert: man trägt in diesem Lande Kleider, die den ihren nicht unähnlich sind, man liebt dort die scharfen Gewürze und tanzt nach Rhythmen, ohne die nicht mehr leben zu können sie vorgibt. Es ist zwar ein wenig schockierend, daß diese beiden dem Sprichwort »Bleibe im Lande und nähre dich redlich« nicht zu folgen gedenken, aber andererseits verstehe ich, daß sie die Flucht ergreifen.
Schlimmer ist es mit Johannes. Leider hat sich das böse Gerücht bewahrheitet: er ist Kommunist geworden. Er hat alle Beziehungen zur Familie abgebrochen, kümmert sich um nichts mehr und existiert bei den abendlichen Feiern nur noch in seinem Double. Seine Augen haben einen fanatischen Ausdruck angenommen, derwischähnlich produziert er sich in öffentlichen Veranstaltungen seiner Partei, vernachlässigt seine Praxis und schreibt wütende Artikel in den entsprechenden Organen. Merkwürdigerweise trifft er sich jetzt häufiger mit Franz, der ihn und den er vergeblich zu bekehren versucht. Bei aller geistigen Entfremdung sind sie sich persönlich etwas näher gekommen.
Franz selbst habe ich lange nicht gesehen, nur von ihm gehört. Er soll von tiefer Schwermut befallen sein, hält sich in dämmrigen Kirchen auf, ich glaube, man kann seine Frömmigkeit getrost als übertrieben bezeichnen. Er fing an, seinen Beruf zu vernachlässigen, nachdem das Unheil über seine Familie gekommen war, und neulich sah ich an der Mauer eines zertrümmerten Hauses ein verblichenes Plakat mit der Aufschrift »Letzter Kampf unseres Altmeisters Lenz gegen Lecoq. Lenz hängt die Boxhandschuhe an den Nagel«. Das Plakat war vom März, und jetzt haben wir längst August. Franz soll sehr heruntergekommen sein. Ich glaube, er befindet sich in einem Zustand, der in unserer Familie bisher noch nicht vorgekommen ist: er ist arm. Zum Glück ist er ledig geblieben, die sozialen Folgen seiner unverantwortli-

chen Frömmigkeit treffen also nur ihn selbst. Mit erstaunlicher Hartnäckigkeit hat er versucht, einen Jugendschutz für die Kinder von Lucie zu erwirken, die er durch die abendlichen Feiern gefährdet glaubte. Aber seine Bemühungen sind ohne Erfolg geblieben; Gott sei Dank sind ja die Kinder begüteter Menschen nicht dem Zugriff sozialer Institutionen ausgesetzt.
Am wenigsten von der übrigen Verwandtschaft entfernt hat sich trotz mancher widerwärtiger Züge – Onkel Franz. Zwar hat er tatsächlich trotz seines hohen Alters eine Geliebte, auch sind seine geschäftlichen Praktiken von einer Art, die wir zwar bewundern, keinesfalls aber billigen können. Neuerdings hat er einen arbeitslosen Inspizienten aufgetan, der die abendliche Feier überwacht und sorgt, daß alles wie am Schnürchen läuft. Es läuft wirklich alles wie am Schnürchen.

11

Fast zwei Jahre sind inzwischen verstrichen: eine lange Zeit. Und ich konnte es mir nicht versagen, auf einem meiner abendlichen Spaziergänge einmal am Hause meines Onkels vorbeizugehen, in dem nun keine natürliche Gastlichkeit mehr möglich ist, seitdem fremdes Künstlervolk dort allabendlich herumläuft und die Familienmitglieder sich befremdenden Vergnügungen hingeben. Es war ein lauer Sommerabend, als ich dort vorbeikam, und schon als ich um die Ecke in die Kastanienallee einbog, hörte ich den Vers:

weihnachtlich glänzet der Wald...

Ein vorüberfahrender Lastwagen machte den Rest unhörbar, ich schlich mich langsam ans Haus und sah durch einen Spalt zwischen den Vorhängen ins Zimmer: Die Ähnlichkeit der anwesenden Mimen mit den Verwandten, die sie darstellten, war so erschreckend, daß ich im Augenblick nicht erkennen konnte, wer nun wirklich an diesem Abend die Aufsicht führte – so nennen sie es. Die Zwerge konnte ich nicht sehen, aber hören. Ihr zirpendes Gebimmel bewegt sich auf Wellenlängen, die durch alle Wände dringen. Das Flüstern des Engels war unhörbar. Meine Tante schien wirklich glücklich zu sein: sie plauderte mit dem Prälaten, und erst spät erkannte ich meinen Schwager als

einzige, wenn man so sagen darf, reale Person. Ich erkannte ihn daran, wie er beim Auspusten des Streichholzes die Lippen spitzte. Es scheint doch unverwechselbare Züge der Individualität zu geben. Dabei kam mir der Gedanke, daß die Schauspieler offenbar auch mit Zigarren, Zigaretten und Wein traktiert werden – zudem gibt es ja jeden Abend Spargel. Wenn sie unverschämt sind – und welcher Künstler wäre das nicht? –, bedeutet dies eine erhebliche zusätzliche Verteuerung für meinen Onkel. Die Kinder spielten mit Puppen und hölzernen Wagen in einer Zimmerecke: sie sahen blaß und müde aus. Tatsächlich, vielleicht müßte man auch an sie denken. Mir kam der Gedanke, daß man sie vielleicht durch Wachspuppen ersetzen könne, solcherart, wie sie in den Schaufenstern der Drogerien als Reklame für Milchpulver und Hautcreme Verwendung finden. Ich finde, die sehen doch recht natürlich aus.
Tatsächlich will ich die Verwandtschaft einmal auf die möglichen Auswirkungen dieser ungewöhnlichen täglichen Erregung auf die kindlichen Gemüter aufmerksam machen. Obwohl eine gewisse Disziplin ihnen ja nichts schadet, scheint man sie hier doch über Gebühr zu beanspruchen.
Ich verließ meinen Beobachtungsposten, als man drinnen anfing, *Stille Nacht* zu singen. Ich konnte das Lied wirklich nicht ertragen. Die Luft ist so lau – und ich hatte einen Augenblick lang den Eindruck, einer Versammlung von Gespenstern beizuwohnen. Ein scharfer Appetit auf saure Gurken befiel mich ganz plötzlich und ließ mich leise ahnen, wie sehr Lucie gelitten haben muß.

12

Inzwischen ist es mir gelungen, durchzusetzen, daß die Kinder durch Wachspuppen ersetzt werden. Die Anschaffung war kostspielig – Onkel Franz scheute lange davor zurück –, aber es war nicht länger zu verantworten, die Kinder täglich mit Marzipan zu füttern und sie Lieder singen zu lassen, die ihnen auf die Dauer psychisch schaden können. Die Anschaffung der Puppen erwies sich als nützlich, weil Karl und Lucie wirklich auswanderten und auch Johannes seine Kinder aus dem Haushalt des Vaters zog. Zwischen großen Überseekisten stehend, habe ich mich von Karl, Lucie und den Kindern verabschiedet, sie erschienen mir glücklich, wenn auch etwas beunruhigt. Auch Jo-

hannes ist aus unserer Stadt weggezogen. Irgendwo ist er damit beschäftigt, einen Bezirk seiner Partei umzuorganisieren.
Onkel Franz ist lebensmüde. Mit klagender Stimme erzählte er mir neulich, daß man immer wieder vergißt, die Puppen abzustauben. Überhaupt machen ihm die Dienstboten Schwierigkeiten, und die Schauspieler scheinen zur Disziplinlosigkeit zu neigen. Sie trinken mehr, als ihnen zusteht, und einige sind dabei ertappt worden, daß sie sich Zigarren und Zigaretten einsteckten. Ich riet meinem Onkel, ihnen gefärbtes Wasser vorzusetzen und Pappzigarren anzuschaffen.
Die einzig Zuverlässigen sind meine Tante und der Prälat. Sie plaudern miteinander über die gute alte Zeit, kichern und scheinen recht vergnügt und unterbrechen ihr Gespräch nur, wenn ein Lied angestimmt wird.
Jedenfalls: die Feier wird fortgesetzt.
Mein Vetter Franz hat eine merkwürdige Entwicklung genommen. Er ist als Laienbruder in ein Kloster der Umgebung aufgenommen worden. Als ich ihn zum erstenmal in der Kutte sah, war ich erschreckt: diese große Gestalt mit der zerschlagenen Nase und den dicken Lippen, sein schwermütiger Blick – er erinnerte mich mehr an einen Sträfling als an einen Mönch. Es schien fast, als habe er meine Gedanken erraten. »Wir sind mit dem Leben bestraft«, sagte er leise. Ich folgte ihm ins Sprechzimmer. Wir unterhielten uns stockend, und er war offenbar erleichtert, als die Glocke ihn zum Gebet in die Kirche rief. Ich blieb nachdenklich stehen, als er ging: er eilte sehr, und seine Eile schien aufrichtig zu sein.

Krippenfeier

Die großen Lampen brannten schon, als er dort ankam; sie bildeten einen Lichtschirm, der parallel zum Himmel stand und die Dunkelheit wie ein Gewölbe erscheinen ließ. Der große Tannenbaum in der Bahnhofshalle tropfte von Nässe, und von den kerzenförmigen Glühbirnen hingen ein paar schief, und einige schienen defekt zu sein. Die Halle war fast leer: eben packte eine Heilsarmee-Kapelle ihre Instrumente ein, und die Männer und Frauen mit ihren roten Mützenrändern klemmten die Noten unter den Arm und trotteten müde auf den Vorplatz hinaus. Der Mann an der Wurstbude sah Benz scharf an und rief: »Wurst, mein Herr, ganz heiße Wurst!«; er fixierte Benz so scharf, daß er sich losreißen mußte, um links herum nach unten zu schwenken, wo die Telefonzellen sind.

Plötzlich setzte im großen Lautsprecher die Musik ein: Beethoven, Neunte Symphonie; sie erfüllte für einen Augenblick fortissimo die Halle, dann schien jemand am Knopf zu drehen, und die Musik wurde sehr leise.

Unten, wo die Telefonzellen sind, war es muffig und lichtlos, und aus den Aborten in der Ecke strömte der beständige Geruch sedimentierter Männlichkeit. Benz kam an dem gläsernen Café vorüber, in dem Leute hockten, um lustlos Salat, Butterbrote und Wurst zu essen: sie schienen in eine Falle geraten zu sein, wo sie gewaltsam gespeist wurden. Er ging weiter. Die beiden Telefonzellen waren besetzt, und er drehte sich herum und wartete: oben schimmerten die lichtgefüllten Röhren in der Reihe von Kaufläden: Zigarrenkisten und Blumen, Zeitschriften und Parfümflaschen standen in diesem quälenden, bläulichen Licht, und über einem großen, weiß-gelben Transparent, das ein Verhütungsmittel anpries, schwebte ein lächelnder Sperrholz-Engel, silbern bemalt, der den Stern von Bethlehem gegen das blaugekachelte Gewölbe der Halle hielt. Irgendwo rechts nicht weit von ihm entfernt hatte eine religiöse Handlung ihren Kasten aufgehängt: »Katholischer Schriftenvertrieb-Belieferung von Vereinen« stand darüber; grimassierende Krippenfiguren schienen auf dem rötlichen Samt des Kastens zu tanzen, flankiert von harfespielenden Engeln, deren Rücken man benutzt hatte, um Spruchbänder aufzustellen, die an lackierten Holzstäben befe-

stigt waren: »Gloria in excelsis Deo« und »Friede den Menschen auf Erden« stand über den starren Engellocken.
Benz wandte sich um: immer noch waren die Zellen besetzt, und durch die defekte Scheibe der linken Zelle hindurch sah er das Gesicht einer weinenden Frau, deren schmerzhaft verzogener Mund sich manchmal zu einem Flüstern schloß. Sie weinte ganz haltlos; über ihr blasses Gesicht rollten die Tränen wie über Wachs.
Von den gekachelten Wänden tropfte es, die Decke hatte einen feuchten Schimmer, und Beethoven wurde durch den Lautsprecher gequetscht. Benz klappte seinen Kragen hoch und zündete seine Pfeife an –, da schlug ihm jemand die Tür der Nebenzelle ins Kreuz, und als er sich umblickte, sah er einen schwarzgekleideten Mann, der ihn wütend ansah und schnell die Stufen zum gläsernen Café hinaufstieg. Benz ging in die Zelle hinein, setzte seine Tasche ab und suchte Kleingeld aus dem Mantel. Durch das Glas sah er den Schatten der Frau nebenan: an der Silhouette des Telefon-Apparates sah er, daß der Hörer aufgelegt war; die Frau stand da und tupfte sich mit einem rötlichen Quast im Gesicht herum; ihr grünes Kopftuch war verrutscht; sie zog es sehr langsam hoch. Dann hörte er, wie sie die Klinke herunterdrückte, und er öffnete die Tür seiner Zelle einen Spalt, um sie zu sehen. Er sah sie nur einen Augenblick: sie war schön und lächelte jetzt. Er schloß langsam die Tür seiner Zelle und wählte.
Zwischen den Klingelzeichen hörte er das sanfte Rauschen der amtlichen Stille, und den Beethoven nahm er jetzt nur sehr leise mit dem rechten Ohr wahr. Dazwischen eine sehr kräftige männliche Stimme, die einen verspäteten Zug ankündigte, und dann sagte eine Frauenstimme im Hörer ärgerlich: »Was ist los? Was ist denn?«, und er hörte jetzt die Neunte Symphonie doppelt: mit dem linken Ohr im Hörer und mit dem rechten draußen, und er sagte leise: »Nichts –, nichts ist los«, und plötzlich brach im Telefon die Symphonie ab, und er wußte, daß die Frau eingehängt hatte. Er legte den Hörer auf und begriff, daß er vergessen hatte, den Zahlknopf zu drücken: sie hatte ihn nicht gehört. Er drückte auf den anderen Knopf, das Geld rollte in die Metallschnauze zurück, und er nahm es heraus. Er nahm sein Notizbuch aus der Tasche, blätterte es durch und schrieb drei Telefon-Nummern auf die stählerne, gelb lackierte Sprosse zwischen den Scheiben.

Wieder schien jemand am Knopf gedreht zu haben, denn von draußen kam der Beethoven wieder fortissimo zu ihm hinein; er warf zögernd das Geld ein und wählte; es blieb nicht lange still, und die Männerstimme, die »hallo!« rief, »hallo«, war kaum zu hören, so laut war auch dort hinten die Musik, und es war die gleiche, die aus der Halle zu ihm kam. Er hing ein, ohne etwas zu sagen, drückte wieder auf den Knopf, ließ das Geld in seine Hand rollen, verließ die Zelle und ging langsam an den Aborten vorbei wieder hinauf. Die großen Lampen waren jetzt ausgeknipst, nur von den kerzenförmigen Glühbirnen des Tannenbaums kam Licht, und das Engelhaar war zusammengeklebt von Nässe und hing in Strähnen herunter. Aus einer unsichtbaren Ecke der Halle kam Beethoven herunter. Draußen auf dem nassen Platz sah er einen grell erleuchteten Schaukasten stehen. Er ging langsam darauf zu: eine große blonde Puppe stand da im Ski-Dreß und lächelte ihn an, sie hielt ihm einen silbrig bepuderten Tannenzweig entgegen. Ihre Perücke schien echt zu sein, es war warmleuchtendes, goldblondes Haar; nur als er genauer ihren aufgesperrten Mund betrachtete, sah er, daß sie keinen Gaumen hatte: dunkelblaues Nichts gähnte hinter ihren rosigen Lippen. Er ging langsam in die dunkle Stadt hinein; irgendwo in der Nähe war eine Kirche gewesen, und vielleicht stand sie noch da. Er ging an einem rötlich erleuchteten Hotel vorbei, hinter dessen schweren Vorhängen der Beethoven fast gesummt zu werden schien. Sehr sanft war diese Musik. Aber auch die Kirche war schon wieder aufgebaut, in den großen Fenstern spiegelten sich die Laternen, und an der Tür klebte ein großes, weißes Schild, mit korrekten, schwarzen Buchstaben beschriftet: »Mette: 0.00 Uhr, Einlaß 23.00 Uhr«. Obwohl er wußte, daß es vergeblich war, rüttelte er an der Klinke und beugte sich dann tief nach unten, um durchs Schlüsselloch zu sehen: kerzenförmige Glühbirnen umrandeten den Altar und verdunkelten das Ewige Licht. Er ging langsam zum Bahnhof zurück. Es war erst neun Uhr. Schon als er um die Ecke bog, hörte er die Musik, sie quoll aus dem schwarzen Schlund des Bahnhofs und stieg wie eine Art Dampf aus allen seinen Öffnungen.

Im Wartesaal waren nicht viele Leute. Sie saßen vor ihren Gläsern und Tassen, und auf den Tischen standen Tannenzweige in den Vasen, mit kleinen, rötlichen Holzpilzchen behangene Tannenzweige, und mitten im Wartesaal hing ein Transparent mit

der Inschrift: »Frohes Fest allen Reisenden«. Unter dem Transparent stand ein gähnender Kellner, der sich die Serviette vor den Mund hielt.
Benz stellte sich vor den Kasten mit den Krippenfiguren, und er sah im Hintergrund des Kastens die Heiligen Drei Könige, bärtige, feingekleidete Männer, die auf künstlichem Moos einhertappten und imaginäre Kamele an den nach rückwärts ausgestreckten Händen hinter sich herzogen. Vor dem Heiligen Joseph war eine Preistafel aufgestellt, die ihm bis ans Kinn reichte: »256,– DM – auch einzeln käuflich« stand darauf, und Benz dachte: »Wenn der Heilige Joseph soviel Geld gehabt hätte, wäre er im besten Hotel Bethlehems untergekommen, und die ganze Krippenindustrie wäre illusorisch geblieben.«
Aus dem Lautsprecher kam jetzt der Schlußchor der Neunten Symphonie, und es war aufregend, wie der Chor nach dem »Freude!« immer wieder aussetzte und für Augenblicke eine atemlose Stille aus dem Lautsprecher kam. »Freude«, sang der Chor, »Freude, schöner Götterfunken«. Über den Kasten hinweg sah er jetzt dem Mann an der Sperre zu, der seine Brille zurechtrückte und dann langsam den Takt des Chorgesangs mit seiner Knipszange auf das eiserne Törchen schlug.
»... freudetrunken, göttliche, dein Heiligtum, Heiligtum.«
Jetzt hob der Mann an der Sperre seine Zange, schob eine Fahrkarte in die Schnauze, knipste sie, schob eine zweite hinein, knipste sie und fing wieder an, den Takt zu klopfen. Benz erschrak für einen Augenblick und spürte sein Herz klopfen: die Frau mit dem grünen Kopftuch war durch die Sperre gegangen, aber sie war nicht allein; ein Mann, dessen Arm sie hielt, lächelte zu ihr hinab.
»... wo dein sanfter Flügel weilt – Flügel weilt.«
Benz ging vom Kasten weg, schlenderte ein paar Mal durch die Halle und spielte mit den beiden Zehnpfennig-Stücken, die er lose in der Manteltasche hatte. Er versuchte, sich einzureden, daß er mit seinem letzten Geld zurückfahren und allein zuhause sitzen würde. Oben rollte ein Zug übers Gewölbe, und er dachte einen Augenblick wieder an das schöne Gesicht der Frau und spürte sein Herz, für einen Augenblick. Der Zug hielt jetzt oben, eine Stimme rief etwas, und Leute kamen die Bahnsteigtreppe herunter. Es waren nicht viele Leute, und sie kamen sehr schnell. Benz blieb stehen und sah ihnen entgegen, aber er kannte keinen

von denen, die eilig an ihm vorbei in die Stadt gingen, und er fühlte sich plötzlich erleichtert, weil die Halle wieder leer war. Der Mann an der Sperre stand auf, schloß das eiserne Törchen, und nun erloschen auch die kerzenförmigen Glühbirnen, und der Tannenbaum sah im Dunkeln fast schön aus.
»... Kuß der ganzen Welt«, sang der Chor – »der ganzen Welt.« Dann war auch der Lautsprecher still, und es fiel etwas wie Frieden über den Bahnhof. Alles war dunkel, auch draußen das Mädchen im Ski-Dreß leuchtete nicht mehr; nur in dem Kasten mit den Krippenfiguren brannte noch Licht, Benz blieb noch ein paar Minuten vor ihnen stehen und lächelte ihnen zu, bevor er in den Wartesaal ging, um auf seinen Zug zu warten.

Der Engel

Der große Marmorengel schwieg, obwohl der Pfarrer ihn anblickte und auf ihn hinunterzusprechen schien; er hatte sein Gesicht im Schlamm verborgen, und die Abflachung an der Stelle eines Hinterkopfes, wo er sich von der Säule gelöst hatte, erweckte den Eindruck, er sei erschlagen worden, nun an die Erde geschmiegt, um zu weinen oder um zu trinken.
Sein Gesicht lag mitten in der Schlammpfütze, seine starren Lokken waren mit Dreck bespritzt und seine runde Wange trug einen Lehmflecken, nur sein bläuliches Ohr war makellos, und ein Stück seines zerbrochenen Schwertes lag neben ihm: ein längliches Stück Marmor, das er weggeworfen zu haben schien.
Es sah aus, als lauschte er, und niemand konnte erkennen, ob sein Gesicht Hohn oder Schmerz ausdrückte. Er schwieg. Auf seinem Rücken bildete sich langsam eine Pfütze, seine Fußsohlen glänzten feucht. Manchmal auch, wenn der Pfarrer das Standbein wechselte und ihm etwas näher trat, schien der Engel ihm die Füße zu küssen, aber es schien nur so: sein Gesicht hob sich nicht aus dem Dreck. Er lag da, vorschriftsmäßig gedeckt durch einen Lehmwall, wie ein Soldat.
»So wollen wir nun«, rief der Pfarrer, »wir wollen bedenken, daß es an uns ist zu trauern, nicht an ihr.« Er deutete mit seinen weißen Händen in die Gruft, wo zwischen zwei jonischen Säulen der Sarg stand, bedeckt mit einem schwarzen Tuch, von dessen goldenen Quasten der Regen tropfte. »Wir wollen bedenken«, rief der Pfarrer, »daß der Tod der Anfang des Lebens ist.«
Der Meßdiener hinter ihm hielt krampfhaft den dunklen Horngriff des Regenschirms fest und bemühte sich, den Schirm so zu drehen und zu schwenken, wie der Pfarrer sich bewegte; aber manchmal kamen die rhetorischen Wendungen so plötzlich, daß er nicht folgen konnte. Sooft ein Regentropfen das Haupt des Pfarrers traf, warf er einen strafenden Blick nach hinten, wo der blasse Junge den Schirm hielt wie einen Baldachin.
»Bedenken wir«, rief der Pfarrer dem Marmorengel zu, »daß auch wir immer an der Schwelle des Todes stehen. Denken wir an sie zurück, unsere so teure Tote, gesegnet mit irdischen Gütern, lebend in einer starken, christlichen Sippe, der unsere Stadt soviel verdankt: wie plötzlich traf sie der Ruf Gottes, der ihr seinen unsichtbaren Boten sandte ...«

Er schwieg einen Augenblick betroffen. Ihm war, als hätte die makellose, bläuliche Marmorwange sich bewegt wie in einem Lächeln, und der Pfarrer hob seinen ängstlichen Blick und suchte in der Versammlung von Regenschirmen die Stelle, wo die Seide am glattesten und kostbarsten zu sein schien. »Wie wurde die Familie von dieser so plötzlichen Nachricht ihres Todes überrascht.« Seine Augen wanderten an den Regenschirmen vorbei bis zu der Stelle, wo eine kleine Schar schutzlos ihre Köpfe dem Regen hinhielt. »Wie mögen die Armen sie betrauern, die in ihr eine treue und wissende Helferin verlieren. Vergessen wir nicht, für sie zu beten, wir alle, die wir jeden Augenblick überrascht werden können von jenem unsichtbaren Boten, den Gott uns senden kann. Amen.«

»Amen!« rief er nochmals in das marmorne Ohr des Engels hinein.

»Amen« rief die Menge, und ein dumpfes Gemurmel kam als Echo aus dem Inneren des kleinen Tempels zurück.

Langsam versank der Marmorengel: seine runden Wangen wurden in den weichen Boden gedrückt, und sein makelloses Ohr wurde allmählich von feuchtem Dreck verschluckt.

Drinnen antwortete der Küster leise den lateinischen Gesängen des Pfarrers, und sie sahen, daß der Pfarrer einen Augenblick verwirrt war, weil er nicht wußte, wohin er die Schaufel Dreck werfen sollte. Er schleuderte sie gegen den Sarg, und die Lehmbrocken verteilten sich über die Marmorfliesen.

Der Engel schwieg; er ließ sich vom Gewicht der beiden Männer nach unten drücken; seine prachtvollen Locken wurden von gurgelndem Dreck umschlossen, und seine Armstümpfe griffen immer tiefer in die Erde hinein.

Der Lacher

Wenn ich nach meinem Beruf gefragt werde, befällt mich Verlegenheit: ich werde rot, stammele, ich, der ich sonst als ein sicherer Mensch bekannt bin. Ich beneide die Leute, die sagen können: ich bin Maurer. Friseuren, Buchhaltern und Schriftstellern neide ich die Einfachheit ihrer Bekenntnisse, denn alle diese Berufe erklären sich aus sich selbst und erfordern keine längeren Erklärungen. Ich aber bin gezwungen, auf solche Fragen zu antworten: »Ich bin Lacher.« Ein solches Bekenntnis erfordert weitere, da ich auch die zweite Frage »Leben Sie davon?« wahrheitsgemäß mit »Ja« beantworten muß. Ich lebe tatsächlich von meinem Lachen, und ich lebe gut, denn mein Lachen ist – kommerziell ausgedrückt – gefragt. Ich bin ein guter, bin ein gelernter Lacher, kein anderer lacht so wie ich, keiner beherrscht so die Nuancen meiner Kunst. Lange Zeit habe ich mich – um lästigen Erklärungen zu entgehen – als Schauspieler bezeichnet, doch sind meine mimischen und sprecherischen Fähigkeiten so gering, daß mir diese Bezeichnung als nicht der Wahrheit gemäß erschien: ich liebe die Wahrheit, und die Wahrheit ist: ich bin Lacher. Ich bin weder Clown noch Komiker, ich erheitere die Menschen nicht, sondern stelle Heiterkeit dar: ich lache wie ein römischer Imperator oder wie ein sensibler Abiturient, das Lachen des 17. Jahrhunderts ist mir so geläufig wie das des 19., und wenn es sein muß, lache ich alle Jahrhunderte, alle Gesellschaftsklassen, alle Altersklassen durch: ich hab's einfach gelernt, so wie man lernt, Schuhe zu besohlen. Das Lachen Amerikas ruht in meiner Brust, das Lachen Afrikas, weißes, rotes, gelbes Lachen – und gegen ein entsprechendes Honorar lasse ich es erklingen, so wie die Regie es vorschreibt.

Ich bin unentbehrlich geworden, ich lache auf Schallplatten, lache auf Band, und die Hörspielregisseure behandeln mich rücksichtsvoll. Ich lache schwermütig, gemäßigt, hysterisch – lache wie ein Straßenbahnschaffner oder wie ein Lehrling der Lebensmittelbranche; das Lachen am Morgen, das Lachen am Abend, nächtliches Lachen und das Lachen der Dämmerstunde, kurzum: wo immer und wie immer gelacht werden muß: ich mache es schon.

Man wird mir glauben, daß ein solcher Beruf anstrengend ist,

zumal ich – das ist meine Spezialität – auch das ansteckende Lachen beherrsche; so bin ich unentbehrlich geworden auch für Komiker dritten und vierten Ranges, die mit Recht um ihre Pointen zittern, und ich sitze fast jeden Abend in den Varietés herum als eine subtilere Art Claqueur, um an schwachen Stellen des Programms ansteckend zu lachen. Es muß Maßarbeit sein: mein herzhaftes, wildes Lachen darf nicht zu früh, darf auch nicht zu spät, es muß im richtigen Augenblick kommen – dann platze ich programmgemäß aus, die ganze Zuhörerschaft brüllt mit, und die Pointe ist gerettet.
Ich aber schleiche dann erschöpft zur Garderobe, ziehe meinen Mantel über, glücklich darüber, daß ich endlich Feierabend habe. Zu Hause liegen meist Telegramme für mich »Brauchen dringend Ihr Lachen. Aufnahme Dienstag«, und ich hocke wenige Stunden später in einem überheizten D-Zug und beklage mein Geschick.
Jeder wird begreifen, daß ich nach Feierabend oder im Urlaub wenig Neigung zum Lachen verspüre: der Melker ist froh, wenn er die Kuh, der Maurer glücklich, wenn er den Mörtel vergessen darf, und die Tischler haben zu Hause meistens Türen, die nicht funktionieren, oder Schubkästen, die sich nur mit Mühe öffnen lassen. Zuckerbäcker lieben saure Gurken, Metzger Marzipan, und der Bäcker zieht die Wurst dem Brot vor; Stierkämpfer lieben den Umgang mit Tauben, Boxer werden blaß, wenn ihre Kinder Nasenbluten haben: ich verstehe das alles, denn ich lache nach Feierabend nie. Ich bin ein todernster Mensch, und die Leute halten mich – vielleicht mit Recht – für einen Pessimisten.
In den ersten Jahren unserer Ehe sagte meine Frau oft zu mir: »Lach doch mal!«, aber inzwischen ist ihr klargeworden, daß ich diesen Wunsch nicht erfüllen kann. Ich bin glücklich, wenn ich meine angestrengten Gesichtsmuskeln, wenn ich mein strapaziertes Gemüt durch tiefen Ernst entspannen darf. Ja, auch das Lachen anderer macht mich nervös, weil es mich zu sehr an meinen Beruf erinnert. So führen wir eine stille, eine friedliche Ehe, weil auch meine Frau das Lachen verlernt hat: hin und wieder ertappe ich sie bei einem Lächeln, und dann lächele auch ich. Wir sprechen leise miteinander, denn ich hasse den Lärm des Varietés, hasse den Lärm, der in den Aufnahmeräumen herrschen kann. Menschen, die mich nicht kennen, halten mich für ver-

schlossen. Vielleicht bin ich es, weil ich zu oft meinen Mund zum Lachen öffnen muß.
Mit unbewegter Miene gehe ich durch mein eigenes Leben, erlaube mir nur hin und wieder ein sanftes Lächeln, und ich denke oft darüber nach, ob ich wohl je gelacht habe. Ich glaube: nein. Meine Geschwister wissen zu berichten, daß ich immer ein ernster Junge gewesen sei.
So lache ich auf vielfältige Weise, aber mein eigenes Lachen kenne ich nicht.

Die Waage der Baleks

In der Heimat meines Großvaters lebten die meisten Menschen von der Arbeit in den Flachsbrechen. Seit fünf Generationen atmeten sie den Staub ein, der den zerbrochenen Stengeln entsteigt, ließen sich langsam dahinmorden, geduldige und fröhliche Geschlechter, die Ziegenkäse aßen, Kartoffen, manchmal ein Kaninchen schlachteten; abends spannen und strickten sie in ihren Stuben, sangen, tranken Pfefferminztee und waren glücklich. Tagsüber brachen sie den Flachs in altertümlichen Maschinen, schutzlos dem Staub preisgegeben und der Hitze, die den Trockenöfen entströmte. In ihren Stuben stand ein einziges, schrankartiges Bett, das den Eltern vorbehalten war, und die Kinder schliefen ringsum auf Bänken. Morgens waren ihre Stuben vom Geruch der Brennsuppen erfüllt; an den Sonntagen gab es Sterz, und die Gesichter der Kinder röteten sich vor Freude, wenn an besonders festlichen Tagen sich der schwarze Eichelkaffee hell färbte, immer heller von der Milch, die die Mutter lächelnd in ihre Kaffeetöpfe goß.
Die Eltern gingen früh zur Arbeit, den Kindern war der Haushalt überlassen: sie fegten die Stube, räumten auf, wuschen das Geschirr und schälten Kartoffeln, kostbare, gelbliche Früchte, deren dünne Schale sie vorweisen mußten, um den Verdacht möglicher Verschwendung oder Leichtfertigkeit zu zerstreuen.
Kamen die Kinder aus der Schule, mußten sie in die Wälder gehen und – je nach der Jahreszeit – Pilze sammeln und Kräuter: Waldmeister und Thymian, Kümmel und Pfefferminz, auch Fingerhut, und im Sommer, wenn sie das Heu von ihren mageren Wiesen geerntet hatten, sammelten sie die Heublumen. Einen Pfennig gab es fürs Kilo Heublumen, die in der Stadt in den Apotheken für zwanzig Pfennig das Kilo an nervöse Damen verkauft wurden. Kostbar waren die Pilze: sie brachten zwanzig Pfennig das Kilo und wurden in der Stadt in den Geschäften für eine Mark zwanzig gehandelt. Weit in die grüne Dunkelheit der Wälder krochen die Kinder im Herbst, wenn die Feuchtigkeit die Pilze aus dem Boden treibt, und fast jede Familie hatte ihre Plätze, an denen sie Pilze pflückten, Plätze, die von Geschlecht zu Geschlecht weitergeflüstert wurden.

Die Wälder gehörten den Baleks, auch die Flachsbrechen, und die Baleks hatten im Heimatdorf meines Großvaters ein Schloß, und die Frau des Familienvorstandes jeweils hatte neben der Milchküche ein kleines Stübchen, in dem Pilze, Kräuter, Heublumen gewogen und bezahlt wurden. Dort stand auf dem Tisch die große Waage der Baleks, ein altertümliches, verschnörkeltes, mit Goldbronze bemaltes Ding, vor dem die Großeltern meines Großvaters schon gestanden hatten, die Körbchen mit Pilzen, die Papiersäcke mit Heublumen in ihren schmutzigen Kinderhänden, gespannt zusehend, wieviel Gewichte Frau Balek auf die Waage werfen mußte, bis der pendelnde Zeiger genau auf dem schwarzen Strich stand, dieser dünnen Linie der Gerechtigkeit, die jedes Jahr neu gezogen werden mußte. Dann nahm Frau Balek das große Buch mit dem braunen Lederrücken, trug das Gewicht ein und zahlte das Geld aus, Pfennige oder Groschen und sehr, sehr selten einmal eine Mark. Und als mein Großvater ein Kind war, stand dort ein großes Glas mit sauren Bonbons, von denen, die das Kilo eine Mark kosteten, und wenn die Frau Balek, die damals über das Stübchen herrschte, gut gelaunt war, griff sie in dieses Glas und gab jedem der Kinder einen Bonbon, und die Gesichter der Kinder röteten sich vor Freude, so wie sie sich röteten, wenn die Mutter an besonders festlichen Tagen Milch in ihre Kaffeetöpfe goß, Milch, die den Kaffee hell färbte, immer heller, bis er so blond war wie die Zöpfe der Mädchen.
Eines der Gesetze, die die Baleks dem Dorf gegeben hatten, hieß: Keiner darf eine Waage im Hause haben. Das Gesetz war schon so alt, daß keiner mehr darüber nachdachte, wann und warum es entstanden war, und es mußte geachtet werden, denn wer es brach, wurde aus den Flachsbrechen entlassen, dem wurden keine Pilze, kein Thymian, keine Heublumen mehr abgenommen, und die Macht der Baleks reichte so weit, daß auch in den Nachbardörfern niemand ihm Arbeit gab, niemand ihm die Kräuter des Waldes abkaufte. Aber seitdem die Großeltern meines Großvaters als kleine Kinder Pilze gesammelt, sie abgeliefert hatten, damit sie in den Küchen der reichen Prager Leute den Braten würzten oder in Pasteten verbacken werden konnten, seitdem hatte niemand daran gedacht, dieses Gesetz zu brechen: fürs Mehl gab es Hohlmaße, die Eier konnte man zählen, das Gesponnene wurde nach Ellen gemessen, und im übrigen machte die altertümliche, mit Goldbronze verzierte Waage der Baleks

nicht den Eindruck, als könne sie nicht stimmen, und fünf Geschlechter hatten dem auspendelnden schwarzen Zeiger anvertraut, was sie mit kindlichem Eifer im Walde gesammelt hatten.

Zwar gab es zwischen diesen stillen Menschen auch welche, die das Gesetz mißachteten, Wilderer, die begehrten, in einer Nacht mehr zu verdienen, als sie in einem ganzen Monat in der Flachsfabrik verdienen konnten, aber auch von diesen schien noch niemand den Gedanken gehabt zu haben, sich eine Waage zu kaufen oder eine zu basteln. Mein Großvater war der erste, der kühn genug war, die Gerechtigkeit der Baleks zu prüfen, die im Schloß wohnten, zwei Kutschen fuhren, die immer einem Jungen des Dorfes das Studium der Theologie im Prager Seminar bezahlten, bei denen der Pfarrer jeden Mittwoch zum Tarock war, denen der Bezirkshauptmann, das kaiserliche Wappen auf der Kutsche, zu Neujahr seinen Besuch abstattete, und denen der Kaiser zu Neujahr des Jahres 1900 den Adel verlieh.

Mein Großvater war fleißig und klug: er kroch weiter in die Wälder hinein, als vor ihm die Kinder seiner Sippe gekrochen waren, er drang bis in das Dickicht vor, in dem der Sage nach Bilgan, der Riese, hausen sollte, der dort den Hort der Balderer bewacht. Aber mein Großvater hatte keine Furcht vor Bilgan: er drang weit in das Dickicht vor, schon als Knabe, brachte große Beute an Pilzen mit, fand sogar Trüffeln, die Frau Balek mit dreißig Pfennig das Pfund berechnete. Mein Großvater trug alles, was er den Baleks brachte, auf die Rückseite eines Kalenderblattes ein: jedes Pfund Pilze, jedes Gramm Thymian, und mit seiner Kinderschrift schrieb er rechts daneben, was er dafür bekommen hatte; jeden Pfennig kritzelte er hin, von seinem siebten bis zu seinem zwölften Jahr, und als er zwölf war, kam das Jahr 1900, und die Baleks schenkten jeder Familie im Dorf, weil der Kaiser sie geadelt hatte, ein Viertelpfund echten Kaffee, von dem, der aus Brasilien kommt; es gab auch Freibier und Tabak für die Männer, und im Schloß fand ein großes Fest statt; viele Kutschen standen in der Pappelallee, die vom Tor zum Schloß führt.

Aber am Tage vor dem Fest schon wurde der Kaffee ausgegeben in der kleinen Stube, in der seit fast hundert Jahren die Waage der Baleks stand, die jetzt Balek von Bilgan hießen, weil der Sage nach Bilgan, der Riese, dort ein großes Schloß gehabt haben soll, wo die Gebäude der Baleks stehen.

Mein Großvater hat mir oft erzählt, wie er nach der Schule dort hinging, um den Kaffee für vier Familien abzuholen: für die Cechs, die Weidlers, die Vohlas und für seine eigene, die Brüchers. Es war der Nachmittag vor Silvester: die Stuben mußten geschmückt, es mußte gebacken werden, und man wollte nicht vier Jungen entbehren, jeden einzeln den Weg ins Schloß machen lassen, um ein Viertelpfund Kaffee zu holen.
Und so saß mein Großvater auf der kleinen, schmalen Holzbank im Stübchen, ließ sich von Gertrud, der Magd, die fertigen Achtelkilopakete Kaffee vorzählen, vier Stück, und blickte auf die Waage, auf deren linker Schale der Halbkilostein liegengeblieben war; Frau Balek von Bilgan war mit den Vorbereitungen fürs Fest beschäftigt. Und als Gertrud nun in das Glas mit den sauren Bonbons greifen wollte, um meinem Großvater eines zu geben, stellte sie fest, daß es leer war: es wurde jährlich einmal neu gefüllt, faßte ein Kilo von denen zu einer Mark.
Gertrud lachte, sagte: »Warte, ich hole die neuen«, und mein Großvater blieb mit den vier Achtelkilopaketen, die in der Fabrik verpackt und verklebt waren, vor der Waage stehen, auf der jemand den Halbkilostein liegengelassen hatte, und mein Großvater nahm die vier Kaffeepaketchen, legte sie auf die leere Waagschale, und sein Herz klopfte heftig, als er sah, wie der schwarze Zeiger der Gerechtigkeit links neben dem Strich hängenblieb, die Schale mit dem Halbkilostein unten blieb und das halbe Kilo Kaffee ziemlich hoch in der Luft schwebte; sein Herz klopfte heftiger, als wenn er im Walde hinter einem Strauch gelegen, auf Bilgan, den Riesen, gewartet hätte, und er suchte aus seiner Tasche Kieselsteine, wie er sie immer bei sich trug, um mit der Schleuder nach den Spatzen zu schießen, die an den Kohlpflanzen seiner Mutter herumpickten – drei, vier, fünf Kieselsteine mußte er neben die vier Kaffeepakete legen, bis die Schale mit dem Halbkilostein sich hob und der Zeiger endlich scharf über dem schwarzen Strich lag. Mein Großvater nahm den Kaffee von der Waage, wickelte die fünf Kieselsteine in sein Sacktuch, und als Gertrud mit der großen Kilotüte voll saurer Bonbons kam, die wieder für ein Jahr reichen mußte, um die Röte der Freude in die Gesichter der Kinder zu treiben, als Gertrud die Bonbons rasselnd ins Glas schüttete, stand der kleine blasse Bursche da, und nichts schien sich verändert zu haben. Mein Großvater nahm nur drei von den Paketen, und Gertrud blickte erstaunt

und erschreckt auf den blassen Jungen, der den sauren Bonbon auf die Erde warf, ihn zertrat und sagte: »Ich will Frau Balek sprechen.«
»Balek von Bilgan, bitte«, sagte Gertrud.
»Gut, Frau Balek von Bilgan«, aber Gertrud lachte ihn aus, und er ging im Dunkeln ins Dorf zurück, brachte den Cechs, den Weidlers, den Vohlas ihren Kaffee und gab vor, er müsse noch zum Pfarrer.
Aber er ging mit seinen fünf Kieselsteinen im Sacktuch in die dunkle Nacht. Er mußte weit gehen, bis er jemand fand, der eine Waage hatte, eine haben durfte; in den Dörfern Blaugau und Bernau hatte niemand eine, das wußte er, und er schritt durch sie hindurch, bis er nach zweistündigem Marsch in das kleine Städtchen Dielheim kam, wo der Aptoheker Honig wohnte. Aus Honigs Haus kam der Geruch frischgebackener Pfannkuchen, und Honigs Atem, als er dem verfrorenen Jungen öffnete, roch schon nach Punsch, und er hatte die nasse Zigarre zwischen seinen schmalen Lippen, hielt die kalten Hände des Jungen einen Augenblick fest und sagte: »Na, ist es schlimmer geworden mit der Lunge deines Vaters?«
»Nein, ich komme nicht um Medizin, ich wollte...« Mein Großvater nestelte sein Sacktuch auf, nahm die fünf Kieselsteine heraus, hielt sie Honig hin und sagte: »Ich wollte das gewogen haben.« Er blickte ängstlich in Honigs Gesicht, aber als Honig nichts sagte, nicht zornig wurde, auch nicht fragte, sagte mein Großvater: »Es ist das, was an der Gerechtigkeit fehlt«, und mein Großvater spürte jetzt, als er in die warme Stube kam, wie naß seine Füße waren. Der Schnee war durch die schlechten Schuhe gedrungen, und im Wald hatten die Zweige den Schnee über ihn geschüttelt, der jetzt schmolz, und er war müde und hungrig und fing plötzlich an zu weinen, weil ihm die vielen Pilze einfielen, die Kräuter, die Blumen, die auf der Waage gewogen worden waren, an der das Gewicht von fünf Kieselsteinen an der Gerechtigkeit fehlte. Und als Honig, den Kopf schüttelnd, die fünf Kieselsteine in der Hand, seine Frau rief, fielen meinem Großvater die Geschlechter seiner Eltern, seiner Großeltern ein, die alle ihre Pilze, ihre Blumen auf der Waage hatten wiegen lassen müssen, und es kam über ihn wie eine große Woge von Ungerechtigkeit, und er fing noch heftiger an zu weinen, setzte sich, ohne dazu aufgefordert zu sein, auf einen der Stühle

in Honigs Stube, übersah den Pfannkuchen, die heiße Tasse Kaffee, die die gute und dicke Frau Honig ihm vorsetzte, und hörte erst auf zu weinen, als Honig selbst aus dem Laden vorn zurückkam und, die Kieselsteine in der Hand schüttelnd, leise zu seiner Frau sagte: »Fünfeinhalb Deka, genau.«
Mein Großvater ging die zwei Stunden durch den Wald zurück, ließ sich prügeln zu Hause, schwieg, als er nach dem Kaffee gefragt wurde, sagte kein Wort, rechnete den ganzen Abend an seinem Zettel herum, auf dem er alles notiert hatte, was er der jetzigen Frau Balek von Bilgan geliefert hatte, und als es Mitternacht schlug, vom Schloß die Böller zu hören waren, im ganzen Dorf das Geschrei, das Klappern der Rasseln erklang, als die Familie sich geküßt, sich umarmt hatte, sagte er in das folgende Schweigen des neuen Jahres hinein: »Baleks schulden mir achtzehn Mark und zweiunddreißig Pfennig.« Und wieder dachte er an die vielen Kinder, die es im Dorf gab, dachte an seinen Bruder Fritz, der viele Pilze gesammelt hatte, an seine Schwester Ludmilla, dachte an die vielen hundert Kinder, die alle für die Baleks Pilze gesammelt hatten, Kräuter und Blumen, und er weinte diesmal nicht, sondern erzählte seinen Eltern, seinen Geschwistern von seiner Entdeckung.
Als die Baleks von Bilgan am Neujahrstage zum Hochamt in die Kirche kamen, das neue Wappen – einen Riesen, der unter einer Fichte kauert – schon in Blau und Gold auf ihrem Wagen, blickten sie in die harten und blassen Gesichter der Leute, die alle auf sie starrten. Sie hatten im Dorf Girlanden erwartet, am Morgen ein Ständchen, Hochrufe und Heilrufe, aber das Dorf war wie ausgestorben gewesen, als sie hindurchfuhren, und in der Kirche wandten sich die Gesichter der blassen Leute ihnen zu, stumm und feindlich, und als der Pfarrer auf die Kanzel stieg, um die Festpredigt zu halten, spürte er die Kälte der sonst so stillen und friedlichen Gesichter, und er stoppelte mühsam seine Predigt herunter und ging schweißtriefend zum Altar zurück. Und als die Baleks von Bilgan nach der Messe die Kirche wieder verließen, gingen sie durch ein Spalier stummer, blasser Gesichter. Die junge Frau Balek von Bilgan aber blieb vorn bei den Kinderbänken stehen, suchte das Gesicht meines Großvaters, des kleinen blassen Franz Brücher, und fragte ihn in der Kirche: »Warum hast du den Kaffee für deine Mutter nicht mitgenommen?« Und mein Großvater stand auf und sagte: »Weil Sie mir noch so viel

Geld schulden, wie fünf Kilo Kaffee kosten.« Und er zog die fünf Kieselsteine aus seiner Tasche, hielt sie der jungen Frau hin und sagte: »So viel, fünfeinhalb Deka, fehlen auf ein halbes Kilo an Ihrer Gerechtigkeit«; und noch ehe die Frau etwas sagen konnte, stimmten die Männer und Frauen in der Kirche das Lied an: »Gerechtigkeit der Erden, o Herr, hat Dich getötet...«
Während die Baleks in der Kirche waren, war Wilhelm Vohla, der Wilderer, in das kleine Stübchen eingedrungen, hatte die Waage gestohlen und das große, dicke, in Leder eingebundene Buch, in dem jedes Kilo Pilze, jedes Kilo Heublumen, alles eingetragen war, was von den Baleks im Dorf gekauft worden war, und den ganzen Nachmittag des Neujahrtages saßen die Männer des Dorfes in der Stube meiner Urgroßeltern und rechneten, rechneten ein Zehntel von allem, was gekauft worden – aber als sie schon viele tausend Taler errechnet hatten und noch immer nicht zu Ende waren, kamen die Gendarmen des Bezirkshauptmanns, drangen schießend und stechend in die Stube meines Urgroßvaters ein und holten mit Gewalt die Waage und das Buch heraus. Die Schwester meines Großvaters wurde getötet dabei, die kleine Ludmilla, ein paar Männer verletzt, und einer der Gendarmen wurde von Wilhelm Vohla, dem Wilderer, erstochen.
Es gab Aufruhr nicht nur in unserem Dorf, auch in Blaugau und Bernau, und fast eine Woche lang ruhte die Arbeit in den Flachsfabriken. Aber es kamen sehr viele Gendarmen, und die Männer und Frauen wurden mit Gefängnis bedroht, und die Baleks zwangen den Pfarrer, öffentlich in der Schule die Waage vorzuführen und zu beweisen, daß der Zeiger der Gerechtigkeit richtig auspendelte. Und die Männer und Frauen gingen wieder in die Flachsbrechen – aber niemand ging in die Schule, um den Pfarrer anzusehen: er stand ganz allein da, hilflos und traurig mit seinen Gewichtssteinen, der Waage und den Kaffeetüten.
Und die Kinder sammelten wieder Pilze, sammelten wieder Thymian, Blumen und Fingerhut, aber jeden Sonntag wurde in der Kirche, sobald die Baleks sie betraten, das Lied angestimmt: »Gerechtigkeit der Erden, o Herr, hat Dich getötet«, bis der Bezirkshauptmann in allen Dörfern austrommeln ließ, das Singen dieses Liedes sei verboten.
Die Eltern meines Großvaters mußten das Dorf verlassen, das frische Grab ihrer kleinen Tochter; sie wurden Korbflechter,

blieben an keinem Ort lange, weil es sie schmerzte, zuzusehen, wie in allen Orten das Pendel der Gerechtigkeit falsch ausschlug. Sie zogen hinter dem Wagen, der langsam über die Landstraße kroch, ihre magere Ziege mit, und wer an dem Wagen vorbeikam, konnte manchmal hören, wie drinnen gesungen wurde: »Gerechtigkeit der Erden, o Herr, hat Dich getötet.« Und wer ihnen zuhören wollte, konnte die Geschichte hören von den Baleks von Bilgan, an deren Gerechtigkeit ein Zehntel fehlte. Aber es hörte ihnen fast niemand zu.

Husten im Konzert

Mein Vetter Bertram gehört zu jener Gruppe von Neurotikern, die, ohne im gerinsten erkältet zu sein, in Konzerten plötzlich zu husten beginnen. Es fängt an als mildes, fast freundliches Räuspern, das dem Stimmen eines Instruments nicht unähnlich ist, steigert sich langsam und wird mit einer aufreibenden Folgerichtigkeit zum explosiven Gebell, das die Haare der vor uns sitzenden Damen wie leichte Segel flattern läßt.
Seiner Sensibilität entsprechend, hustet Bertram laut, wenn die Musik leise, und milder, wenn sie laut wird. Er bildet gleichsam mit seinem unerfreulichen Organ einen disharmonischen Kontrapunkt. Und weil er ein vorzügliches Gedächtnis hat und die Partituren genau beherrscht, dient er mir, der ich ungebildet bin, fast wie ein musikalischer Führer. Wenn er zu schwitzen beginnt, seine Ohren sich röten, er den Atem anhält und Hustenbonbons aus seiner Tasche kramt, wenn sich ein penetranter Geruch von Eukalyptus auszubreiten beginnt, dann weiß ich, daß die Musik piano zu werden verspricht, und tatsächlich: der Bogen des Geigers berührt kaum noch das Instrument oder der Pianist scheint den Flügel nur noch zu beschwören. Eine gleichsam sinnlich spürbare deutsche Innerlichkeit breitet sich im Saal aus, und Bertram sitzt da mit geblähten Backen, tiefste Schwermut in den Augen, und plötzlich platzt er aus.
Da in unserer Stadt nur wohlerzogene Leute ins Konzert gehen, dreht sich natürlich keiner um, keiner auch flüstert pädagogische Formeln vor sich in, aber es ist spürbar, wie das Publikum mühsam seine Empörung unterdrückt, wie es jedesmal zusammenzuckt, denn Bertram kennt nun keine Hemmungen mehr. Ein fast ununterbrochenes Blöken geht von ihm aus, das sich langsam mildert, wenn der Piano-Satz endlich zu Ende geht. Dann würgt er den Schwall von Eukalyptussaft hinunter, und sein Adamsapfel geht auf und ab wie ein besonders flinker Aufzug.
Schrecklich ist, daß Bertram mit seinem Husten die anderen, mehr latenten Neurotiker auf den Plan zu rufen scheint. Wie Hunde, die sich am Bellen erkennen, antworten sie ihm aus allen Ecken des Saales. Und merkwürdig, auch ich, der ich normalerweise von Erkältungen verschont bleibe und mit den Nerven keineswegs »herunter bin«, auch ich spüre, je länger das Konzert

dauert, einen immer unwiderstehlicheren Hustenreiz. Ich spüre, wie meine Hände naß werden, ein innerer Krampf mich erfaßt. Und plötzlich weiß ich, daß alle Bemühungen zwecklos sind: daß ich husten werde. Es kratzt mir im Halse, ich kriege keine Luft mehr, mein Körper ist in Schweiß gebadet, mein Geist ausgeschaltet und meine Seele von Existenzangst erfüllt. Ich beginne, falsch zu atmen, zücke unruhig mein Taschentuch, um es gegebenenfalls vor den Mund zu halten, und lausche nicht mehr dem Konzert, sondern dem neurotischen Gebelle sensibler Zeitgenossen, die plötzlich auf den Plan gerufen sind.

Kurz vor der Pause spüre ich dann, daß die neurotische Infektion endgültig stattgefunden hat; ich kann dann nicht mehr und beginne Bertram zu assistieren, huste mich bis zum Beginn der Pause durch und renne zur Garderobe, sobald der Applaus einzusetzen beginnt. Völlig in Schweiß gebadet, von Krämpfen geschüttelt, renne ich am Portier vorbei ins Freie.

Man wird begreifen, daß ich begonnen habe, mich von Bertrams Einladungen höflich, aber bestimmt zu distanzieren. Nur hin und wieder nehme ich mit ihm zusammen an Manifestationen unserer Kultur teil: wenn ich überzeugt bin, daß im Orchester die Blechbläser überwiegen oder Männerchöre Gesänge wie »Donnergrollen« oder »Die Lawine« zum Besten geben; Kunstwerke, bei denen ein gewisses Quantum an Fortissimo garantiert ist. Aber gerade diese Art der Musik interessiert mich weniger.

Es ist völlig sinnlos, wenn die Ärzte mich überzeugen wollen, daß es reine Nervensache sei, daß ich mich zusammenreißen soll. Ich weiß ja, daß es Nervensache ist, aber meine Nerven versagen eben, wenn ich neben Bertram sitze. Und vom Zusammenreißen zu sprechen ist überflüssig. Ich kann es einfach nicht. Wahrscheinlich ist mir an der Wiege gesungen worden, daß ich kein Zusammenreißer werden würde.

Betrübt sehe ich nun die Prospekte der Konzertgesellschaften durch. Ich kann ihre freundlichen Angebote nicht annehmen, weil ich weiß, Bertram wird dort sein. Und sobald ich sein erstes Räuspern gehört habe, ist es mit meiner Fassung vorbei.

Die Decke von damals

Als wir in unser Zimmer einzogen, war von der eigentlichen Decke fast nichts mehr da: ein paar Stuckreste klebten wie sanfte Oasen inmitten der groben Wüste des Lattengeflechtes, und wenn wir abends im Bett lagen, entdeckten wir, daß die Gipsstücke Gesichter hatten und Figuren bildeten.
Das größte Stück war wie eine Kreuzung zwischen Dromedar und Hund, ein tiefhüftiges, majestätisch schwebendes Gebilde, langgestreckt, mit heraushängender Zunge. Andere kleinere sahen wie Polypen aus, und es gab eine Reihe vitzliputzliartiger Verzerrungen, die im Dämmer anfingen zu leben. Eines aber von den größeren glich genau dem Schattenriß einer jungen Indianerin, die eine Häuptlingsfrau sein mußte, denn unverkennbarer Federschmuck zierte ihren schlanken Rücken.
Schließlich aber, wenn es auch interessant war, abends im Bett zu liegen und diese merkwürdigen Figuren zu betrachten, schließlich bestachen wir doch einen Verputzer, der große Mengen eines Gemisches von Sand und Kalkersatz gegen die Decke schleuderte, das ganze mit einem Brett glattstrich und sich den Kopf kratzte.
Aber der Dromedarhund lebte immer noch, auch die kleineren Götzen und die sanfte, schöne Indianerin, denn die alten Reste waren spiegelglatt, fett von Gips und Kalk, und nun waren sie eingebettet ganz in grobes, sehr rauhes, gelbliches Zeug, das nach wenigen Tagen schon zu reißen anfing.
Wenig später fühlten wir das Verlangen, die Decke zu tünchen, und wir bestachen jemand, der vorgab, ein Anstreicher zu sein. Dieser Wichtigtuer war den ganzen Tag damit beschäftigt, eine lange Leiter hinter sich herzuziehen und aus einem weißverspritzten Eimer Tünche hochzukleckscn.
Aber unsere Stuckgespenster waren immer noch da: die Tünche war in den groben neuen Verputz eingedrungen, hatte ihn gelblich gemacht, aber die tadellose Weiße des alten Putzes hatte sie nicht noch weißer machen können, und die Gespenster triumphierten: ihre solide Durchsichtigkeit hatte gesiegt gegen die glanzlosen Materialien einer neuen Zeit.
Kurz danach fing der neue Putz an, herunterzubröckeln: erst lösten sich dumpfe Sternschnuppen aus diesem freudlosen Him-

mel, später segelten ganze Stücke herunter, die, wenn sie zertreten wurden, ihre kümmerliche Substanz offenbarten: gewöhnlicher Sand, grau untermischt mit einer ruhmlosen Chemikalie. Monatelang liefen wir nur noch mit Hüten in unserem Zimmer herum, und wir gewöhnten uns an die paradoxe Befreiung, die darin lag, daß wir die Hüte abnehmen konnten, wenn wir unsere Wohnung verließen. Merkwürdige Komplexe, die uns in den Ruf der Sonderlichkeit brachten, waren die Folge: traten wir in einen Raum, nahmen wir die Hüte nicht ab, sondern setzten sie auf, und verließen wir die ummauerten Räume, nahmen wir befreit unsere Kopfbedeckung ab. Tatsächlich nahm die Gefahr innerhalb unseres Zimmers so zu, daß unsere Vorsichtsmaßnahmen begreiflich sein müssen: große Placken der minderwertigen Substanz lösten sich täglich von unserer Decke, bedeckten als häßliches Geröll unseren Fußboden.
Inzwischen hat sich bei unserem Hauswirt etwas gezeigt, was bei ihm zu vermuten wir bisher keinen Grund hatten: Gewissen, gepaart mit etwas, was wir noch weniger hätten voraussetzen können: Geld, und er hat sich herabgelassen, beides bei uns zu investieren. Vertrauenerweckende Gerüste wurden aufgerichtet, Bütten herbeigeschleppt, in denen es fett und schwer schwappte: solides Gemenge aus Gips und Kalk. Die alten Reste wurden abgeschlagen, und das Lattengeflecht ist nun verdeckt von einer weißen Schicht von friedensmäßiger Glätte, die uns ein wenig tückisch erscheint, tückisch genug, um uns zu bewegen, die Hüte vorläufig auf dem Kopf zu lassen.

Schicksal einer henkellosen Tasse

In diesem Augenblick stehe ich draußen auf der Fensterbank und fülle mich langsam mit Schnee; der Strohhalm ist in der Seifenlauge festgefroren, Spatzen hüpfen um mich herum, rauhe Vögel, die sich um die Brösel balgen, die man ihnen hingestreut hat, und zittere um mein Leben, um das ich schon so oft zittern mußte; wenn einer von diesen fetten Spatzen mich umstößt, falle ich von der Fensterbank auf den Betonstreifen unten – die Seifenlauge wird als gefrorenes ovales Etwas liegenbleiben, der Strohhalm wird knicken – und meine Scherben wird man in den Müllkasten werfen.

Matt nur sehe ich die Lichter des Weihnachtsbaumes durch die beschlagenen Scheiben schimmern, leise nur höre ich das Lied, das drinnen gesungen wird: das Schimpfen der Spatzen übertönt alles.

Niemand von denen da drinnen weiß natürlich, daß ich vor genau fünfundzwanzig Jahren unter einem Weihnachtsbaum geboren wurde und daß fünfundzwanzig Lebensjahre ein erstaunlich hohes Alter für eine simple Kaffeetasse sind: die Geschöpfe unserer Rasse, die unbenutzt in Vitrinen dahindämmern, leben bedeutend länger als wir einfachen Tassen. Doch bin ich sicher, daß von meiner Familie keiner mehr lebt: Daß meine Eltern, meine Geschwister, sogar meine Kinder längst gestorben sind, während ich auf einem Fenstersims in Hamburg meinen fünfundzwanzigsten Geburtstag in der Gesellschaft schimpfender Spatzen verbringen muß.

Mein Vater war ein Kuchenteller und meine Mutter eine ehrbare Butterdose; ich hatte fünf Geschwister: zwei Tassen und drei Untertassen, doch blieb unsere Familie nur wenige Wochen vereint; die meisten Tassen sterben jung und plötzlich, und so wurden zwei meiner Brüder und eine meiner lieben Schwestern schon am zweiten Weihnachtstag vom Tisch gestoßen. Sehr bald auch mußten wir uns von unserem lieben Vater trennen: In Gesellschaft meiner Schwester Josephine, einer Untertasse, begleitet von meiner Mutter, reiste ich südwärts; in Zeitungspapier verpackt, zwischen einem Schlafanzug und einem Frottiertuch, fuhren wir nach Rom, um dort dem Sohn unseres Besitzers zu dienen, der sich dem Studium der Archäologie ergeben hatte.

Dieser Lebensabschnitt – ich nenne ihn meine römischen Jahre – war für mich hochinteressant: Erst nahm mich Julius – so hieß der Student – täglich mit in die Thermen des Caracalla, dieses Restgemäuer einer riesigen Badeanstalt; dort in den Thermen freundete ich mich sehr mit einer Thermosflasche an, die mich und meinen Herrn zur Arbeit begleitete. Die Thermosflasche hieß Hulda, oft lagen wir stundenlang zusammen im Grase, wenn Julius mit dem Spaten arbeitete; ich verlobte mich später mit Hulda, heiratete sie in meinem zweiten römischen Jahr, obwohl ich heftige Vorwürfe meiner Mutter zu hören bekam, die die Ehe mit einer Thermosflasche als meiner unwürdig empfand. Meine Mutter wurde überhaupt seltsam: sie fühlte sich gedemütigt, weil sie als Tabakdose Verwendung fand, wie es meine liebe Schwester Josephine als äußerste Kränkung empfand, zum Aschenbecher erniedrigt worden zu sein.
Ich verlebte glückliche Monate mit Hulda, meiner Frau; zusammen lernten wir alles kennen, was auch Julius kennenlernte: Das Grab des Augustus, die Via Appia, das Forum Romanum – doch blieb mir letzteres in trauriger Erinnerung, weil hier Hulda, meine geliebte Frau, durch den Steinwurf eines römischen Straßenjungen zerstört wurde. Sie starb durch ein faustgroßes Stück Marmor aus einer Statue der Göttin Venus.
Dem Leser, der geneigt ist, weiterhin meinen Gedanken zu folgen, der Herz genug hat, auch einer henkellosen Tasse Schmerz und Lebensweisheit zuzugestehen – diesem kann ich jetzt melden, daß die Spatzen längst die Brösel weggepickt haben, so daß keine unmittelbare Lebensgefahr mehr für mich besteht, auch ist inzwischen auf der beschlagenen Scheibe eine blanke Stelle von der Größe eines Suppentellers entstanden und ich sehe den Baum drinnen deutlich, sehe auch das Gesicht meines Freundes Walter, der seine Nase an der Scheibe plattdrückt und mir zulächelt; Walter hat noch vor drei Stunden, bevor die Bescherung anfing, Seifenblasen gemacht, jetzt deutet er mit dem Finger auf mich, sein Vater schüttelt den Kopf, deutet mit seinem Finger auf die nagelneue Eisenbahn, die Walter bekommen hat, aber Walter schüttelt den Kopf – und ich weiß, während die Scheibe sich wieder beschlägt, daß ich spätestens in einer halben Stunde im warmen Zimmer sein werde...
Die Freude am Genuß der römischen Jahre wurde nicht nur durch den Tod meiner Frau, mehr noch dürch die Absonder-

lichkeiten meiner Mutter und die Unzufriedenheit meiner Schwester getrübt, die sich abends, wenn wir beisammen im Schrank saßen, heftig bei mir über die Verkennung ihrer Bestimmung beklagten. Doch standen auch mir Erniedrigungen bevor, die eine selbstbewußte Tasse nur mit Mühe ertragen kann: Julius trank Schnaps aus mir! Von einer Tasse sagen: »aus der ist schon Schnaps getrunken worden«, bedeutet dasselbe, als wenn man von einem Menschen sagt: »der ist in schlechter Gesellschaft gewesen!« Und es wurde sehr viel Schnaps aus mir getrunken.

Es waren erniedrigende Zeiten für mich. Sie währten so lange, bis in Begleitung eines Kuchens und eines Hemdes einer meiner Vettern, ein Eierbecher, aus München nach Rom geschickt wurde: Von diesem Tag an wurde der Schnaps aus meinem Vetter getrunken, und ich wurde von Julius an eine Dame verschenkt, die mit demselben Ziel wie Julius nach Rom gekommen war.

Hatte ich drei Jahre lang vom Fenstersims unserer römischen Wohnung auf das Grab des Augustus blicken können, so zog ich nun um und blickte die beiden nächsten Jahre von meiner neuen Wohnung auf die Kirche Santa Maria Maggiore: In meiner neuen Lebenslage war ich zwar von meiner Mutter getrennt, doch diente ich wieder meinem eigentlichen Lebenszweck: es wurde Kaffee aus mir getrunken, ich wurde täglich zweimal gesäubert und stand in einem hübschen, kleinen Schränkchen.

Doch blieben mir auch hier Erniedrigungen nicht erspart: Meine Gesellschaft in jenem hübschen Schränkchen war eine Hurz! Die ganze Nacht und viele, viele Stunden des Tages – und dies zwei Jahre hindurch – mußte ich die Gesellschaft der Hurz ertragen. Die Hurz war aus dem Geschlecht derer von Hurlewang, ihre Wiege hatte im Stammschloß der Hurlewang in Hürzenich an der Hürze gestanden, und sie war neunzig Jahre alt. Doch hatte sie in ihren neunzig Jahren wenig erlebt.

Meine Frage, warum sie immer im Schrank stünde, beantwortete sie hochnäsig: »Aus einer Hurz trinkt man doch nicht!« Die Hurz war schön, sie war von einem zarten Grauweiß, hatte winzige grüne Pünktchen aufgemalt, und jedesmal, wenn ich sie schockierte, wurde sie blaß, daß die grünen Pünktchen ganz deutlich zu sehen waren. Ohne jede böse Absicht schockierte ich sie oft: zunächst durch einen Heiratsantrag. Sie wurde, als ich ihr Herz und Hand antrug, so blaß, daß ich um ihr Leben bangte; es

dauerte einige Minuten, bis sie wieder etwas Farbe bekam, dann flüsterte sie: »Bitte, sprechen Sie nie wieder davon; mein Bräutigam steht in Erlangen in einer Vitrine und wartet auf mich.«
»Wie lange schon?« fragte ich ich.
»Seit zwanzig Jahren«, sagte sie; »wir haben uns im Frühjahr 1914 verlobt – doch wurden wir jäh getrennt. Ich verlebte den Krieg im Safe der Sicherheitsbank in Frankfurt, er im Keller unseres Hauses in Erlangen. Nach dem Krieg kam ich infolge von Erbstreitigkeiten in eine Vitrine nach München, er, infolge der gleichen Erbstreitigkeiten, in eine Vitrine nach Erlangen. Unsere einzige Hoffnung ist die, daß Diana« – so hieß unsere Herrin – »sich mit Wolfgang, dem Sohn der Dame in Erlangen, in deren Vitrine mein Bräutigam steht, verheiratet, dann werden wir in der Erlanger Vitrine wieder vereint sein.«
Ich schwieg, um sie nicht wieder zu kränken, denn ich hatte natürlich längst gemerkt, daß Julius und Diana einander nähergekommen waren. Diana hatte zu Julius während einer Exkursion nach Pompeji gesagt: »Ach, wissen Sie, ich habe zwar eine Tasse, aber so eine, aus der man nicht trinken darf.«
»Ach«, hatte Julius gesagt, »ich darf Ihnen doch aus dieser Verlegenheit helfen?«
Später, da ich sie nie mehr um ihre Hand bat, verstand ich mich mit der Hurz ganz gut. Wenn wir abends zusammen im Schrank standen, sagte sie immer: »Ach, erzählen Sie mir doch etwas, aber bitte nicht ganz so ordinär, wenn es geht.«
Daß aus mir Kaffee, Kakao, Milch, Wein und Wasser getrunken worden waren, fand sie schon reichlich merkwürdig, aber als ich davon erzählte, daß Julius aus mir Schnaps getrunken hatte, bekam sie wieder einen Ohnmachtsanfall und erlaubte sich die (meiner bescheidenen Meinung nach) unberechtigte Äußerung: »Hoffentlich fällt Diana nicht auf diesen ordinären Burschen herein.«
Doch alles sah so aus, als ob Diana auf den ordinären Burschen hereinfallen würde: Die Bücher in Dianas Zimmer verstaubten, wochenlang blieb in der Schreibmaschine ein einziger Bogen eingespannt, auf den nur ein halber Satz geschrieben war: »Als Winckelmann in Rom...«
Ich wurde nur noch hastig gesäubert, und selbst die weltfremde Hurz begann zu ahnen, daß ihr Wiedersehen mit dem Verlobten in Erlangen immer unwahrscheinlicher wurde, denn Diana be-

kam zwar Briefe aus Erlangen, ließ diese Briefe aber unbeantwortet liegen. Diana wurde seltsam: sie trank – nur zögernd gebe ich dies zu Protokoll – Wein aus mir, und als ich dieses der Hurz abends erzählte, kippte sie fast um und sagte, als sie wieder zu sich kam: »Ich kann unmöglich im Besitz einer Dame bleiben, die es fertigbringt, Wein aus einer Tasse zu trinken.«
Sie wußte nicht, die gute Hurz, wie bald sich ihr Wunsch erfüllen würde: Die Hurz wanderte zu einem Pfandleiher, und Diana nahm den Bogen mit dem angefangenen Satz »Als Winckelmann in Rom...« aus der Maschine und schrieb an Wolfgang.
Später kam ein Brief von Wolfgang, den Diana, während sie aus mir Milch trank, beim Frühstück las, und ich hörte sie flüstern: »Es ging ihm also nicht um mich, nur um die blöde Hurz.« Ich sah noch, daß sie den Pfandschein aus dem Buch »Einführung in die Archäologie« nahm, ihn in einen Briefumschlag steckte – und so darf ich annehmen, daß die gute Hurz inzwischen in Erlangen mit ihrem Bräutigam vereint in der Vitrine steht, und ich bin sicher, daß Wolfgang eine würdige Frau gefunden hat.
Für mich folgten merkwürdige Jahre: Ich fuhr, zusammen mit Julius und Diana, nach Deutschland zurück. Sie hatten beide kein Geld, und ich galt ihnen als kostbarer Besitz, weil man aus mir Wasser trinken konnte, klares, schönes Wasser, wie man es aus den Brunnen der Bahnhöfe trinken kann. Wir fuhren weder nach Erlangen noch nach Frankfurt, sondern nach Hamburg, wo Julius eine Anstellung bei einem Bankhaus angenommen hatte.
Diana war schöner geworden. Julius war blaß – ich aber war wieder mit meiner Mutter und meiner Schwester vereint, und die beiden waren Gott sei Dank etwas zufriedener. Meine Mutter pflegte, wenn wir abends auf dem Küchenherd beieinanderstanden, zu sagen: »Na ja, immerhin Margarine...«, und meine Schwester wurde sogar ein wenig hochnäsig, weil sie als Wurstteller diente; mein Vetter aber, der Eierbecher, machte eine Karriere, wie sie selten einem Eierbecher beschieden ist: er diente als Blumenvase. Gänseblümchen, Butterblumen, winzigen Margeriten diente er als Aufenthalt, und wenn Diana und Julius Eier aßen, stellten sie sie an den Rand der Untertasse.
Julius wurde ruhiger, Diana wurde Mutter – ein Krieg kam, und ich dachte oft an die Hurz, die sicher wieder im Safe einer Bank lag, und obwohl sie mich oft gekränkt hatte, so hoffte ich doch,

sie möge auch im Banksafe mit ihrem Mann vereint sein. Zusammen mit Diana und dem ältesten Kind Johanna verbrachte ich den Krieg in der Lüneburger Heide, und oft hatte ich Gelegenheit, Julius' nachdenkliches Gesicht zu betrachten, wenn er auf Urlaub kam und lange in mir rührte. Diana erschrak oft, wenn Julius so lange im Kaffee rührte, und sie rief: »Was hast du nur – du rührst ja stundenlang im Kaffee.«
Merkwürdig genug, daß sowohl Diana wie Julius vergessen zu haben scheinen, wie lange ich schon bei ihnen bin: sie lassen es zu, daß ich hier draußen friere, nun von einer herumstreunenden Katze wieder gefährdet werde – während drinnen Walter nach mir weint. Walter liebt mich, er hat mir sogar einen Namen gegeben, nennt mich »Trink-wie-Iwans« – ich diene ihm nicht nur als Seifenblasenbasis, diene auch als Futterkrippe für seine Tiere, als Badewanne für seine winzigen Holzpuppen, ich diene ihm zum Anrühren von Farbe, von Kleister... Und ich bin sicher, daß er versuchen wird, mich mit dem neuen Zug, den er geschenkt bekam, zu transportieren.
Walter weint heftig, ich höre ihn, und ich bange um den Familienfrieden, den ich an diesem Abend gewährleistet haben möchte – und doch betrübt es mich, zu erfahren, wie schnell die Menschen alt werden: weiß Julius denn nicht mehr, daß eine henkellose Tasse wichtiger und wertvoller sein kann als eine nagelneue Eisenbahn? Er hat es vergessen: hartnäckig verweigert er Walter, mich wieder hereinzuholen – ich höre ihn schimpfen, höre nicht nur Walter, sondern auch Diana weinen, und daß Diana weint, ist mir schlimm: ich liebe Diana.
Sie war es zwar, die mir den Henkel abbrach; als sie mich einpackte beim Umzug von der Lüneburger Heide nach Hamburg, vergaß sie, mich genügend zu polstern, und so verlor ich meinen Henkel, doch blieb ich wertvoll: damals war selbst eine Tasse ohne Henkel noch wertvoll, und merkwürdig, als es wieder Tassen zu kaufen gab, war es Julius, der mich wegwerfen wollte, aber Diana sagte: »Julius, du willst wirklich die Tasse wegwerfen – diese Tasse?«
Julius errötete, er sagte »Verzeih!« – und so blieb ich am Leben, diente bittere Jahre lang als Topf für Rasierseife, und wir Tassen hassen es, als Rasiertopf zu enden.
Ich ging spät noch eine zweite Ehe ein mit einer Haarnadelbüchse aus Porzellan: diese meine zweite Frau hieß Gertrud, sie

war gut zu mir und war weise, und wir standen zwei ganze Jahre lang nebeneinander auf dem Glasbord im Badezimmer.
Es ist dunkel geworden, sehr plötzlich; immer noch weint Walter drinnen, und ich höre, wie Julius von Undankbarkeit spricht – ich kann nur den Kopf schütteln: Wie töricht doch diese Menschen sind! Es ist still hier draußen: Schnee fällt – längst ist die Katze weggeschlichen, doch nun erschrecke ich: das Fenster wird aufgerissen, Julius ergreift mich, und am Griff seiner Hände spüre ich, wie zornig er ist: wird er mich zerschmettern?
Man muß eine Tasse sein, um zu wissen, wie schrecklich solche Augenblicke sind, wo man ahnt, daß man an die Wand, auf den Boden geworfen werden soll. Doch Diana rettete mich im letzten Augenblick, sie nahm mich aus Julius' Hand, schüttelte den Kopf und sagte leise: »Diese Tasse willst du...« Und Julius lächelte plötzlich, sagte: »Verzeih, ich bin so aufgeregt...«
Längst hat Walter aufgehört zu weinen, längst sitzt Julius mit seiner Zeitung am Ofen, und Walter beobachtet von Julius' Schoß aus, wie die gefrorene Seifenlauge in mir auftaut, er hat den Strohhalm schon herausgezogen – und nun stehe ich, ohne Henkel, fleckig und alt, mitten im Zimmer zwischen den vielen nagelneuen Sachen, und es erfüllt mich mit Stolz, daß ich es war, die den Frieden wiederhergestellt hat, obwohl ich mir wohl Vorwürfe machen müßte, die gewesen zu sein, die ihn störte. Aber ist es meine Schuld, daß Walter mich mehr liebt als seine neue Eisenbahn?
Ich wünsche nur, Gertrud, die vor einem Jahr starb, lebte noch, um Julius' Gesicht zu sehen: es sieht so aus, als habe er etwas begriffen...